智慧旅游丛书

U0883609

“互联网+”时代信息产业与旅游产业融合发展研究

程金龙　编著

科学出版社
北　京

内 容 简 介

本书在深入探寻信息产业和旅游产业二者融合的表现与动因等基础上，提出了融合的技术、系统、效应、路径、模式和二者融合的协同创新机制等关键问题，初步构建起信息产业和旅游产业融合系统模型和产业融合协同创新共生机制，拓展了产业融合的研究视角，回应了旅游产业经济发展中的热点与难点问题，能够为旅游产业转型升级和旅游企业与政府的信息化建设提供一定的理论依据和实践的指导。

本书可作为各省区市旅游管理部门和建设人员的参考书，也可作为高等院校旅游管理等相关专业的阅读书籍。

图书在版编目（CIP）数据

"互联网+"时代信息产业与旅游产业融合发展研究 / 程金龙编著.—北京：科学出版社，2022.1

（智慧旅游丛书）

ISBN 978-7-03-070726-0

Ⅰ. ①互… Ⅱ. ①程… Ⅲ. ①信息产业-关系-旅游业-发展-研究 Ⅳ. ①F49②F59

中国版本图书馆CIP数据核字（2021）第240409号

责任编辑：梁广平 / 责任校对：赵桂芬

责任印制：吴兆东 / 封面设计：刘 刚

科学出版社出版

北京东黄城根北街16号

邮政编码：100717

http://www.sciencep.com

北京厚诚则铭印刷科技有限公司 印刷

科学出版社发行 各地新华书店经销

*

2022年1月第 一 版 开本：787×1092 1/16

2022年9月第二次印刷 印张：14

字数：300 000

定价：118.00 元

（如有印装质量问题，我社负责调换）

丛书编委会

主　　编：梁留科

副 主 编：赵海彦

编　　委：曹玉涛　张瑞玲　毛阳光　郭爱和

李章惠　程金龙　秦艳培　张永新

苏小燕

丛 书 序

智慧旅游，也被称为智能旅游，就是利用云计算、物联网等新技术，通过互联网、移动互联网，借助便携的终端上网设备，主动感知旅游资源、旅游经济、旅游活动、旅游者等方面的信息，及时发布，让人们能够及时了解这些信息，及时安排和调整工作与旅游计划，从而达到对各类旅游信息的智能感知、方便利用的效果。智慧旅游的建设与发展最终将体现在旅游管理、旅游服务和旅游营销三个层面。

从智慧旅游的现状来看，目前虽然取得了一些成绩，但是问题也不容忽视，主要缺乏顶层设计，其存在的问题有以下四类：

一是概念理解不清晰。当前，无论是国内还是国外，没有一个明确的有关智慧旅游的理念，国内旅游业界的研究对其没有一个统一的定义。

二是建设目标不明确。智慧旅游的概念不清晰导致智慧旅游建设目标不明确，也就是建设思路不清晰。因此，各地出现了很多盲目跟风和炒作，整体的建设方案现在是有一些错位的。

三是标准体系缺失。目前来讲，没有统一的标准来统一智慧旅游建设过程中涉及技术层面与旅游层面的概念、术语、方法和指标。这个评价的标准主要用于构建智慧旅游的评价体系。行业标准的缺失导致各地在线旅游服务提供商的技术标准、电子门票价格、系统接口标准的不统一，这是现在存在的一个极大的问题。

四是缺乏有效的沟通配合机制。智慧旅游的建设需要不同的主体、主体内部之间行之有效的沟通和配合共同推动，而目前的政府管理部门之间、企业和游客之间、不同科技企业之间，存在着“沟通难，配合少”的问题。这个问题，不仅仅存在于智慧旅游方面，在政府管理的其他很多部门也存在。

发展智慧旅游需要从以下四方面做考虑。

第一，统筹规划，整合资源，政府引导，市场驱动，统一标准，资源共享，需求为主，确保实用。

第二，制定标准。政府出政策出平台，由市场去整合外部的资源、整合内部的资源、资源共享等。

第三，全国统一设计，广泛组织各种力量参与，共同探索建设模式，同时也特别需要培养这方面的人才。

第四，旅游业发展过程当中，还要有资金的保障、机制的完善。只有这样做，中国的智慧旅游时代才能全面开启。

丛书编委会

2021 年 11 月

序

2020年11月，文化和旅游部等十部委联合印发《关于深化“互联网+旅游”推动旅游业高质量发展的意见》，提出以习近平新时代中国特色社会主义思想为指导，坚定不移建设网络强国、数字中国，持续深化“互联网+旅游”，推动旅游业高质量发展，更好发挥旅游业在促进经济社会发展、满足人民美好生活需要等方面的重要作用。随着云计算、大数据技术的快速发展以及互联网在社会生活的广泛应用，旅游业已经成为“互联网+”创新与实践的重要阵地。“互联网+”是经济社会创新发展的重要驱动力量，信息技术变革对旅游产业发展的影响日益凸显，旅游产业与信息产业的联系越来越密切，二者互相渗透，密不可分。旅游产业具有高度开放性、需求导向性和综合效应性的特点，信息产业具有智能化、数字化、虚拟化、体验化的特点，融合发展是两大产业在发展过程中行业要素的充分共享与深度协作过程，是两大产业发展到一定阶段的必然趋势。信息产业与旅游产业的融合发展，能提升产业能级，延伸产业链条，优化产业结构，创新产业模式。随着信息产业与旅游产业全面深度融合发展，信息产业与旅游产业融合实践中凸显的深层次问题，如边界、动因、路径、模式、效应等，亟须在学术上进行理论探讨。

本书对信息产业与旅游产业融合发展的理论前沿进行了系统梳理，总结了大量的信息产业与旅游产业融合发展的实践案例。在结构上，首先，介绍了信息产业与旅游产业融合的缘起与背景，分析了信息产业与旅游产业融合发展的概念体系与理论基础，描述了信息产业与旅游产业融合的关键技术，阐述了信息产业与旅游产业融合发展的必要性，揭示了信息产业与旅游产业融合系统及其功能；在此基础上，系统论述了信息产业与旅游产业融合的动因、路径、模式、效应等内容；最后，从协同创新的机制、氛围、绩效、网络等方面，对信息产业与旅游产业的协同创新发展进行了展望。

本书的第一大特点就是大量汲取了国内外关于信息产业与旅游产业融合的研究成果，对理论基础和相关概念进行了较为完整的界定。全书整体框架、章节设置都反映了作者对信息产业与旅游产业融合发展的理论思考。本书的第二大特点是系统阐述了信息产业与旅游产业融合的技术、动因、路径、效应、模式、协同创新发展等内容，读者在阅读本书时既能体会到实践发展的广度，又能感受到学术研究的深度。

全书由程金龙提出写作思路、拟定框架结构并负责统稿和组织编写，由王伟博士协助统稿，由李峰、王琳琳、刘向前和康珈瑜负责书稿核对。全书共分为11章，第1章和第2章由闫闪闪编写，第3章由王淑曼、程金龙编写，第4章由李峰、王伟编写，

第5章由王伟编写，第6章由穆学青、王琳琳编写，第7章由王淑曼、程金龙编写，第8章由余汝艺编写，第9章由杨含、王淑曼编写，第10章由康珈瑜、王淑曼编写，第11章由王伟、王淑曼编写。此外，在本书的编写过程中，凌文锋博士参与了大纲的讨论，买哲和张佳莹协助整理了部分资料，同时，参编人员在写作过程中引用了大量国内外学者的相关研究成果，在此表示深深谢意；如有遗漏，深表歉意。本书能够顺利出版，得到了科学出版社的大力支持，在此表示感谢。

由于作者水平有限，书中的疏漏和不妥之处在所难免，恳请读者批评指正，以便于本书的进一步修订和完善。

编　者

2021年12月

目　录

CONTENTS

第1章

绪　论

1.1 研究背景

产业融合是一种正常的经济运行方式，是为了迎合产业增长而产生。产业融合已经成为一种引领世界经济发展的趋势，并正在重塑着产业的结构形态和产业边界。20世纪70年代，伴随着以信息技术为首的高新技术强有力的发展与推广，以及消费者观念的转变，原来基于工业经济时代大规模生产分工的产业边界逐渐模糊，在产业边缘显示出产业融合的迹象。产业融合其实就是一种新型的产业创新方式。迈克尔·波特（Michael Porter）在国家竞争优势学说中提出了国家竞争力发展的四个阶段：生产材料主导阶段、投资主导阶段、发展创新主导阶段与财产主导阶段。我国信息产业和旅游产业经过40多年的飞速发展，正在完成从投资主导阶段到发展创新主导阶段的演变，发展创新已经演变为旅游行业增长与信息技术发展的动力源泉。两大产业的融合方式逐步多元、融合幅面逐步加宽、融合程度逐步加深，由两大产业融合而衍生出的新产品已经不足为奇。

产业融合被认为是21世纪国际产业增长的三大潮流之一，是围绕着信息技术革命及其演变而诞生的，因此也成为新经济时代的一个关键的领域。很多学者认为，产业融合是指不同产业或同一产业内部的不同行业，通过相互渗透、相互交叉，直到相互交融，一步一步演变为新兴产业的成长过程，其中最显著的特点在于产业融合后必将导致新经济增长点的产生。旅游产业与信息产业的互动与融合有利于区域文化、经济、社会的协调发展，从根本上推动中国旅游产业与信息产业的大发展。

1.1.1 时代背景

工业经济时代向服务经济时代的演化，以及服务经济时代向体验经济时代的演进，促进了经济的全球化和消费者需求的个性化与多样化。多因素叠加使得产业边界似乎失去意义，企业之间由竞争而划分的假设边界已经变得模糊不清，一种新经济现象即产业融合引发了社会大众的关注。产业融合理念，最初来自Rosenberg对美国机械工业演变的探索，在20世纪70年代后期逐渐引起学术界和产业界的特别关注。产业融合一开始秉承技术创新与放松管制两者的结合，但发生在产业边界和交叉处的技术融合，改变了原有的产业产品的特征和市场需求，导致公司与公司之间的合作关系产生了变化，产品界限逐渐消失乃至产业界限重新划分，引发了一系列经济增长点的出现。从20世纪七八十年代开始，产业融合的事例屡见不鲜，特别是在信息技术领域，另外，在金融、物流以及制造行业上也初露锋芒。产业融合作为一种新型的经济运作方式，正凭借其独有的优势迅速风靡全球。伴随着信息技术的不断突破与对服务行业潮流的推动，产业融合在提升产业生产效率方面甚至在提升新兴产业上都为我国经济注入了新鲜血液。

产业融合是产业发展过程中一个新出现的经济现象，相比较而言，信息产业和旅游产业的融合，要比其他产业间的融合范围、融合程度、融合形式和融合变化等要复杂得多。旅游者需求形式和需求个性的变化，也在不断促进两大产业的互动与融合。

1.1.2　市场背景

旅游产业本质上就是信息密集型和信息依托型产业，在第三次信息化浪潮的大背景下，信息技术革命凭借其独特的优势迅速转变了旅游消费的方式，并且重组了旅游行业的产业链。正因为如此，依赖于旅游信息化的新兴产业不断产生，旅游业正面临着剧烈的转变。全球范围内出现了如Expidea、Tripadvisor、Priceline等一大批极具影响力的信息科技+旅游服务的在线旅游企业。我国在线旅游企业同样成长迅速，如携程、去哪儿、艺龙、芒果、同程、欣欣等已成为创新中坚。除了庞大的旅游网站群体、旅游垂直搜索引擎，旅游网站、社会网络、微信等线上旅游经营方式得到了迅猛发展。因此，进一步促进旅游业与信息技术的相互融合，最大限度地利用好信息化对旅游业的推动作用，有利于提高旅游业的整体运作素养，推动固有旅游业迈向当代服务业的大门。

1.1.3　政策背景

近些年来，针对信息产业与旅游产业融合发展的问题，国务院、国家旅游局[1]的重要会议和工作报告都有明确的政策指示。2009年12月《国务院关于加快发展旅游业的意见》提出，以信息化为主要途径，提高旅游服务效率。积极开展旅游在线服务、网络营销、网络预订和网上支付，充分利用社会资源构建旅游数据中心、呼叫中心，全

1　2018年3月，文化部、国家旅游局职责整合，组建文化和旅游部，不再保留文化部、国家旅游局。

面提升旅游企业、景区和重点旅游城市的旅游信息化服务水平。

2011年《中国旅游业“十二五”发展规划纲要》中指出，把游客的满意和社区居民的满意作为新时期旅游发展的根本指导思想，将旅游业培育成为广大人民喜闻乐见的服务型产业；努力克服当代服务业所面临的一系列挑战，将提高旅游业信息化作为首要目标，提升旅游信息化的总体水平，充分发挥信息化对旅游产业的支撑与引领作用。

智慧旅游是在旅游产业和信息产业深度融合之下产生的，2015年1月，国家旅游局《关于促进智慧旅游发展的指导意见》（以下简称《意见》）指出，智慧旅游是游客市场需求与现代信息技术驱动旅游业创新发展的新动力和新趋势，是全面提升旅游业发展水平、促进旅游业转型升级、提高旅游满意度的重要抓手，对于把旅游业建设成为人民群众更加满意的现代化服务业具有十分重要的意义。《意见》强调，智慧旅游建设要坚持政府引导与市场主体相结合。《意见》明确提出，智慧旅游建设的任务包括夯实智慧旅游发展信息化基础、建立完善旅游信息基础数据平台、建立游客信息服务体系、建立智慧旅游管理体系、构建智慧旅游营销体系、推动智慧旅游产业发展、加强示范标准建设、加快创新融合发展、建立景区门票预约制度、推进数据开放共享等。

2015年5月，国家旅游局发布《关于促进旅游业与信息化融合发展的若干意见（征求意见稿）》，向全社会公开征求意见。征求意见稿指出，国家旅游局将按照“没有网络安全就没有国家安全”和“没有信息化就没有现代化”的战略思想，形成并不断强化“没有信息化就没有旅游的现代服务业”和“没有信息化旅游业就不可能让人民群众更加满意”的工作方针，坚持满足需要、量力而行，统筹谋划、分步实施，建设、应用、管理并重，科学实用、适度超前等原则。贯彻执行国务院关于实现旅游业与信息化融合发展的基本原则，认真负责、务实高效地推进各层级、各领域的旅游信息化。

综上所述，旅游产业与信息产业融合是旅游信息化建设中亟须解决的重要课题。为此，在产业经济学、经济地理学、区域经济学等学科理论的指导下研究旅游行业和信息技术的交融，对于提升我国旅游业信息化水平与实现智慧旅游建设等具有实践意义。

1.1.4 学术背景

在“互联网+”的时代背景和旅游者需求多样化、科学技术进步等的市场背景，以及各种旅游产业与信息产业融合的政策背景之下，旅游产业与信息产业融合成为国内外学者研究的热点。国外学者侧重于信息技术对旅游产业的影响的研究。信息技术的迅速发展和大范围应用，对旅游业的供给侧和需求侧都带来了深刻的影响，具体表现为：在需求侧，信息技术带给游客便利性体验；在供给侧，信息技术促使旅游业进行技术创新。国内学者侧重于旅游信息化的研究，从产业融合的视角分析旅游产业与信息产业融合的模式与类型。关于信息产业与旅游产业融合的推动力仍存在争论，主要原因是研究对象的多样性。研究对象的不同决定了信息技术所发挥作用的不同，当研究对象为旅游业与信息业的融合时，此时技术为根本推动力；当研究对象为与非信息业的融合时，信息技术的作用则通过外部作用表现出来。关于融合模式的研究，侧重于研究信息技术对旅游业的影响。这种研究模式能有效表现主动融合的模式：旅游业处于被动地位，信息技术的交融促进其经营管理模式的改变，以及加速新产品的出现。

综上，国内外缺少对旅游产业和信息产业融合进行系统的研究，只对旅游产业和信息产业融合现象进行了初步探讨和描述，研究内容倾向于应用型的研究，缺乏对不同融合产业的内部发展以及发展方式与模型等方面的研究；在研究方法上一般采取定性研究，较少采取定量研究。在未来的研究中，应增加对融合产业基础性的研究，并采用定量研究的方式，制动系统的研究理论体系；在研究内容上，应侧重划分信息业与旅游业的界限，分清二者的重合产业、动因及表现、融合的系统结构、路径选择、互融共生机制等方面。

1.2 研究意义

旅游产业和信息产业的融合是伴随体验经济时代发展而需要大力推进的一种产业演化模式或范例。从两个产业的范围、功能和意义来说，两大产业融合可以用"科学革命"（Kuhn，1962）这一词语来描述。我国正经历从"生产社会"向"消费社会"的转变，信息产业与旅游产业也正在发生根本性的变化，但在两大产业快速融合发展过程中，出现了一系列前所未见的新现象和新问题，这些都需要相关理论的指导。本书将着重探讨信息产业与旅游产业融合的本质、融合的动因与表现、融合系统、融合路径和融合机制，通过这些问题的研究，为我国旅游信息化建设实践提供一定的理论指导。

1.2.1 理论意义

1.进一步丰富产业经济理论

信息产业和旅游产业的融合系统相对而言比较复杂，从时空角度和内在产业关联角度来说，对信息产业和旅游产业融合的研究，其研究范围是超越两大产业本身的，因此，其研究更加具有典型性、代表性和普适性。通过对旅游产业和信息产业融合内在机理的研究，可以深入地理解不同产业和企业间的互动关系，系统地构建产业融合内在机理理论，从而促进产业融合理论的发展；同时，还可以扩展现有产业经济理论研究范围，把不同性质、不同领域、不同时空的产业和企业间的关系纳入到产业经济研究范围，从而促进产业经济理论的发展。

2.推进旅游产业和信息产业融合理论的发展

旅游行业与信息技术的相互交融，无论是早期的自然交融还是中期创新主导下的驱使或后期的交融扩散，都是一种全新的经济运作方式，具备特有的运行规则与外在的交融特点。学术界对于旅游产业和信息产业融合的研究较少，只有个别学者关注到旅游产业与信息产业融合的现象，在描述这种现象的基础上提出了两者融合的意义，对于信息产业与旅游产业融合度的定量测算、时空格局特征、融合的机理、机制和融合的路径等关键问题都没有涉及，而这些问题正是融合背景下研究旅游产业与信息产业发展战略以及制定科学的产业政策的基础。因此，未来的研究应该对这些问题进行系统的研究，努力构建信息产业和旅游产业融合系统理论。

1.2.2 实践意义

1.指导旅游企业和政府的旅游信息化建设

对旅游行业与信息技术交融的内在联系、交融途径与方式等不同方面的探索，可以为企业制定发展战略和发展对策提供理论指导，提升资源价值、改进运营质量、更好满足需求，促进旅游企业产品和运营模式的升级与重构，进一步提升发展质量和释放经济文化功能；同时，可以促使政府制定出更加切合旅游产业发展现状的方针政策，进一步推动两大产业架构的交融与更新，增强旅游企业、政府和产业信息化程度。

2.促进我国旅游产业的转型升级

我国旅游产业已经进入转型升级“提质增效”的关键阶段，面对新机遇、新目标、新路径等挑战，旅游产业的增长模式、产品结构的经营理念和运营方式都对信息技术创新驱动旅游产业转型升级提出了更迫切的要求。随着大数据时代和移动互联网时代的到来，传统旅游业发展的瓶颈、制约因素和问题日益凸显，亟待解决。旅游产业通过充分利用信息技术，实现旅游资源的有机整合、便捷获取旅游信息；通过旅游通道信息共享、交通运输系统智慧化导航、旅游通道远程控制解决旅游供给不足与部分产能过剩并存等问题；旅游者借助网络通过手机应用程序（App）实现个性化预订，体验旅游全过程智慧化的全新旅游消费方式。旅游产业和信息产业的深度融合是顺应了时代发展的潮流，是信息时代旅游业发展的一次大革命，是推动旅游产业更好服务民生的一种必然方式，是破解旅游业持续发展难题的迫切需要，是旅游产业转型升级的战略需求。

1.3 研究综述

本研究所涉及的文献综述包括产业融合、旅游产业融合以及旅游产业与信息产业融合三部分。

1.3.1 产业融合研究综述

1.国外关于产业融合的研究

20世纪60年代起，国外产业就已经对数字与技术的融合做了研究，其后演变为对产业融合的进一步探索。产业融合是从技术角度开始的，为了方便对产业融合的全面认识，对国外产业融合的发展历程做一番了解是极其重要的。

（1）产业融合的含义

国外产业融合的概念最早诞生于Rosenberg（1963）对美国机械工业的探索。从微观角度上看，产业融合是在数字融合基础之上所出现的产业边界的模糊化。这一定义主要适用于通常所说的"三网融合"，即电子计算机、网络通信技术与广播电视的相互结合。1997年，欧洲委员会推出的绿皮书认为，产业融合是指产业之间的结盟与合并、技术网络平台和市场三方面的结合。Yoffie（1996）则称融合是数字技术的结合使独立的产品之间产生联系。从中观角度来讲，2000年，澳大利亚政府信息办公室将融合定义为由数字信息化所引起的部门之间的重组。然而站在宏观角度上看，Malhotra等（2001）认为产业融合就是原先相互独立互补交涉的公司之间进行竞争时的行为。Bally（2005）则持另外一种观点，他认为技术融合不但存在于信息通信领域，也存在于机械工具、功能产品、包装等方面。Lind（2005）却认为融合存在于世间万物，认为融合是一种简易的企业联合，是一种越界行为，也是产业门槛消失的一大优势。

（2）产业融合的分类

从技术视角看，产业融合可以划分为技术替代融合和技术整合融合（或技术互补融合）。技术替代融合是指传统的技术被新的技术替代后，原本不相关的产业因为新的技术而变得相关，从而促进了一个新产业的形成；技术整合融合则指新技术的产生促进不同产业间技术的交流，进而使不相关的行业通过整合后推进新技术的产生。Malhotra等（2001）却认为产业融合可通过供需双方的架构划分。从产品视角看，产业融合可以分为供给方的技术融合和需求方的产品融合。用相似的技术生产不同的产品和服务即为技术融合，如果利用相异的技术生产替代或者互补作用的产品就称为产品融合，这两种融合又可以细分为替代性和互补性融合。

（3）产业融合的成因

关于产业融合成因的观点大致有两类，一类认为新技术的出现推动了融合的产生，另一类认为多种原因同时促进产业的融合。Porter（2001）认为，技术创新或融合能够改变传统产业的边界，能够驱动产业融合的发展；Andergassen（2006）则认为，产业融合的根源在于发展创新。Gillwald（2012）提出产业融合的成因是由数字化、自由主义、传统思想等多种原因共同导致的结果。

（4）产业融合的过程

产业融合不是一蹴而就的，是经历不同历史时期的演变而形成的。关于产业融合的演变过程，根据历史文献分析，学者们都认为产业融合是一个动态发展过程。Gambardella等（1998）指出，产业融合必然包括技术整合、管理以及市场监管，这三方面之间相互依赖、相辅相成，如果有一方面的缺失都会直接导致产业融合无法形成。Stieglitz（2003）将产业融合发展的各个阶段的特征做了相应归纳：第一阶段，需求和供给两个方面均不存在相关性的产业，在技术创新、政府监管松懈等外在因素的刺激下产生技术交融；第二阶段，在产业边缘界限不清与产业目标主体政策转变等的驱使下，产生技术和监管的结合；第三阶段，经过前面两阶段的演变，产业之间已经具备一定的相关性，因此产业架构更加稳定，进而达到市场的融合。除此之外，产业架构、产业链等方面也成为产业融合的过程。Collis等（1997）站在产业架构的角度，认为产业融合的演化过程是从传统的纵向产业结构演变到横向产业结构的过程。从价值链的角度出发，产业融合的过程也可划分为生产融合、采购融合与分销融合；只要其中一个步骤发生融合，其他环节都会相应地产生融合。

（5）产业融合的影响

日本学者植草益（2001）认为，产业融合实际上就是凭借技术革新与降低行业间的门槛，加大不同行业之间的联系。一旦产业融合后，必然会导致在新兴产业出现公司数增加、竞争激烈的现象，这势必引起公司兼并或破产等结果，续存公司也将扩大规模、拓宽经营范围，与此同时，产业融合也为新产品的开发、新兴服务业的出现提供了契机。

2.国内关于产业融合的研究

（1）产业融合的含义

从信息通信产业融合来看，国内产业融合的含义大致趋同于国外。沿袭美国学者Greenstein等（1997）的概念，张磊（2001）认为数字融合是产业融合的基础，随着产业发展，产业边缘逐渐模糊或消失，互联网技术的应用是电子计算机、通信技术和广播电视业融合的象征。周振华（2003a）提出，伴随着信息技术的发展进步，产业融合是20世纪90年代诞生于电信、广播、电视、电影和出版部门之间的产业边缘界限的模糊与消失。站在更广泛的角度，马健（2002）认为，随着技术进步与政府管制的松懈而产生的技术交融，转变了固有产品的特点与消费者的需求，即引发了公司之间竞合关系的变化，进而导致产业边界不清乃至被重新定义。一些学者撇开了技术、产品、产业的角度对产业融合进行定义，如朱瑞博（2003）站在模块理论这一角度，认为产业融合就是一种模块化的过程。余东华（2005）从产业组织的角度出发，认为产业融合是产业组织结构变动的一种动态过程。何立胜（2006a,b）从创新的角度出发，把产业融合理解为系统集成创新。胡金星（2007）站在系统自组织理论的角度上，认为产业融合是在开放的产业机制中，想法的产生和扩散导致不同产业构成要素之间相互竞争、协作与共同演变从而形成一个新兴产业的过程，是一种新兴的产业重组形式。吴少平（2002）则认为，产业融合是各个相关产业在整体格局中保持一定的协调与发展的动态过程。厉无畏等（2003）指出，产业融合是发生在不同产业之间或同一产业内的不同行业通过不断渗透、相互交融进而逐步形成新产业的动态发展过程。

（2）产业融合的分类

合理的划分有利于产业融合的理论探究，国内学者主要依据不同的研究目的从不同的视角对产业融合进行了分类，总结起来有两种视角，一种是传统类，另外一种是创新类。前者主要包括技术、产品、产业等方面，后者主要涵盖了融合程度、价值链、融合趋势、融合结果、机制、制度及模块等角度。

第一，传统类的划分。从产品这一角度出发，张磊（2001）把产品融合划分为替代性融合与互补性融合。替代性融合指在新技术的基础上，在两个没有相关性的产业中寻找具有相似性特点与作用的独立产品，从而使这两种产品优于存在替代性的产品而引起的融合；互补性融合即在技术与产品标准的驱动下，将来自不同产业的两种没有关联的产品通过形成互补作用来寻求最大效应的融合。周振华（2003b）在替代性与互补性融合的基础上，进一步提出了结合性融合。结合性融合就是指先前相互独立的产品之间通过相互渗透，形成一种全新产品而引起的融合。从产业这一角度出发，厉无畏（2002）将产业融合划分为三种：一是高新技术的渗透融合，即高新技术产业通过向其他产业渗透融合而形成新的产业；二是产业间的延伸融合，即通过产业间的结构作用互补和延伸形成的融合；三是产业内部的架构重组融合。在此基础上，聂子龙等（2003）又将其增加为四类，即添加了新兴产业代替传统产业所引发的融合。胡汉辉等（2003）认为，产业融合大致可分为三种：产业交涉、产业交融与产业重组。产业交涉是指高科技产业和传统产业的融合；产业交融是指通过产业之间功能作用互补与延伸达成的融合；产业重组是指发生在具备相关性产业之间的融合，这些产业一般是某一产业内部的子产业。于刃刚等（2006）则认为，产业融合可简单划分为系统融合和部分融合。

第二，创新类的划分。马健（2006）从融合程度与市场效果的角度出发，把产业融合分为全部融合、部分融合与虚假融合。芮明杰等（2005）突破既有分类方式，选择了如下三个角度进行分类：从系统角度划分，产业融合可分为结构融合和功能融合，结构融合侧重的是不同产业构成因素之间的组合，功能融合则侧重不同产业通过相互竞争或合作逐渐达成类似作用的融合；从制度角度划分，可分为微观层面的技术标准和设定规定的融合和宏观层面的产业监管政策和监管机构的融合；从模块角度划分，可分为模块互补融合和模块替代融合两大类。胡永佳（2007a）认为，可以将产业融合划分为横向融合、纵向融合与混合融合。横向融合存在于和客户密切联系、市场部分重叠的产业之间，纵向融合存在于上下游产业中的企业之间，混合融合大多存在于产业相关性小、没有直接投入产出关系的产业之间。从产业融合的结果划分，可以将其划分为吸收型融合和扩展型融合，前者指多个产业之间进行融合后所形成一个共同的产业，而原来各产业将不再独立存在，后者正好相反，是指在先前的多个产业的重叠处融合形成新的产业，而原来的产业依然单独存在。

（3）产业融合的成因

马健（2002）认为，产业融合的内在因素是技术创新，而经济监管的松懈则是产业融合的外在因素。张磊（2001）则提出，产业融合的内在成因并不是唯一的，只有将管理的创造水平和技术进步与经济监管的松懈结合起来，才能引导产业融合的产生。周振华（2006）、陈柳钦（2007a，2007b）都认为，产业融合的成因是政府管制的松懈。厉无畏（2002）则认为，产业融合是产业结构发展的内在发展规律，也就是社会生产力进步与产业结构专业化在当前的具体表现，产业产品的革新直接引起了产业融合，产业之间的相关性与对产品收益最大化的需求是其内在发展动力，而技术革新与技术融合仅仅是辅助成因。聂子龙等（2003）则指出，产业融合的关键因素是企业，内在原因是消费者需求的不断提高。于刃刚等（2006）认为，产业融合的重要成因是技术革新、管制松懈、企业跨产业并购重组、组建政策结盟以及四者之间的相互作用。陈柳钦（2007b）对前人想法进行了总结，他认为产业融合发展的内在因素在于产业自身的相关性及其对收益最大化需求的探索，而驱使动力则体现在多个方面：首先是技术的不断革新推动产业间的边界模糊化；其次是竞合的压力驱使了市场的融合；再次是跨国公司的发展使产业融合拥有了关键媒介；最后是管制的松懈让其他产业中的相关事务可以加入到本产业的竞争当中，进而促使产业融合获得了极好的外部动力。木德夏（2009）把外在成因说与内在动力说加以概括，认为管制的松懈、经济全球化与需求的变动从产业外部环境的角度促进了产业融合，技术革新、局部经济与观念革新从产业内部的角度促进了产业融合。

（4）产业融合的过程

何立胜等（2004）认为，产业融合是不同产业内部、不同行业间在技术创新和制度革新的基础上互相融合而形成新产业的动态发展过程，在这一过程中伴随着现有产业的退化、减少乃至消失的情况。胡汉辉等（2003）也认为，产业融合必须经过产业交涉、产业交融与产业重组三个阶段从而实现产业的融合。胡金星（2007a,b）则认为，产业融合的产生过程就是一个自组织过程，在开放产业机制中，不同企业间相互竞争相互合作，突破了固有的联系，产业机制朝有序化方向发展，进而促进新产品的产生和发展。

（5）产业融合的影响

第一，产业融合对产业发展的影响。李晓丹（2003）表示，在新技术革命的冲击下，产品的高度分离和高度整合同时促进了产业的成长和进步。周振华（2003b）表示，产业融合即说明出现传统产业边界模糊化与经济服务化趋势，产生产业间新兴的竞争协同关系的构建与更大的复合经济效应。何立胜等（2004）认为，产业融合不仅在促进产业结构创新上具备一定的优势，在提升产业形象、改进产业发展状况等方面也提供了有利依据。马健（2002）与胡永佳（2007a）一致采纳从微观到宏观的产业架构对产业融合影响进行相应的研究，从中总结得出：产业融合能够在微观状态转变产业的市场架构、提高公共能源资源的使用效率、提升产品质量与节省公司交易资金的使用，同时，在宏观层面上看，产业融合转变的就是一个国家的产业架构和产业的国际竞争力，提升整个国家的总体消费水平与能力。胡永佳（2007b）从产业组织的中观角度上分析，产业融合可以引发竞合关系从而促进经济的发展，这对新兴市场格局的形成十分有利。

第二，产业融合对产业结构、产品革新等方面的影响。何立胜（2006）、杨明强（2004）表示，产业融合在提高产业竞争力上具有有利优势。余东华（2005）认为，产业融合可以提高产业产品质量、提升产业结构，推动新的经济增长点的出现，进而提升国家的总体经济效应。于刃刚等（2006）研究了产业融合关于产品结构方针政策方面的难题。吴颖等（2005）表示，产业融合是一种全新的产品创新方式，是在之前的产业基础上进行革新。周振华（2003b）认为产业融合能够产生一系列新产品与新服务，为新经济进入市场提供了便利，优化了资源的有效配置，增加了就业岗位。陈柳钦（2007b）则分析了产业融合的六大影响：一是革新性优化影响；二是竞争性架构影响，即产业融合推进企业架构在竞争与合作中向前发展；三是结构性组织影响，即产业融合可以使组织内部架构发生转变与整合，同时有利于产业产品的进一步革新；四是产业融合促进产品竞争力提高的竞争性影响；五是消费水平影响，具体表现在产业融合引起新产品的出现，有利于满足人们对不同产品的需求；六是产业融合对局部地区经济一体化起到了推动作用。

综上所述，一方面，产业融合有利于现有产业的资源得到充分的利用，进而引发更大的产业影响，提高产品的质量；另一方面，通过产业结构的整合有利于使产业架构进一步提高，凸显产品的竞争效应。

（6）产业融合的发展方向

第一，关键产业范围内的交融趋向。对这一问题的探讨基本上围绕信息通信技术与其他关键产品展开。宋直元（1994）研究了通信与计算机技术相互融合的趋势，从技术层面上说，电信网、广播电视节目传输网、计算机的广域网能够在同一个物联网上操作，而且这三网的交叉使用势必对经济的发展与社会的进步产生难以估计的效应。王晓平（1996）从多媒体通信对通信网络的需求角度研究了传统的三大网络系统（公用电话网、计算机网络、有线电视网）在多媒体通信技术的使用上存在的弊端，进而提出广大群众的需要才是新技术产生的源泉、动力。陈山枝（2006）通过研究信息通信产业（3C）可能存在的融合趋势，提出三个最可能融合的地方在于终端的融合、网络掌控方面的融合和业务方面的融合。上述研究大多是从技术层面出发，这与研究者所从事的工作背景息息相关，其所掌握的数据偏于片面，因此大多数研究都仅限于一些简单的数据分析。

第二，关键产业的融合趋向。邢毓静等（1996）察觉到英国银行业与保险业的公司正在发生大规模的架构整合，固有产业之间的界限不断消失，进而产业间的联系不断加强，这为国际经济市场的成长提供了契机。吴祖艳（1997）提出了银行业与证券业的市场趋势，即世界经济市场的走向。除此之外，毛丽君（2001）和张锐（2002）分别对主题公园与媒体融合趋向大众传媒与体育产业融合趋向做了研究。然而这些层面的探究仍是各学者站在各自专业背景下观察到的一些产业整合情况，以及对此现象进行的研究讨论，缺乏系统、理论的研究。

第三，普遍意义的产业融合趋向。国内最先观察到三大产业之间可以相互渗透的是于刃刚（1997），他提出，伴随着产业专业化程度的提高，第一产业加紧赶上了与第二、第三产业的协调。伴随着科学技术水平的提高，第二产业和第三产业相互之间也提升了融合的趋势，这种融合更多地表现为第三产业向第二产业交叉渗透。熊世伟等（2001）从于刃刚指出的两大融合趋势的结果出发，重点说明了信息技术革命导致的技术融合所引起的产业融合趋势。除此之外，厉无畏等（2003）将产业融合、产业聚集以及产业生态化共同称作国际产业成长的三大趋势。这些学者从产业发展的角度出发，基本上掌握了产业融合的趋势，不过并未给出产业融合发展的基本规律。

总体来说，无论是国内学者还是国外学者都分别从产业融合的内涵、成因、经过、政府监管等不同角度进行了研究，在技术融合和产业融合的联系、技术革新对产业融合的促进作用等方面获得较为丰富的成果。虽然国内学术界与产业界对产业融合的探索较晚，但是成长迅速，以周振华、马健、于刃刚等为代表的一批学者的理论研究，为国内对产业融合的研究提供了一些参考。不过，国内对产业融合的研究仍然处于成长阶段，缺乏系统的研究，尚未形成系统性的理论架构，研究的中心仍然以信息通信为主，很少涉及旅游服务方面的探究。

3.产业融合研究文献述评

综观国内外学者对产业融合问题的著作，他们分别从产业融合的含义、认识、成因、经过与效应等角度出发，针对相关的主题做了较为充分的探索与研究，并获得了大量的经验与数据，但是，从总体上讲，对产业融合的研究仍然存在以下几个方面的不足。

第一，对产业融合的内涵与实质进行清晰界定，是后续研究的基础。而已有的研究成果，主要是从技术、产品或产业边界等视角来研究产业融合的内涵，对产业融合的主体、客体、本质等研究得不够深入。

第二，融合作为一种现象，有其内在的客观发展规律。现有研究主要集中在融合动因、融合背景和融合管理政策等方面，研究呈现出分散性和应对性特征，研究之间的"融合性"不够，对于融合的规律性和系统性研究还不够。

第三，产业融合是在不同产业间的互动基础上产生的，采用传统的产业经济学分析方法和范式进行研究，具有一定的局限。如果综合实证研究和数量模型的方法，就可弥补单纯采用产业经济方法的缺陷，可以更加深入地研究产业融合过程中不同要素之间的相关性。

第四，现有研究往往是从技术或分工层面来进行研究的，而产业融合的实质往往是产品创新和产业链问题，停留在技术层面和分工层面则很难把握产业融合的内在机制。因此，研究应该从演化理论、产品创新理论、系统理论和产业链理论等更深层次的因素出发。

第五，理论研究的根本目的在于解释现象和指导实践，而已有的相关研究成果主要是从宏观视角对产业融合现象进行诠释，结合具体产业对其规律性进行研究的成果较少。对产业融合的理论研究，应该更多地从产业具体实践出发，结合产业融合发展阶段和发展现实，才能更好地解释现象和指导实践。

1.3.2 旅游产业融合研究综述

如上所述，人们普遍认为产业融合对行业发展作用重大。由此，旅游产业融合也成为旅游业发展的必然趋势，各国学者都围绕这个主题进行了深入的探究。值得注意的是，国外学者在旅游产业融合的研究上与国内的情况有较大出入，没有形成科学系统的理论结构。赵黎明（2011）对旅游产业融合的研究认为，融合指的是旅游产业和其他产业在相互融合和相互影响后，所诞生的新的产业结构和形态。张凌云（2011）认为，旅游产业融合通常是指旅游产业内不同行业之间或与其他产业之间相互渗透、相互交融，直至合二为一产生出其他新的产业模式，在这个过程中，通常会表现出三种模式，即产业渗透、产业交叉和产业重组。国外学者主要研究其发展机制、形成模式、未来路径和经济效益等几个方面。旅游产业融合概念研究主要经历了融合概念移植到本质特征挖掘的过程，早期研究中主要套用产业融合概念对旅游产业融合概念进行界定，后期研究中注重对旅游产业融合特征挖掘的概念研究。

总体来说，依据对旅游产业特征的挖掘程度，可将旅游产业融合概念分为广义论和狭义论两大类型。旅游产业融合的广义论是指其概念界定主要是借鉴或沿用了产业融合的概念，缺乏对旅游产业融合特征的挖掘并放大了旅游产业融合的概念内涵。杨娇（2008）考虑了旅游产业融合的特殊推动因素，但是仍然受到一般产业融合论的影响，广义论概念中对旅游产业融合模式的探索借鉴了厉无畏（2002）研究一般产业融合时提出的相互交叉、相互渗透的融合模式。刘宇青（2009）、杨彦锋（2012）强调技术是主要因素，新技术交叉融合产生新产品，互联网技术渗透融合旅游产业。旅游产业融合的狭义论是指从旅游产业不同于一般产业的特性来界定其概念，但是由于缺乏对其融合过程中本质属性的准确把握，对旅游产业融合内涵界定得不全面，并不能涵盖全部的融合现象。王慧敏（2015）强调旅游产业的无边界性是融合的本质原因。徐虹等（2008）强调旅游产业融合是内在动力、外在推力、技术等推动相互竞争、协作与共同演进而形成一个新兴产业的过程，其外延包括了技术融合、企业融合、产品融合、市场融合、制度融合等。

1.旅游产业融合的模式研究

旅游产业在融合中体现出产品多元化的趋势，主要是由于旅游产业发展模式的多样性。学者一般采取多个案例相比较的方式研究旅游业的产品融合。本书将对以下三方面进行研究。

（1）旅游产业与农业融合模式研究

国外研究对旅游产业与农业融合探讨很少，主要集中在从游客、农民、社区、可持续发展及环境的视角对农业旅游、休闲农业、乡村旅游等内容的研究，认为农业多样化减少了农民对传统农业的依赖，从而使农民变成了乡村的店员和休闲服务提供者等，农业与旅游的结合被证明是最受欢迎的。国内对旅游与农业融合的研究较多，其中也包含了对农业旅游、休闲旅游、乡村旅游的研究。王琪延等（2013）基于投入产出比对北京市旅游产业与农业的融合状况进行了分析，研究发现农业对旅游业的投入率小于旅游业对农业的投入率。在融合模式研究上，主要是对旅游产业与农业融合过程中的关系进行描述，主要是指旅游业向农业延伸服务功能，农业向旅游业提供旅游资源。王德刚（2013）根据旅游与农业的融合程度，将其融合结果分成了观光旅游、休闲农业和创意农业三个层面，认为创意农业是农业与旅游的高度融合，通过创意农产品的出售而获得高附加值。旅游化生产是农业文化遗产可持续发展的重要方式之一。

（2）旅游产业与文化产业融合模式研究

国外学者主要是基于遗产资源从不同利益主体出发或对不同地域的文化旅游发展进行分析，认为旅游需求的多样化和个性化及旅游与遗产的联系促成了遗产和旅游的融合，鲜有研究提及文化旅游业或从产业融合的角度对文化旅游进行探讨。近年来，学者又提出了创意旅游。认为创意改变了原来的文化旅游，从有形遗产转移到无形的文化和日常生活。创意旅游需要以文化内涵为基础，以创意为主导，以旅游产业与多种产业共同融合发展为主要形式，注重游客在旅游过程中的体验性。近年来，国内对文化旅游的理论研究逐渐增多，主要集中在对文化旅游资源、产品的开发或某个地区文化旅游业的发展的分析方面，而对旅游产业和文化产业融合的研究仍然较少。程晓丽等（2012）认为可通过渗透型、延伸型、重组型三种模式促进安徽省旅游产业与文化产业的融合。朱海艳（2014）提出了旅游产业主动、被动和互动三种融合模式。王振如等（2009）围绕都市的农业、生态和文化三者的融合，探究产业融合给行业带来的新鲜血液和结构优势。刘志勇等（2009）研究了旅游和创意的融合，通过分析创意在旅游产业中发挥的作用，探究该融合是否具有积极意义，从而在产业融合中找到积极的切入点，更好地融合两种产业的产品开发、项目规划及生产营销，并对两者的深度融合提出了若干建议。刘艳兰（2009）以阳朔的《印象·刘三姐》为切入点，指出旅游产业与文化产业相融合首先要培养企业与管理者对融合发展的强烈意识，以独特的企业文化体现文化创新。董桂玲（2009）研究旅游与动漫的融合，动漫产业的灵活性和生动性给旅游产业注入了新鲜的活力，赋予其更多的吸引力，产业之间的互补性能更好地实现二者的融合。胡俊（2012）用定性的研究方法将文化内涵融入旅游产业模式，对一个产业向另一个产业的单方向融合进行分析。黄细嘉等（2012）提出旅游产业通过对文化资源的开发型、体验型、再现型和创造型融合来进行旅游产业与文化产业的高度融合。张海燕等（2010）构建了旅游产业和文化产业的互动融合模型，描述了旅游对文化的引致和扩散效应及文化对旅游的渗透和提升效应，定性描述了文化旅游圈融合运作和项目开发融合运营。袁俊等（2011）分析总结了旅游产业与文化产业融合模式的特点（旅游新产品、文化产业景观化、产业联动的新型旅游营销），构建了旅游产业与文化产业中部分行业的互动整合模型。

（3）旅游产业与信息产业融合模式研究

国外的研究文献中从产业融合的角度对旅游产业和信息产业进行研究的内容鲜有出现，主要是研究信息技术对旅游产业的影响。Porter（2001）提出了信息技术对企业的竞争优势具有直接的影响。信息技术的广泛应用给旅游的需求和供给带来了巨大的影响，其主要研究内容集中表现为：从需求角度研究信息技术对游客的影响，从供给的角度研究信息技术对旅游产业的影响，从技术创新的角度研究旅游产业对信息技术的应用及创新。

国内的研究文献中不仅对旅游信息化进行了研究，也从产业融合的视角对信息产业与旅游产业融合模式进行了分析。刘宇青（2009）提出高新技术向旅游业的渗透改变了旅游业的经营模式。麻学锋等（2010）提出，技术渗透融合是指旅游业积极引进其他产业的相关技术或者部分产业以技术优势融入旅游业，进而形成新型的旅游业态。除了融合模式的研究，国内学者也对信息技术作为旅游产业融合的推动力及其创新效应进行了研究。该部分研究为本书基于概念模型的旅游产业被动融合模式的分析提供了理论基础。

徐虹等（2008）认为，技术创新是旅游产业融合的外在动力。刘雪婷（2011）认为，技术融合不是旅游产业融合的内在原因，但却是其重要的催化剂，为旅游活动的创新提供了辅助手段和技术支持。杨彦锋（2012）认为，旅游业是信息密集型和信息依托型产业，与信息技术有着天然的亲合性，以互联网为代表的信息技术成为旅游产业融合与新业态产生的主要驱动因素。他认为旅游产业融合与旅游新业态本质上就是一种创新，因此信息技术与旅游产业的融合同样也是产业的创新。高凌江等（2012）认为，技术创新为旅游产业带来了产业体制创新、经营管理创新和产品市场创新，最终改变旅游产业的发展方式。

2.旅游产业融合的机制研究

我国现阶段在旅游业与其他产业的融合方面进行的研究，主要集中在融合的驱动力和阻碍力两方面。陆晓清（2009）研究旅游与网游的融合，其融合驱动力表现为技术创新、市场需要和经济体制。其中技术创新是主要推动力，从内部影响其融合，其他两种驱动力则通过外部的环境对融合产生作用。董桂玲（2009）研究旅游和动漫的融合，对融合的推动力进行一系列系统的研究。其中引力、推力和支持力子系统构成了产业间融合的整体环境，分别发挥着原动力、直接动力和系统连接的作用，三者相互牵制，相互影响，加速了旅游业与动漫业的融合进程。杨颖（2008）通过旅游产业融合的研究，认为推动其融合的主要动力在于旅游具有可体验性和闲暇性，这也表现出企业对经济利益的追求。徐虹等（2008）研究旅游产业融合过程中的阻碍力，其主要存在于制度、能力和需求三个方面。曹世武等（2011）认为旅游产业融合的动力机制是由旅游者需求与企业利益追逐的原动力、科技进步的助动力和产业环境优化的支撑力三方面构成。姜永常（2013）从产业链的视角出发，提出旅游产业融合的实现机制为价值链的解构与重构。

3.旅游产业融合的路径研究

范文静等（2013）以黄河石林国家地质公园为例，提出了农旅共融、工旅共融、科旅共融、文创旅游共融的发展路径。丁雨莲等（2013）认为技术与资源是旅游产业融合的主要路径。麻学锋等（2010）主要研究旅游产业与其他产业的融合方式和路径，其融合路径主要有资源、技术、市场和功能等。陈琳（2006）研究旅游和农业的融合，二者的融合结果表现为一种农业类型，其主要路径为资源融合，农业的固定性和稳定性为旅游业奠定了更强的基础。杨娇（2008）主要探究旅游产业中的文化创意，其路径表现为技术融合，旅游业通过文化创新能拓宽产业领域，使两大行业更好地融合在一起，延伸为更宽的领域，并创造出新的产品。刘艳兰（2009）通过《印象·刘三姐》探究旅游产业融合的创新态势，以及文化产业的发展。李美云（2008）主要研究旅游业与动漫业的融合，其研究结果表明，该融合方式为技术创新，即通过技术的改进，改善固有的陈旧格局，以取得重大突破。姚洁（2006）研究旅游业与体育业的融合，由于二者之间的功能存在共通性，其主要路径为功能融合。

4.旅游产业融合的效应研究

我国学者在研究旅游业的融合效应时，通常习惯于采取案例加分析的方式。杨颖（2008）的研究表明，产业间的融合能够使人们对融合的产业产生更加强烈的认同感，增加人们对旅游业的认识，加强行业间的竞争，促进企业结构优化升级。杨娇（2008）通过研究旅游业与文化创意的融合，发现文化创意的更新能够有效促进旅游业的发展，有利于旅游业发现存在的不足，推动其进行系统的改革，能够促使人们更新消费观念，给行业带来更大的经济效益，并增加对人才的吸引力。刘志勇等（2009）也致力于研究旅游业与文化创意的融合，研究发现，二者的融合不仅拓宽了旅游业的发展领域，延长了产业链，还使得旅游业的附加产品得到了发展，具体表现为旅游副业如餐饮业的大力发展，加强了旅游产业的发展活力。张佰瑞（2009）专注于研究某个地区的旅游业融合，以北京为研究对象，产业的融合加强了产业间的联系，有助于实现长远目标，同时文化创意的加入，有利于传统产业的优化升级，能够增强首都影响力，促进其全面协调可持续发展。李美云（2008）研究旅游业与动漫产业的融合，认为二者可以在相互融合的基础上再次发展，该融合主要带来的影响是动漫业丰富了旅游业的发展方式和内涵，而旅游业同样使得动漫业拓宽了发展领域。庄清娥（2008）研究旅游业与会展业的融合，会展业的公开性使得旅游业以全新的方式更广泛地出现在大众的视野，加强了旅游业的曝光率，加强企业间的竞争。但红艳等

（2015）以四川旅游产业与文化产业为例，提出旅游产业融合会催生新产品和新市场、促进产业链的价值增值、推动组织创新和管理创新、延长产业生命周期等效应。

5.旅游产业融合研究文献研究述评

由以上文献研究能够得出，尽管世界各地的学者都给予旅游业的产业融合很多关注，但是真正得出的有实用价值的研究成果数量很少，且理论成果零散，缺乏系统的整理。在实际案例的研究上，多采取以微观角度观察融合的方式，并进行论证。但是旅游业融合的外部表现为不断拓展的形式，面对这种情形，学者们应对融合的类型以及方式加以研究，并不断加深对产业融合的认知，形成系统完整的理论研究体系。我国的学者偏向于采取定性研究为主、案例研究为辅的方式进行研究。

社会、经济、文化以及科学技术的发展推动了旅游产业的融合。同时，旅游新业态下，旅游者行为发生了重大改变，他们更加追求个性化、多元化、新颖化的旅游产品，而旅游需求的变化迫使旅游企业对现有的旅游文化进行不断的研究创新，并以科学技术为第一生产力。从现有旅游业融合的案例中发现，旅游产业与其他产业的融合已经成为不可阻挡的潮流，但是未来的产业融合必须注重产业间的系统性研究，在融合过程中关注产品的研发、融合路径以及企业经营管理方法，同时对落后的、存在不足的管理模式进行改革。

1.3.3 旅游产业与信息产业融合研究综述

1.国外关于旅游产业与信息产业融合的研究

在国外的旅游产业融合的文献中，对于旅游产业与信息产业的融合记载几乎为零，大部分的记载材料都侧重于信息技术对旅游产业的影响。信息技术的迅速发展和大范围使用，为旅游业的供给和需求都造成深刻的影响，具体表现为：在需求方面，信息技术带给游客的便利性体验；在供给方面，信息技术促使旅游业进行科学与技术创新。Gretzel等（2000）与O'Connor等（2004）认为互联网的使用使得旅游业的曝光量大大增加，其线上宣传得到了加强，一定程度上弥补了线下推广的不足。如今互联网早已经成为市场上有利的推广工具和销售渠道。Buhalis等（2002）侧重研究信息技术的销售渠道功能，信息技术的应用成为旅游销售系统的全面机制。Porter（2001）认为信息技术具有细分市场、节约成本的功能，其发展直接影响着企业的竞争能力，决定了其是否具有竞争优势。Connolly等（1998）认为在此基础上信息技术还能给企业节约部分推广费用和销售费用。Kim等（2004）认为网络带来的改变主要表现为降低贸易壁垒、节约交易成本、改造销售渠道、增加交易价格透明度和促使产业结构优化升级。

2.国内关于旅游产业与信息产业融合的研究

我国关于旅游产业与其他产业相融合的文献较为丰富，不仅包含对旅游信息化的研究，还有从产业融合的视角对旅游产业与信息产业融合的模式与类型的分析。Yu等（2000）认为技术变革最先影响的是市场和分销渠道这两个商业功能。刘宇青（2009）研究旅游业与高新技术产业的融合，他认为高新技术对旅游业的影响巨大，甚至改变了其经营管理方式。麻学锋等（2010）认为，技术渗透实际上指的就是在旅游行业不断引进新技术的同时，技术带给行业新的发展和突破，以及进而产生新的产品类型的过程。信息技术对旅游业所带来的积极影响已经被大多数人所接受，许多学者对旅游业与高新技术的融合做出了乐观的评价。在研究融合模式之外，部分学者对融合的推动力和结果效应的研究也有所涉猎。这些研究为概念旅游的提出和发展奠定了基础，对被动融合模式的出现提供了理论依据。徐虹等（2008）在研究融合的推动力时，发现技术创新发挥了重要的外在力量。类似地，刘雪婷（2011）也认为技术融合在产业间的融合中发挥了外在的推力作用，主要作用是提供外在的技术支持与一些其他的辅助作用。杨彦峰（2012）的研究表明，旅游行业属于第三产业，是技术密集型产业，与劳动密集型产业不同的是，旅游业与高新技术有着密切的联系，其中以互联网技术为主要代表，互联网技术在旅游业的产业融合中发挥着重要的推动作用。他还认为，这种行业间的融合，本质上就是一种创新，并推论信息技术与其他产业的融合本质上也是两个产业的创新。麻学锋等（2010）认为，旅游的创新离不开技术的支持，必定以技术创新为基本依据，因此旅游业在进行创新时必须积极引进相关的科学技术，并及时进行技术的更新，促进新型旅游业的发展。高凌江等（2012）的研究表明，技术创新带动着旅游业的创新，具体表现为产业机制、经营管理方式与相关产品的创新。黎嶦（2012）认为，技术创新为产业融合制造推动力，推动产业内部融合、与信息业的融合、与其他产业的融合等。范继刚等（2014）在构建旅游产业与信息产业融合的评价指标体系的基础上，对西部地区两大产业的融合进行了实证研究。

3.旅游产业与信息产业研究述评

信息技术为旅游业注入了新的活力，它迅速地渗透到行业的各个领域，发挥着积极的作用。但是，国内外对旅游产业和信息产业融合的研究缺乏一般理论的、专门的、系统的论述，因此在未来的研究中，应侧重以下几方面内容。

（1）划分信息产业与旅游产业的界限，分清二者的重合产业

清晰明了地划分两个不同的行业界限是进行研究的基础。旅游产业与信息产业都属于综合性、交叉性产业，产业关联性较强。在界定、辨析两者的本质属性、区别的基础之上，提出两者之间的交叉产业。信息产业中的旅游业包括四种服务类型，分别为在线旅游服务商（online travel agency，OTA）、垂直搜索引擎类在线服务平台、社区点评攻略类在线服务平台、B2B+B2C类在线旅游服务平台。旅游业发展中的信息产业包括民航交通信息化、酒店信息化、旅行社信息化、景区信息化、旅游目的地信息

化五种产业形式。

（2）信息产业与旅游产业融合的动因及表现

旅游产业自身的特点决定了它易于与其他产业融合的天然属性。在诸多因素的影响下，旅游产业的融合存在着不断变化、动态构造的发展过程。本研究认为，需求结构和需求水平变化、产业结构深化调整、信息技术外溢、产业分工深化和互联网的逆向改造、旅游者需求层次理论这五个因素是导致旅游产业融合的最主要原因。旅游产业融合的表现形式为五个方面，即技术创新、经营模式创新、服务创新、信息共享和新兴业态。

（3）信息产业与旅游产业融合的系统结构

以系统理论和生态理论为基础，遵循旅游科技创新和市场普及是产业融合的推力、信息-旅游产品与新业态是产业融合的标志、信息-旅游企业与产业价值链是产业融合的载体、创新要素的充分共享与深度协作是产业融合的动力等四个层面，构建信息产业与旅游产业融合的生态系统和动力模型。

（4）信息产业与旅游产业融合的路径选择

在创意和融合主导力量的共同作用下，信息旅游产业融合过程中带来业务形态融合、市场融合、载体融合以及机构融合等各个层面的变革，从业态创新和组织创新角度出发，按照“技术融合→产品融合→业务融合→市场融合”和“模块嵌入→横向拓展→纵向延伸→交叉渗透”两条路径对信息产业和旅游产业融合路径进行研究。

（5）信息产业与旅游产业融合的互融共生机制

以信息产业与旅游产业融合对原有产业格局、经济特征、竞争方式、组织形式的瓦解与重构过程为主线，以信息产业和旅游产业融合的科技创新效应、产业支撑效应、竞争性结构和能力、组织性结构等几方面为出发点，探求信息产业和旅游产业在价值链的分解和重构过程中所实现的融合协同机制。

第2章

理论基础与概念界定

2.1 理论基础

2.1.1 信息经济理论

1.信息经济的来源及概念

“信息经济”最早是由美国的学者弗里兹·马克卢普（Fritz Machlup）提出的。1962年，他在著作《美国的知识生产与分配》中第一次提出了“知识产业”的概念，其中包含通信工具、信息机器、信息服务、教育、科学研究与开发等五个方面，并通过大胆而富有创新精神的工作测算出“知识产业”（也常被称为信息产业）在美国国民生产总值（GNP）中所占的比例。根据他的研究数据，1958年，美国大约有29%的GNP都来源于信息产业的收入，劳动者的收入也有部分来源于信息产业。

1973年，美国哈佛大学的社会经济学家丹尼尔·贝尔（Daniel Bell）在其著作《后工业社会的来临》中对“信息经济”的概念做出了阐述。他认为发达国家已经进化为工业国家，且最终将达到后工业阶段。一旦新社会来临，经济环境的基本战略、环境及文化都会产生剧烈的变化。1977年，美国斯坦福大学博士马克·尤里·波拉特（Marc Uri Porat）在美国商务部资助下完成了9卷巨著《信息经济：定义与测量》，它在马克卢普的研究基础上进行了更深的研究。他把经济整体划分为两个部分：第一，在信息方面，存在某种形态的转换，即从一种形态转换为另一种形态；第二，在物质方面，同样存在形态间的转换。在他给出的信息中，信息资源、信息劳动、信息活动不仅具有经济意义，而且还能进行量的计算。

信息经济，指的是在信息产业中占主导地位、发挥主导作用的，以现代信息技术为物质基础的一种新型的具有引导力的经济。它又被称为资讯经济，即IT经济。它的发展建立在信息革命取得的成果上，主要是通过产业信息化和信息产业化的相互融合促进建立。

2.信息经济的内涵和特点

信息经济的表现形式多样，社会化、商品化和现代化都是其基本特征。在社会经济的发展中，信息经济是国民经济的重要组成部分，发挥着不可或缺的作用。它在每个国家的经济制度和社会经济中都有所体现。通过信息经济分析，可以通过把握现代经济发展的特点，制定合适的市场经济规划，实现长远目标。理论上，信息经济的出现建立在物质经济的基础上。所以理论上讲生产的每件产品，都包括信息和物质两方面。在以数量为衡量标准时，信息经济指的是以劳务和技术为基础的经济；在以规模经济为衡量标准时，信息经济指的是经济活动的核心内容，特征表现为大规模的规模经济。在以技术结构为衡量标准时，高新技术的广泛运用能够加强物质的基础性地位，使信息经济的形成过程更加自然。

总体来说，信息经济是农业经济和工业经济的发展，是一种更具现代色彩的更先进的经济形势，也是一种最新的经济结构，它能体现现代经济发展的变化，通过信息资源和技术掌握信息产品和服务的发展，可系统地把握经济的增长。

3.信息经济中几类常见问题

（1）信息产品的定价

信息产品的定价通常受其成本的影响，成本是任何物品进行定价参考的依据。以传统经济学理论看来，在竞争市场均衡时，厂商定价的依据是MR=MC=P（其中，MR是边际收益，MC是边际成本，P是产品价格）。但在现实的经济活动中，产品具有很低的边际成本，若此时仍然以边际成本为依据进行定价，在生产中所耗费的固定成本将会成为财务漏洞，加重生产者的负担，生产者为了减轻这种负担通常会采用缩减产量的办法，产量远远低于均衡水平则会导致社会效率降低。所以，信息产品的定价是个普遍的难题，即怎样制定合理的价格，才既能保证生产者的积极性、保障生产者的利益，又能实现社会效率最大化。

（2）锁定成本

信息经济中存在普遍的经济规律，它可大可小，大可达到数百万美元交易额，例如贝尔大西洋用于AT&T操作系统的投资；小至信用卡的开通，户主必须达到特定条件，才能得到银行的许可。在同样的机制下，在锁定成本和转移成本的条件下，不同的人会有不同的投资结果。只有掌握鉴定和测量成本的方法，才能降低风险，在投资中获得有利的竞争地位。锁定成本指的是未来的交易使用现在所规定好的价格，即未来的形式都将被现在的价格所界定。这些联系虽然微小，但都能被预测。产生锁定的七种主要经济模式有：合同约束、耐用产品和售后服务、品牌的特定培训、信息库的处理、供应商的谈判、成本预算、顾客培养。一般来说，通过对顾客和供应商的观察可以预测产品的成本，并判断对企业未来发展的影响。

（3）网络和正反馈

信息时代的经济发展通常建立在网络的基础上，工厂经济并不能满足信息时代多样化的需求。正反馈是网络社会中表示网络用户肯定态度的表现，能促进强者的动态效应，但同样存在消极影响，正反馈会降低弱者的积极性。在正负反馈并存的情况下，新技术的运用往往只能满足某一方的需求。这种典型的模式是：缓慢地起步，爆炸性地增长，然后饱和。消费者对应用广泛的信息技术持有很高的包容性，通常给予很高的评价。这也在一定程度上使需求方形成规模经济和网络外部性。网络外部性也是构成经济正反馈的主要原因。研究表明，正反馈有利于大网络环境，不利于小网络环境。这个理论的出现较好地解决了有形网络的使用。

（4）合作与兼容

消费者对产品的期待直接影响着产品的临界容量的界定。在产品生产的前期，消费者预期的态度至关重要。因此在产品引入前期，怎样获得消费者预期成为重要问题。首先要考虑一对权衡关系，即性能和兼容性。渐进式的策略牵涉到更高程度的向后兼容，但是限制了性能的改进。采用革命式策略的话，新技术与旧产品相比将不会有过多的共同点，即兼容性差，但是在性能上将会产生巨大的优势。这与企业的发展是一样的，想在网络市场中获得更强的竞争力，必须与外部力量相融合。在与其他企业确定联盟关系时，选择和吸引合作方是关键。在结成盟友完成预定的目标后，盟友将转变为竞争对手。因此，在寻找盟友之前，必须学会判断盟友的竞争力和合作力，尽量以可以预测的方式改变未来的竞争走向。标准的制定有利于网络外部性的降低，以及未知性和用户锁定的减少。但是对市场占有者和供应者来说，标准的制定将会阻碍其发展，降低其利润。若在将从标准中获益的群体中寻找盟友，在标准成功实施之后，则可以探索更佳的方式制定分配计划。

2.1.2 复杂系统理论

1.复杂系统的内涵

系统由一些相互作用、相互关联、相互制约的因素组成，具有一定的整体功能，是系统科学研究的对象。物理学中，电磁场、粒子可看作系统；宇宙学中，地球、太阳系可看作系统；社会学中，家庭、学校、企业可作为系统。系统的组成部分可以是单一且不能再分配的个体，也可以是受系统支配管理的子系统。系统的类型多样，一般分为简单、随机和复杂三种。简单系统只需要遵循浅显易懂的规律，且包含的元素少、关联弱，基本符合整体功能等于部分功能之和的特点。随机系统本质上具有不确定性，容易受到影响，系统的状态是随机的过程。复杂系统往往由许多同类或不同类的子系统构成，同时子系统还可以划分为更小的子系统，这些子系统具有智能性、自适应性，且各子系统间具有强烈的帮合作用，系统某一层次的性质并非其低层次性质的简单相加，而是相加之后具有的新功能和新性质，即整体功能大于部分之和，这个过程被称为涌现，是系统具有的重要性质之一。复杂系统中，不仅各个组成部分具有相互作用的关系，而且每个子系统甚至每个层次中都存在着相互作用的关系，相互影响、相互制约。这种复杂的程序通常以系统自组织、系统耗散性、自组织临界等三种形式表现出来。系统自组织，指子系统通过改变自身条件的方式适应环境。系统耗散性，即系统在各个部分相互作用的同时，利用外部与内部力量的结合而达到更高等级的形态。自组织临界，指的是系统在不断变化中寻找平衡，在临界点附近自动进行突击。

研究复杂系统时，应采用经验与实验相结合、模型与理论相结合的方式，引出系统的抽象概括，再运用完整的理论方法分解复杂的系统，最后，再对复杂系统进行仿真测试，探究其演变规律，主要运用的方式为系统动力建模和数学建模。

2.复杂系统的特征

面对复杂系统，首先要通过分析复杂系统的特征，对该系统建立一般性描述。根据复杂系统的性质可知，复杂系统具有多面性。关于复杂系统的文献较多，这些文献在复杂系统特征的认识上较为一致，主要有以下几点。

（1）非线性与动态性

非线性是系统产生复杂性的必要条件之一，没有非线性就不会有复杂系统。在线性系统中，整体是各组成部分的简单叠加；而在非线性系统中，系统的整体大于各组成部分之和，不再符合叠加原理。各组成部分、各层次的组成部分之间相互联系、相互制约，发生复杂的非线性耦合作用。正是这种非线性作用使得系统具有了多样性、不可预测性等复杂特性。复杂系统中的非线性模式符合自然与社会中的现实，只有将传统的线性思维方式向非线性方式转变，才能更加深刻地理解自然与社会中的各种现象。动态性指伴随时间变化，复杂系统会与内外部环境发生相互作用，经过不断调节、适应、自组织作用，从混浊的无序结构向更加高级的有序结构演化，并涌现出独特的整体特性。复杂系统必须是处在动态演化中的，如果系统处在均衡的静止状态，复杂系统最终会走向“死亡”。

（2）开放性与非周期性

开放性是指复杂系统是开放的，在不断与外界相互作用的过程中进行各种信息的交换，这是复杂系统的固定程序。只有连续不断地进行交换，复杂系统才能保持运行，才能实现从简单到复杂、无序到有序、低级到高级的演化发展。开放系统中，系统具有自组织的能力，不断进行反馈和调节，最终适应外界环境的变化，不断完善演化的能力，实现系统与外部环境的统一。系统活动依赖于不断与外部环境的交换，一旦系统被隔绝，不能进行信息交换，系统将会陷入瘫痪状态，失去发展能力。

非周期性指的是复杂系统的变化是无章可循的，没有固定的周期，具有未知性和不规则性，缺乏规律。复杂系统在变化过程中，不会重复原有的路径，也不会回到之前经历的时点，而是在一个有界区域内呈现出“无序”震荡现象。

（3）多层次性与多重反馈性

复杂系统是由多层系统按照等级分明的秩序组建的。伴随着每个新层次的出现，系统都会表现出新的秩序，从而变得越来越复杂。层次的数量即表明系统的复杂程度。

系统的多重反馈性是指各主体之间相互影响，造成系统层次间的循环作用，即层次A的变化将会引起层次B的变化，进一步又会造成层次C的变化，而层次C的变化又将影响层次A。在不断的循环过程中，系统中间程序的要素在发生变化，最终的结果对系统的输出层次、级数没有影响，但对中间级数产生作用。

（4）自组织与涌现性

开放系统受总系统内外两部分的影响，在两种因素呈现非线性关系时，内部因素的变化将会比较明显，系统内部存在的较为剧烈的相关关系在此时会自发地连接，自发组织起来，遵循系统的有序性，从低级走向高级。自组织是复杂系统存在的一种普遍形式，是系统在内在机制的驱动和影响下，自动进行简单向高级、粗犷到精致的发展，是一个不断进行自我检测与完善的过程。

涌现性指的是还原性和非简单加和，是系统的组成部分按照一定排列顺序相互影响、相互牵制，它具有整体性，包含任一部分具有的特性。结构方式的多样性决定涌现性的多样性，不同的结构造成不同的涌现性。一旦将系统分解，涌现性将不复存在。涌现性的表达可以通过数学建模里面的斑图进行描述。Poser（2007）认为，涌现现象的核心是二者相互作用，而不仅仅是简单的累加行为。重要的是，涌现自身同样存在多层次性，它与复杂系统存在相互关系，一方面涌现现象是复杂系统的一个特征表现，另一方面复杂系统也是研究涌现的系统。

（5）初值敏感性与奇怪吸引性

初值敏感性，通常被叫作蝴蝶效应或者积累效应，是指在混沌系统的运动过程中，如果起始状态稍微有一点改变，那么随着系统的演化，这种变化造成的影响会被无限放大，最终达到一个无法控制的状态，产生巨大的影响。

复杂系统在变化过程中还会形成一种特殊的吸引子，吸引子指的是在时间运行轨道上长久积累的一系列点集。简而言之，一个系统在不受外界干扰的情况下最终趋向的一种稳定行为形式。吸引子分为奇怪吸引子、稳定吸引子和不稳定吸引子，其中奇怪吸引子最为特殊，它能使系统的运行轨迹趋向于点吸引子或某些极限环，又能促使系统进行某些完全随机的行为。它是介于稳定吸引子和不稳定吸引子之间，即稳定区域与非稳定区域之间的特殊存在。所有与系统相互作用的位于系统附近的子系统最终都会进入这个区域。

吸引子中两个相邻的点即使性质相同，也会存在相背离的可能，这是因为所有系统都存在初值敏感性。

3.复杂系统的相关理论

21世纪，复杂网络系统和复杂科学系统相互作用，交叉发展，国外学者在揭示复杂系统的规律方面做出了杰出贡献，提供了新的方法指导。国内学者方锦清（2010）也在不断地探索新的社会协同方法论。其中，复杂系统科学发展分成两个阶段：第一阶段是在20世纪前半期发展形成的“老三论”，即系统论、信息论和控制论；第二阶段指的是在20世纪后半期形成的“新三论”，即耗散结构论、协同论、突变论。这六大理论共同构成了复杂系统理论。20世纪后半期的耗散结构论和协同论与自组织理论中的耗散结构论和协同论相同，下面对部分复杂系统理论进行简单介绍。

（1）系统论

系统论起源于人们在物质世界的长期探索和实践，是长期经验的累积过程。1937年，路德维希·冯·贝塔朗菲（Ludwig Von Bertalanffy）在美国芝加哥大学的一次哲学研讨会上，首次提出了一般系统的概念：系统是各种要素的结合体。1945年，他在《德国哲学周刊》上发表了《关于一般系统论》。这篇文章加强了系统的概念化，同时把系统推向更广泛、更深刻的概念总结，推动了系统理论的形成，系统科学理论的研究开始转向系统的层次性、整体性、动态性、开闭性以及系统中体现的“关系”和“目标”等。此后，系统理论在世界范围内得到关注。

尽管世界上还没有对系统进行更加统一、权威的定义，但是有一个被普遍接受的理解：系统具备一定的界限，这个界限使得系统与其存在环境相分离，从而与外界进行各种要素的交换；系统本身是由相互作用和相互依赖的若干组成部分中的部件及其结构按照一定的具有规律的形式排列组合形成的完整个体；系统配备某些特定的功能，其各个部件的存在和组成目的都是为了达到系统的长远目标；系统每一个部件的变化都有可能影响系统整体的变化。

（2）信息论

信息论起源于系统理论，历经四个主要的发展阶段，①概念产生期，历史上公认的信息论概念起源于1922年的卡松法则；②概念成熟期，哈特莱（1928）是代表性人物，其观点是信息具有载体的功能，它仅代表内容的一种符号，本质上是一种代码，而非内容本身，它的这种观点成为信息技术发展的导火索；③信息论的突破期，Shannon（1948）曾在著名的杂志《贝尔系统技术杂志》上发表过一篇文章，标题为“通信的数学理论”，首次提出了信息（非物质对象）的度量公式，标志着信息论的成熟；④信息论的发散阶段，信息论在之前的发展中形成了一部分系统的理论，为之后的控制论和计算机技术的发展奠定了理论基础，拓展了信息论的使用价值。在国际上，Shannon的论文更具有时代的标志，一般被认为是信息论的真正起源，并成为系统理论的重要组成部分。

（3）控制论

控制论的快速发展建立在信息论发展成熟的基础上。著作《控制论或关于在动物或机器中控制和通话的科学》直接为其发展提供理论依据，并指导其确定发展模型。随着控制论的逐渐成熟，反馈控制、系统识别和鲁棒控制等理论形成了齐头并进的局面，并得到了快速发展，迅速地被运用在经济、管理和社会等领域。

（4）突变论

20世纪70年代后，E.C.塞曼等提出著名的突变机构，之后被进一步发展为突变论。突变论认为，复杂系统的演化是连续的，然而结果是不连续的。一个复杂系统从一个稳定有序状态转化为另一个稳定有序状态时，是以突变的形式进行的。突变论以拓扑学为工具、结构稳定性理论为基础，提出了一条新的判别突变的原则，即在严格控制条件下，如果质变中经历的中间过渡态是稳定的，那么它就是一个渐变过程，否则就是突变过程。

2.1.3 产业融合理论

在产业融合的诸多文献当中，出现比较频繁而且被普遍接受的一个提法就是产业边界的“模糊、收缩和消失”，这也就是产业融合的直观含义。产业融合作为一个名词来讲，指的是一种状态，即相互作用的两个或两个以上的产业达到水乳交融的状态；作为一个动词来讲，指的是一种过程，意为两个或两个以上产业相互渗透、相互延伸或者相互接入的过程。

1.产业融合的概念

最近的几十年，学界始终围绕着“产业融合”进行探讨，然而学者们的研究切入点有所区别，分析问题的出发点也不尽相同，因而提出的产业融合概念也是各不相同。总而言之，在世界范围内的理论成果中，有关产业融合的具体概念，大致能够划分成如下四部分。

第一，通过综合整理信息通信产业可以得出，产业融合在根本上是由科技与数字两方面兼容而发展而来的产业范围不清晰的计算机、信息、多媒体行业交流的成果。Greenstein等（1997）通过分析产业的变化性得出，产业融合在根本上来说是一种经济学上的理论，是概括了旨在配合产业进步导致的产业范围的模糊减小，且产业融合可划分为两种不同的交融现象。随后又有学者发现，可以把产业融合看作是通过信息手段和新兴通信手段进行多种多样的媒体传播的融合。还有学者认为，不仅是信息传输行业存在技术的交融现象，其他行业也存在着技术融合。可以说，技术融合对各个产业的业务范围产生了极大的而又深远的影响，推动着各行各业互相汲取经验从而发展成新兴产业。周振华（2003）指出，产业融合与产业分立是相辅相成、紧紧相依的关系，产业融合是由产业分立发展而来，并由产业范围固定的形式发展成产业范围不定的形式。伴随着信息技术网络的不断进步，各类媒体行业开始出现产业范围界限模糊的情况。

第二，分析产业融合形成的条件及流程。产业融合经历了科技的交融、服务的交融、行业间竞争的融合，最终实现了产业融合，是循序渐进的，不是一蹴而就的。20世纪末，欧洲委员会发布条例，确定了产业融合的内涵为汇集各行业的联合及信息交流的联合。Malhotra等（2001）认为产业融合的内涵是两个或者更多原本相互没有任何联系的行业在发生市场竞争的过程中逐渐交融的现象，他还指出这种彼此交融的现象是通过相关的两种流程发展而出现的，也就是说供求双方彼此交融。如果消费者发现两种商品可以相互替代，就证明产生了使用方面的交融，如果生产者发现不同行业间的商品相互关联，则说明制造或售卖该商品的相关企业间产生了机构融合。植草益（2001）则指出，产业融合是借助科技创新来缓解各行业间紧张的竞争形势，进而形成的企业之间的共同发展模式。马健（2006）提出了科技创新及减小压力造成产业融合的观点，他认为产业融合的多发点为行业范围不清晰的部分，固有行业的商品属性发生变化，行业之间的协作发展模式受到影响，直接反映为行业间范围模糊乃至重新划分。詹浩勇（2005）提出，产业融合是以经济学和科学技术的内在关系为出发点，借助以网络信息技术进步为代表的科技进步，使以数字融合为保障的产业之间的竞争不再日趋激烈，并逐步改善产业共同发展形势的流程。

第三，综合分析商品提供的业务及其生产架构，可以将产业融合的内涵概括为，在商品适用类型变化的同时，生产此种商品的企业之间的范围变得不清晰。澳大利亚通信部门在其发行的《融合报告》里把融合的内涵概括为通信技术发展过程中相关行业的集成和优化。依据该报告，可以将融合的特点总结为以下几点：①融合的产生范围不仅局限于信息行业，更是多发生于高水平、贸易往来频繁的行业；②在根本上来说，融合具有相对层次与架构，融合概念下的改变是与其联系最密切的企业生产层次的改变；③科技方面的改变推动了融合的形成，然而科技进步并非融合产生的首要推动力，融合首要推动力应该归结于对利益的向往。Lind（2014）曾提出，融合是充斥在生活之中的，可以说是跨越行业界限与隔阂的，产业融合可以定义成由科技进步导致的行业范围的重新划分。

第四，分析行业的新思维和前景。有学者指出，产业融合的内涵是所有存在联系的行业之间进行的行业布局，遵循一般规律和未来发展趋势。厉无畏等（2003）指出，产业融合是非同种行业或者相同行业之间的互相融合与交流并逐渐演化成新兴行业的一系列变化过程。产业融合会形成全新的行业或者利润来源，此种概念与非同种科学互相交流借鉴从而形成全新的科学这一现象相似。何立胜等（2004）提出，产业融合是非同种行业或者相同行业中，在科学技术进步和管理方式变化的前提下，彼此汲取经验，取长补短，进而渐渐合二为一，产生全新的行业类型的演化过程。胡永佳（2007a）认为，可以分不同角度来讨论产业融合的有关内涵，分析产业融合的首要特点以了解其内涵，产业融合中包含了各种世界观与方法论；分析产业融合所包含的内容以了解其内涵，那么能够从不同层次对产业融合进行分析。在胡金星（2007a）看来，产业融合不是存在于封闭的体系中，科技和生产规格的变化可能会导致相邻行业之间的对立、相互竞争从而产生全新行业的流程，也可以总结成自发形成的流程。

综上所述，尽管学者在分析产业融合的内涵时的出发点不同，却始终保持同一种思想：产业融合在根本上是两种或者两种以上互不包含的行业，由于科学技术的进步和规定的简化，行业范围不断模糊而形成的全新的行业或利润来源，是持续发展进步的流程。

2.产业融合的前提

无论是产业内部各行业的融合，还是产业间的融合，进行产业融合都需满足以下几个前提。

第一，融合产业之间有一定的关联。可以形成产业融合的行业有某种联系，这种联系一般来源于原材料相关或者原材料可以相互替代，或者来源于可比的市场占有率。借助行业之间的融合，可以把彼此相联系的部门相融从而得到更广泛的效益来源，使两个行业得到良好的、共同的发展。

第二，融合产业之间具有相同的市场结合点。各个企业作为市场的主要参与者，在进行生产销售的过程中基本上都会面临在行业内部出现的不同程度的竞争现象，产业融合为企业确立竞争优势提供了很好的途径。产业融合的进一步推进不单单源于政府政策扶持，其更深层次的推进要依靠“无形的手”，也就是要依靠融合产业之间相同的市场结合点，将企业之间的对立关系转变为相互扶持，行业之间由各自作战向相同的市场结合点转变，促使融合发展的行业新面貌去迎合市场的新要求。

第三，产业融合并不是静态的前进。行业之间进行融合不是单纯地将某一指定时刻和范围内的两种行业进行整合以得到相对程度上的具有影响力的收益，而是深入探讨这两种行业的竞争点以及融合方面的力量来源，分析比较采用融合的方法进行发展，根据行业未来的必需品和产品销售过程中的变动来把握前进的速度，为产业融合做加法。

3.产业融合的基本规定性

有学者指出，可以将产业融合与产业分工相对，将产业融合看作产业分工的反面。然而在笔者看来，与产业融合对立的是产业分立，可以将产业分立看作来自原有旧工业时代分工并与产业分工联系紧密的概念，产业分立是从原有的产业分工中独立出来的特别的形态，不能够将其与产业分工画等号。产业融合反映的是原有的分工形成的行业范围发生的变化，是在根本上去除了原有产业分立中的糟粕的过程，所以不能推翻普遍意义上的产业分工。恰恰相反的是，产业融合的内涵可以概括为新兴的行业分工，也就是全新的混合行业。所以为了能够在最大程度上减少对产业融合的误解，本书将从以下三点对产业融合进行概述。

（1）产业融合不等于产业统一

这里的产业统一，代表“没有进行产业分工的一致”，可以看作生产水平过低的金融社会的基本形式。跟此种形式不一样的是，产业融合是“存在产业分工的一致”的。可以说，产业融合就是在工业生产背景下进行完全的产业分工而进一步发展起来的，它是将生产环节不断精简、生产环节责任分配、生产环节贸易金额增加作为前提所产生的行业固定范围发生相对改变的结果。这些改变突破了各个行业的范围，引起行业之间的进一步交流与合作，将销售者与消费者之间紧密联系的关系向另外的关系转变。在此基础上，有关所有业务往来的调度，存在对立，也存在交流，处于原有交易区间之内，也处于原有交易区间之外。企业始终保持着的清晰的竞争意识，会逐渐地被更加缜密、联系更加密切的竞合意识所取代。

（2）产业融合不等于产业重合

产业融合一般表现为行业边际的相交和某种程度的重合，在此基础上产生一个不同于相融行业的新兴行业。此种新兴行业不能解释为传统行业的机械整合和归类，也不能解释为取代了部分传统行业，应该解释为是在传统行业中取长补短的进一步发展。

（3）产业分工模式不只有产业融合一种

纵观行业的金融内涵，产业融合的发展边缘是在一定的范围之内的。产业融合仅是在与它具有一定联系的行业中或产业链中进行更深入地发展，不能将其视为能够随意发展到任何行业内。但是，一般来说，产业分工在原有的社会形态中存在着很大的影响，所以在新的行业之中，尤其是在以创新和科技作保障的相关行业中，产业分工会在融合的过程中占据重要的位置。

4.产业融合的类型

各国学者以不同视角对产业融合类型作出讨论，归纳起来有以下四类。

从科技角度出发，格林斯腾和汉纳指出，产业融合应该包括两种类型：一种是存在对立的，体现为一类科技可以对另外一类科技进行代替；另一种是存在联系的，体现为两类科技相加在一起应用时的收益高于独自应用时的收益。张磊的观点与格林斯腾和汉纳基本一致，认为可以将产业融合划分成对立与相互联系的。曹卫、郝亚林采用高新技术行业与原有旧行业进行交流和结合的方法进一步探讨产业融合的内涵：以高科技作为出发点，借助高科技行业的普遍化，进行高科技行业和原有旧行业之间的深入合作；渗透可以看作优化原有旧行业，使用最新的科学技术优化产品制造过程，进而优化产业结构。

从市场供需的角度出发，有学者将产业融合分成需求融合和供给融合。

从商品的立场出发，有学者将产业融合划分成代替融合、对立融合和交流融合三类。代替融合和对立融合仅是使不同的相互对立的商品过渡到相同要求约束的范围中，进而发生一定程度的相互代替和相互补充，但所有商品的对立属性还没有消失；交流融合是在相同的约束下，原有的所有商品的对立彻底消失并且相互补充形成新兴产品，所以可以说交流融合是真正的融合。王丹提出，可以将产业融合大致划分成以下几种类型：第一种是改变重造的融合，指借助通信行业对原有行业进行改变重造，使原有行业向新型方向发展，最终实现通信行业和原有行业的交融合作；第二种是相互补充的融合，指两个或者两个以上的在使用方面可以进行相互补充的完全不同的商品，在一定范围内遵循相同的检验准则，在最大程度上进行补充和兼容；第三种是相互代替的融合，指存在类似特点和使用对象的完全不同的商品或业务，在一定范围内遵循相同的检验准则，能够进行相互代替。

从融合程度的角度出发，植草益等把产业融合划分为完全融合和局部融合。完全融合指两类或多于两类的行业完全相融最终形成新兴行业；局部融合指两类或两类以上的行业因为科技的不断进步和行业约束条件的减少而产生相互涌入，这些行业可能会由于商品或提供的业务相互对立而产生严重的竞争。

从制度角度出发，产业融合主要分为微观和宏观两大类，它们分别与标准融合和制度融合相对应。2007年，胡金星在其博士论文中提出标准融合的概念，即不同的企业主体在多样的市场变化中因合作共享信息或共同遵守市场规则而融合成一个统一标准。微观层面的标准融合主要包含技术标准融合和设计规则融合；宏观层面的制度融合主要包括产业管制政策融合和监管机构融合（图2.1）。

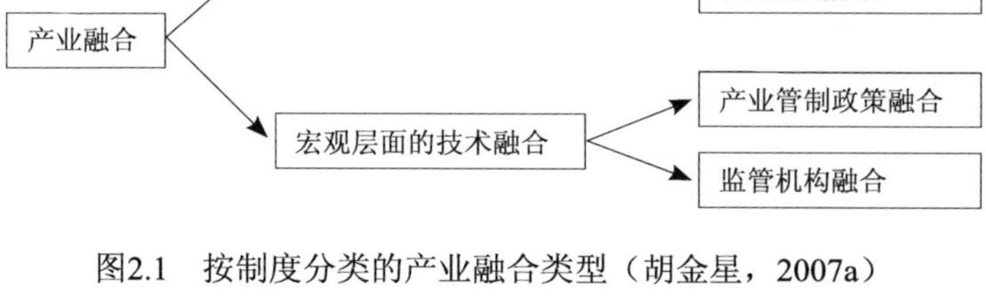

图2.1　按制度分类的产业融合类型（胡金星，2007a）

从产业自身的角度出发，胡汉辉等在2003年的研究中将产业融合分为产业渗透融合、产业交叉融合、产业重组融合三种类型。产业渗透主要是高新技术产业对其他产业的渗透融合；产业交叉是不同的产业之间互相补充并以此来延长拓展产业的融合，主要体现在高新技术产业的延伸处，因而可称之为延伸型融合；产业重组大多是密切相关的产业之间进行融合来达到经营协调统一，实现产业的重新组合。聂子龙等（2003）则把产业融合分为四种类型，除了以上提到的三种类型之外，还提出了替代型融合，即新产业取代旧产业的融合形式。这四种类型的具体内容与表现如表2.1所示。

表2.1 产业融合的类型及表现

类型	内容	表现
高新技术的渗透融合（渗透型融合）	高新技术及其相关产业向其他产业渗透、融合，并形成新的产业	生物和信息技术对传统工业的改造，如机械仿生、生物片、光机电一体化、机械电子
产业间的延伸融合〔延伸型融合〕	通过产业间的互补和延伸，实现产业间的融合	现代农业生产服务体系，工业中服务业比例上升，如工业旅游、农业旅游等
产业内部的重组融合（重组型融合）	原本各自独立的产品或服务在同一标准元件束或集合下通过重组完全结为一体的整合过程	农业内各子产业的融合，工业内部上下游关联产业融合，金融证券保险的混业经营等
全新产业取代传统旧产业的融合（替代型融合）	具有相似的特征及功能的独立产品或服务，在共同的标准元件束或集合下得以替代性整合的过程	农业高科技化，电子商务，网络型金融

资料来源：聂子龙等，2003；吴颖等，2004；余东华，2005。

渗透型融合主要是高新科技产业对其他产业的渗透，在此基础上形成新的产业。20世纪90年代，随着经济的迅速发展，信息技术产业和生物技术产业逐渐发展壮大并渗透到传统产业，产生了诸如机械电子、航空电子、生物电子、生物芯片等类型的新型产业。高速发展的电子网络产业也涵盖到了教育、医疗卫生等传统产业中，使它们的发展更为迅速便利，其中最具代表性的即为遍布世界各地的电子商务产业，与其不相上下的互联网电视则是电信网、计算机网、有线电视网、4C网四种方式的融合。对此，传统家电产业需改革创新，融合高科技产业发展。互联网电视市场的发展，有利于三网融合的突破，如图2.2所示。

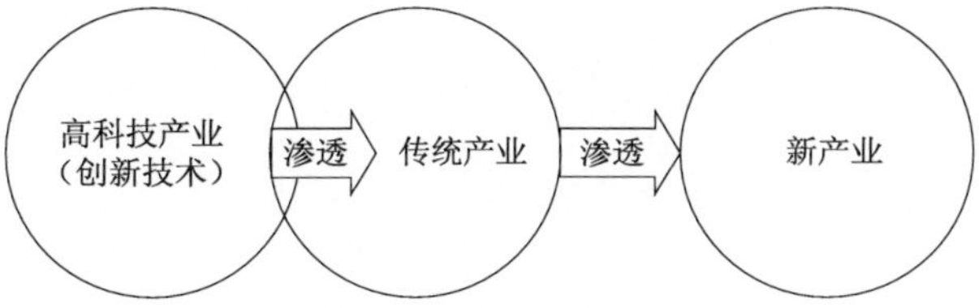

图2.2 渗透型融合（郑明高，2010）

延伸型融合是不同的产业之间互相补充并以此来延伸拓展产业，在市场竞争中取得良好的地位，进而形成的新的融合态势，往往发生在具有互补条件下的产业之间，因而又有互补型融合的说法。此类融合形式在很多情况下都发生在第一产业、第二产业、第三产业之间。举例来说，现代农业、现代制造业、工业旅游等新兴产业都是由第三产业延伸至第一或第二产业并融合进第一和第二产业之中逐渐形成的现代产业。

重组型融合是各不相关的商品或服务在同一市场标准下以重组的形式融合在一起。它们大多是紧密联系的产业或者某一产业的分支，而经过重组形式衍生出的新产业与原产业大有不同。举例来说，把第一产业内部的各方面进行重新组合，因其属于同一农业产业，在融合之后逐渐形成生态农业的新业态（胡汉辉，2003）。第三产业作为迅速发展的产业，其下属分支企业部门也渐渐开拓经营服务领域，诸如金融市场的主要代表银行、证券投资公司等，它们打破传统的经营业务方式，经过重组型融合展开多方面的混合经营模式，提高工作效率，带动第三产业的发展。

替代型融合往往指具有密切关系的产业或有相同特点的产品或服务等，在市场中可以相互替代并进行融合的产业融合方式。要形成这种产业融合方式，具体要做到以下两点：第一，产品之间有较为相近的特性，可以互为替代品；第二，产品要有同一规范约束，可以按照一致的标准来进行整合。飞速发展的高科技就是三大产业展开整合的准则，在此标准下，产业间可以依据自身的内部条件进行替代型融合（周振华，2003）。新兴产业和传统产业的替代融合并不是简单、混乱的合成，而是在融合的过程中保留传统产业精华部分，替代其中需改革的部分，针对具体情况做出合理的替代型融合，促进产业的不断发展。

胡永佳则认为，产业融合的分类可依据主体供给方来划分。根据目的的不同可将产业融合分为横向融合、纵向融合和混合融合。从融合的结果来看，产业融合又可分为吸收型融合和扩展型融合。除此之外，Stieglita（2003）经过大量的研究后，提出了四种技术和产品之间的产业融合关系，具体可分为替代和互补。技术融合和产品融合因其侧重点不同，在区别主体供给方或需求方时要采用不同的技术替代或技术互补、产品替代或产品互补。图2.3即为Stieglita的分类模型。

	替代	互补
技术	技术替代	技术互补
产品	产品替代	产品互补

图2.3　产业融合分类（Stieglita，2003）

5.产业融合特征

学者们从不同研究视角得出了产业融合的不同类型，但不同类型的产业融合却有相同的特征。

（1）产业融合本质上是一种产业创新

产业融合是一种新型的产业发展模式，带动了经济社会的革新与进步。其核心是产业创新，冲出传统的产业发展模式，却又继承发展了传统产业优秀的一面。依据约瑟夫·熊彼特（1990）的研究，创新就是用数学模型来建立新的生产组合方式，把新的要素运用到生产中。他提出的创新观点涵盖多方面，包括技术、产品、管理等。他的理论影响深远且广泛，后来的创新理论代表人物克里斯·弗里曼1997年在其基础上提出了产业创新过程中的技能、流程创新等多种创新方式。

产业融合不单指高新技术产业对传统产业的渗透融合，其本质是以技术为载体，与其他产业相联系、相融合，逐渐发展成新的产业。在此过程中出现了技术进步这一要素，并且有一个统一的标准。当这一要素占据重要地位时，不同的产业逐渐交融，互相补充，衍生出新的产业，经过不断进步加强，新产业成为原产业的分支，增强了原产业的核心竞争力。社会经济的不断发展，市场的多样变化都使得产业融合大多出现在传统产业和新兴产业的产业边界地带。

（2）产业融合是在开放产业系统之中发生的

开放产业系统往往是指产业内部与外部环境进行开放性的交换，不同的产业之间可以共享资源信息，交换技术要素，相互借鉴，共同进步。在此友好往来的过程中，各不相同的产业获得了更多的外部支持，并形成良好的竞争关系，促进了不同产业的进步发展。产业融合大多出现在产业边界地带，但动态边界有横向和纵向之分。首先，横向的兼并主要指产业内部的优劣组合，产业融合则发生在各大产业之间，所以横向兼并与产业融合大有不同。其次，产业融合与纵向一体化有着重大的差异，一些密切相关的产业出现的交叉融合可以是纵向一体化，但联系不太密切。如果生产过程中没有相连接的产业方式，则不是纵向一体化，属于产业融合中的混合型融合。以不同的主体看，区别于产业融合，混合型融合有自身的表现特点，例如多角化经营，若严格区分，产业融合里并不包括一些多角化经营。

周振华认为，浮于表面的三大产业的边界的变动现状并不重要，应当把重心放在产业分立和产业融合的不同之间。发生在三大产业之间的产业融合打破了传统产业分立的根本，甚至颠覆了传统产业分立；产业融合就是相互交融的过程，没有重叠的这种形式，所以产业边界并不会消亡，新产业也只能替代部分原有产业，并在此基础上发展。

（3）产业融合是一个动态的过程

如果某一产业没有出现产业融合的现象，则该产业内部的企业保持相对分离的状态，各个企业分别履行职责，无论是在产品的种类还是进行业务形式上都保持着绝对独立的关系。伴随着企业的不断壮大、科学技术水平的不断提高，一部分企业要想在产业内部占据一席之地，就必须采取多样化的途径进行产业升级，延长产业链，扩大业务范围，因此，总有一些企业之间的业务有所重叠，但是互相存在的干扰较小。随着各个企业相继走上多样化的发展道路，产业范围的不清晰现象也随之出现，原本没有关联的产业之间出现业务相关，这些产业共同发展进步，汲取各自所长推动产业一路高歌猛进，全新的产业模式出现且新产品在市场上起主要作用时，则产业融合发生。

产业融合经历了从无到有的过程，这个过程等同于一个产业要素的扩散与整合。在此当中，技术融合、产业系统的开放性、模块化系统分工的演进对产业融合至关重要。同时，产业融合的实现需要与制度融合、融合型产品功能的完善与价格的降低、市场融合等方面共同完成。

（4）产业融合是产业间分工的内部化

随着社会经济的发展，产业间的分工逐渐普遍起来，产业融合便成为了它的新起点和新路径。出于工作的需要，如果两个或者两个以上的人或者组织去共同执行原来由一个人或者一个组织执行的不同操作，这种合作过程便是分工的基本含义，而职能融合的基本含义与此类似，是执行由两个或两个以上的个人或组织所执行的不同操作和职能。

第一，融合和分工并不是水火不相容的。从表面看，两者是彼此的对立与否定，但是只有在同一层级或同一范围内时两者的这种关系才成立。在不同的范围内，两者可以同时出现，相辅相成，共同起作用。在同一层次中，融合虽然消除了本层次的分工，但往往会带来其他层次的更多分工以及专业化。第二，产业融合与产业内所有企业融合并不能画等号。产业融合也可以是一部分企业或者一两个企业间发生的融合，由此来扩大产业的范围，提高产率，而其他企业照常进行专业化经营，在不同的产业内进行分工，然后去完成生产。第三，发生融合的企业越多，企业的经营范围就会越来越大。企业的分工类型发生了转变，由企业外部分工变为企业内部分工，企业由此获得了经营范围增加带来的经济效益，内部协调所需的成本也会相应提升。

（5）产业融合是信息化与工业化融合的重要依据

伴随着社会生产力的发展，社会生产形态发生演进，信息化和工业化便是演进的产物。在演进中，生产方式的内容更加广泛，发展理念、发展方式、发展动力、产业内容、管理理念等都是生产方式的内容。产业内容对应生产方式的生产要求，没有了产业内容，生产便没有目的和意义，不能促进社会生产的发展，也不利于社会生产形态的演进。

2.1.4　价值链理论

价值链理论在被哈佛大学商学院教授迈克尔·波特（Michael Porter）首次提出以后，便开始了一系列的演变和成长。价值链由企业内部价值链、企业外部价值链、企业价值网络和全球价值链共同组成，由企业内部向世界市场不断延展。从其他维度解释，还包括企业实体价值链、企业虚拟价值链和知识价值链。价值链以竞争为基础，价值系统以合作为基础，价值网络则更看中能力要素重新分解中附加价值的产生。企业网络以价值链为基础，以价值网络为最高级别。全球价值链包含产品的研发、设计、制作、销售、消费以及售后服务等一系列价值组成部分。价值链理论对各个价值组成部分的空间分割和优化重组、不同组成部分的协作和全球价值链的管理和能量来源等方面的探究和诠析更显细致和深化，改善了价值链和全球商品链条的不足。

有关价值链理论的探究以制造产业或实体型和虚拟型的制造企业为基础，研究的重点是产品的价值和附加值的产生，研究以投入与产出的结构比例、空间结构、全球价值链的管理和制度的改革为切入点。与其他系统不同，服务利润链理论从服务的角度出发，研究服务和价值链的内在关系。从服务行业价值链或是服务的角度出发，研究改善、更新和管理价值链的成果少之又少，以价值链为切入点探索服务优化板块网络的研究也较为稀少。

1.价值链的纵向延展

价值链的纵深演变顺序为：波特的价值链发展到寇伽特的价值增加链，随后出现系统的产业价值链，接着出现全球商品链和在此基础上发展演变而来的全球价值链。

（1）传统价值链（value chain，VC）

①波特的价值链。1985年波特在《竞争优势》一书中第一次提出了企业内部价值链的理论概念：以制造业为基础，所有的企业都是生产过程中的一部分，扮演着设计者、生产者、销售商，以及其他产品的辅助者的角色。价值链意味着一系列既定的结果，是把原料根据用户的需要变成商品的过程。波特提出企业的价值主要来源于基本的生产、加工、销售、售后服务等生产活动和人力资源、财会、研发、原料采购等辅助性活动，整个过程中相关联的价值活动组成完整的价值链，如图2.4所示。企业依据自身的价值链环节准确地找出自己应处的位置。但是，波特的价值链理论倾向于研究独立的企业的价值行为、企业与上下游之间存在的联系，他的理论依据以产品的生产为基础，忽视了顾客在利润链中的作用以及和同类行业的合作，且其价值链理论局限于传统的实物。

②价值增加链理论。1985年，寇伽特在探索企业进入国际市场的过程中首次提出

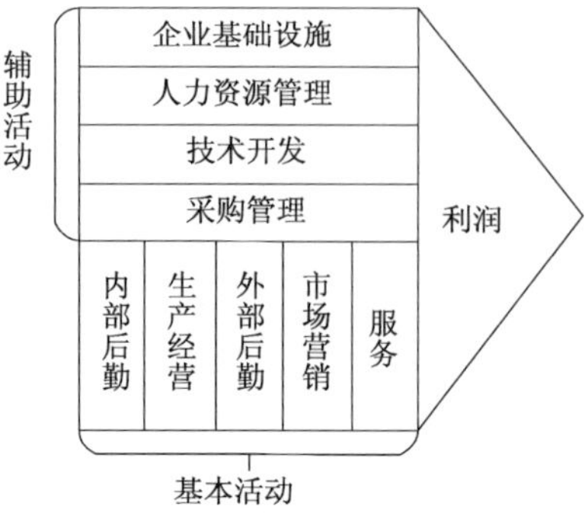

图2.4　价值链模型（迈克尔·波特，1997）

了价值增加链的概念：企业利用原材料、技术、劳动将原料转化为商品并销售的过程即为价值的增值过程。独立的企业一旦加入价值链的某个环节或者吸收整个价值增值过程，结果都会造成企业的生产和技术与价值链体系中的企业发生合作关系。总而言之，寇伽特的理论较波特的更具科学性。

（2）产业价值链（industrial value chain，IVC）

价值链的研究主体由单个企业扩大为整个产业时，即构成了产业价值链。所谓产业价值链是指行业中被利益关系相连接的各个企业之间形成的价值创造和增值的链条。这个价值链含有供应商价值链、企业价值链、经营商价值链和顾客价值链，具体内容如图2.5所示。

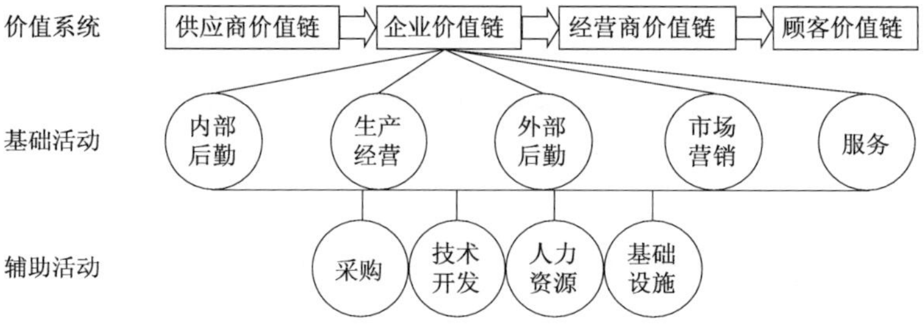

图2.5　产业价值链（余长春，2012）

产业价值链联系了产业链中的各个创造价值的环节，找出了价值创造最为关键的影响因素，所以，对企业产业价值链的研究应当寻找价值创造的关键环节，同时加强同上下游企业的联系，以实现降低生产成本、创造更多价值的最终目的。

（3）全球商品链（global commodity chain，GCC）

20世纪90年代，格里芬创造性地阐释了全球商品链的概念：通过经济的全球化将某一种商品生产所联系的各类企业以及其他组织机构推广到世界范围的经济体制内，此体制包含原料投入、销售、物流和消费等众多生产环节。格里芬认为全球商品链分为订户推动型和生产者推动型两种。全球商品链理论为分析经济全球化下的生产、销售以及消费提供了理论依据，但忽视了企业价值创造的作用，故较难在世界范围内广泛应用。

（4）全球价值链（globe value chain，GVC）

全球价值链理论是对价值链理论和全球商品链理论的发展。联合国工业发展组织提出，全球价值链是指为实现商品和劳务的价值而在世界范围内联系的生产、贸易、售后服务等过程的跨国联合机构。它包括原材料的采购和运输、产品生产、商品销售、消费和回收环节，同时也包括此过程中所有参与者的分工和利益分配。全球价值链理论解释了商品价值增值和价值分配的体系，理顺了产品价值创造过程中的各个环节之间的关系。

对全球价值链的分析是以全球价值链的管理为中心，包含全球价值链的管理、升级和价值链中的利润分配。

2.价值链的形态变迁

价值链的形态变迁经历了由虚拟价值链到服务价值链，再到价值网，最终变换成价值星系过程。

（1）虚拟价值链（virtual value chain，VVC）

原始的价值链仅包括实体产品的生产，学术界普遍认为价值的增值是大量产品生产和技术积累的结果。Rayport和Sviokla于1995年首次提出了虚拟价值链的概念，他们认为当代企业的运营存在于客观的物质世界的同时，也存在于数据库和信息组成的虚拟市场空间之中。在虚拟市场里，企业利用互联网等现代科技手段对无形的信息和资源进行加工并提供给顾客，由此形成类似实物价值链的虚拟的价值链条。虚拟价值链可以完美地配合实物价值链完成价值的创造和产品的增值，其增值主要发生在实物资源的附加价值活动和基本信息增值活动，具体内容如图2.6所示。

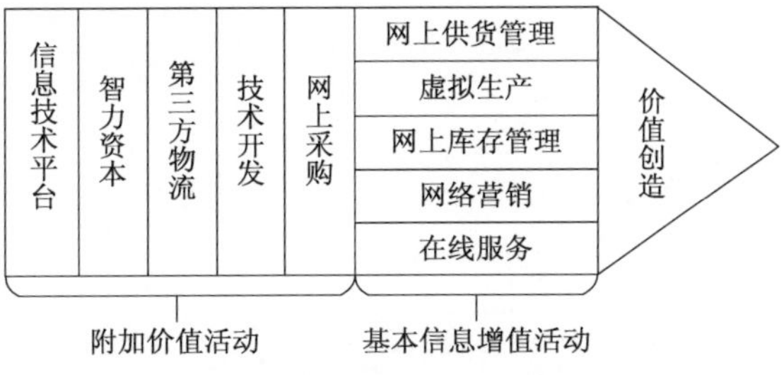

图2.6　虚拟价值链模型（余长春，2012）

（2）服务利润链

服务利润链（service profit chain，SPC）的概念起源于早期的战略和绩效分析（profit impact of marker strategies，PIMS），服务利润链最重要的理论依据是以Schasse

为代表的学者所进行的消费者忠诚度与企业效益研究、以James Heskett为代表的学者的战略服务理论分析和以Leonard Schlesinger为代表的学者对企业人员和顾客忠诚的关键影响因素的探索，这些理论为服务利润链理论的最终形成作出了巨大的贡献。该理论的提出，在利益、进步性、消费者诚意度、消费者满意度、售卖给消费者的产品和提供的服务的价值，以及企业员工业务能力、满意、忠诚和工作效率存在着必然的联系。服务利润链的逻辑主线是：企业获利与顾客的忠诚度相关，顾客的忠诚取决于企业的服务能力，企业的服务能力取决于员工的工作效率，员工工作效率的高低受企业为员工提供的服务的水平影响。

（3）价值网

价值网的概念首次被美智（Mercer）顾问公司的专家顾问Adrian Slywotzky等在《利润区》（*The Profit Zone*）一书中提出：运用现代信息技术手段将客户的需求和产品的生产相匹配，降低生产成本，使生产更机动灵活，同时连接价值相关联的生产商和供应商，最终使生产出来的产品更符合时代的需求。David Bovet等在著作《价值网》（*Value Nets*）中对价值网给予了新的定义：价值网是指以数字链为介质，实现顾客高满意度和高利润率的生产方式，它同时也是连接顾客和企业生产的新手段，使企业根据顾客的需求及时调整生产活动。Prabakar Kathandarman等对价值网的 具体模型作出了阐述，该模型中突出了互相关系、核心能力和优越的顾客价值三个价值创造的关键因素，并且详细地表现了这三个关键因素的内在联系，如图2.7所示。

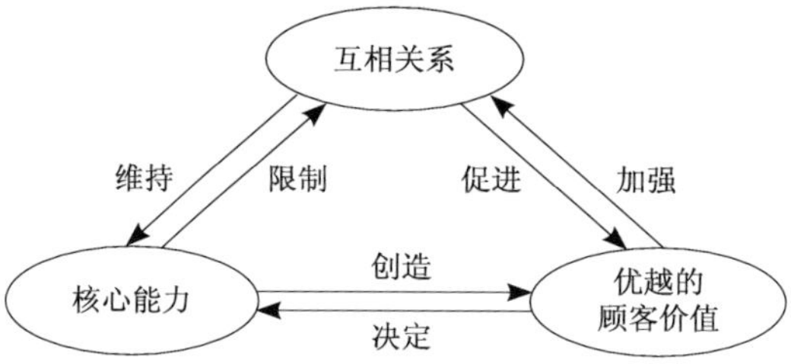

图2.7　价值网模型（余长春，2012）

价值网的实质是依据特殊的价值交换制度，受社会分工专业化的影响，运用各自适合的管理架构，将价值链中不同时段的内容和具有稳定合作关系的拥有某种技术专利的企业双方紧密联系在一起，力求一起为消费者提供价值并为企业创造利润的生产体系。价值网不断渗透到更多的企业生产经营中去，且网络覆盖包括供应商、消费者甚至竞争者。

根据价值网的性质可将其划分为内外两个层次。企业单位内部价值网以关键价值要素为核心，企业的各类价值链条和价值模型，共同构成完善的价值网络体系。企业单位外部价值网是在生产过程中相互配合联系的价值主体共同作用形成的价值创造、分配、使用的系统组织，企业自身差异化的价值链和价值模型交错复杂，演变成不同于内部的企业外部价值网络。企业内部价值网的调整、企业外部价值网的拓展延伸、企业内外部价值网的衔接交汇，形成完整的企业价值网。企业自身拥有的资源影响其发展的机会，市场机会最终决定价值网的存在形式。所以，一个企业在计划建造内外部价值网络的时候应当对其所拥有的资源和企业面临的内外部环境进行详细的探究。

（4）价值星系

借鉴天文学上“星系”一词的概念，并以价值链和价值网为基础，形成了新的媒介单位——价值星系。价值星系理论最早出现在1993年Normann和Ramirez在《哈佛商业评论》上发表的“从价值链到价值星系设计交互式战略”一文中。他们提出，价值星系主要是通过对价值链上的供应商、竞争对手、合作商、经济利益共同体和消费者等较多有利益联系的主体进行角色的重新定位，并且以全新的角色进行新的价值创造和开展价值增值的商业活动。2005年，罗暇指出，价值星系是企业间的独立个体单位，对企业价值创造和在价值网中主导作用的发挥有着绝对的影响力。价值星系的组成部分包括企业的经纪公司、产品制造企业、供应商、分销商、联盟企业、消费者等利益相关的经济主体。他们共同“合作创造”价值，并通过“成员组合”方式进行角色与关系的重塑，并且通过新的角色和新的合作模式重新创造利润。

波特价值链的理论不断得到新的诠释和新的组织方式，逐渐演变为价值星系。企业的产出包括企业提供的商品和服务，都是为了实现企业盈利的目标。价值星系以消费者作为价值创造和价值增值的核心动力，价值星系的形成都是为了使其中利益相关的供应商、合作伙伴、顾客等经济体一起努力进步，创造利润。但是，随着对“产出”价值要求越来越高，完成“产出”的技术也愈来愈高级，就需要不同企业进行资源整合和通力合作。

价值星系旨在进行价值创造，其中包含和联系的各个企业各司其职，寻找自己在价值星系中的正确位置，并且依据既定的方式运作，保障价值星系的平稳运行和价值的创造；在将价值创造投入到新的价值创造的循环过程中，作为价值的创造者和享受者，各个主体通力合作为消费者提供优质的价值商品和服务。从整个价值星系来看，该理论以单位在价值体系中的定位为中心，注意对完整的价值体系的治理。价值链的外部化、信息化、现代化的治理方式在企业间的合作中不断得到实践。

3.价值链管理

价值链管理模式依据性质可以划分为垂直价值链管理和水平价值链管理。垂直价值链管理是指纵向对企业价值体系中的组成部分进行有效管理，这些组成部分有原料生产者、供应者、加工商和消费者等。垂直价值链管理模式最早在日本被采用，旨在联系价值链上所有的经济实体，更好地确保原料的供应和商品的销售，使加工企业和原料供应商联系更直接，保证产品水平，这也提升了系统管理的合理性和准确性。加工制造商和供应商合作关系稳定，价格较易确定。同时，由于利润的联系性，产品的生产加工加入供应商的意见，信息沟通顺畅，产品更容易被消费者接受。水平价值链管理是从横向对企业的子集团之间的关系进行一定程度的管理。随着虚拟企业的发展，越来越多企业通过技术上的优势与同类企业甚至竞争对手合作实现共同发展。虚拟企业构成具有随意性，但往往集合各企业之长，获得各企业最具有竞争力的产品。如经连会（Keiretsu）是一个由服务供应商、制造商、设备和投资银行以及金融协会组成的联合体，它们之间稳定的合作关系，使其发展迅速。

2.2 概念界定

2.2.1 “互联网+”的概念界定

“互联网＋”作为一种新的互联网形态，诞生于创新2.0时代背景之下，是知识社会创新2.0作用下的新型互联网和现代经济发展新态势。“互联网＋”的发展得益于互联网思维的深入实践，它为各种社会经济体注入新的活力，使变革、进步、创新的发展平台更加宽广。

1.概念提出的历程

2012年11月，易观的CEO兼国际董事长于扬在第五届移动互联网博览会上的发言中首次提出“互联网＋”的概念，“互联网＋”由此广泛出现在人们的视野中。他认为“在未来，‘互联网+’公式应该是我们所在的行业的产品和服务，并且和我们未来生产中所熟知的全网范围内的多屏互动平台紧密联系。以此为例，企业可以寻找较多类似的思维方式和方法，努力发现本行业的‘互联网＋’，使其成为企业发展方向的重中之重。”

2015年3月召开的两会上，全国人大代表马化腾提出了《关于以“互联网+”为驱动，推进我国经济社会创新发展的建议》的议案，明确阐述了他对社会创新的观点和意见。他提倡坚持“互联网＋”的发展模式，推动产业自主创新、促进产业合作、关注社会民生，进而推动经济转型、产业结构调整和创新的发展。马化腾表示，“互联网+”是指利用互联网的平台、信息通信技术把互联网和包括传统行业在内的各行各业结合起来，进而在新的行业领域形成新气象。

2015年3月5日，国务院总理李克强在第十二届全国人民代表大会第三次会议上首次提出要制定“互联网＋”行动计划。他在政府工作报告中指出，制定“互联网＋”行动计划，推动移动互联网、云计算、大数据、物联网等与现代制造业结合，促进电子商务、工业互联网和互联网金融和谐发展，引导互联网企业拓展国际市场。

2015年7月，国务院印发《关于积极推进“互联网+”行动的指导意见》。该文件的颁布与施行有利于互联网由消费市场拓宽到生产市场，提高产业发展能力，加强各行业的自主创新，促进经济社会和各行各业的发展获得新的动力。

2015年12月，在浙江省召开的第二届世界互联网大会上，中国互联网发展基金联合百度、阿里巴巴、腾讯共同发起倡议，成立“中国互联网＋联盟”，以促进互联网的新发展。

2.“互联网+”的基本内涵

“互联网＋”是对信息化和工业化结合的一种加强，将互联网定义为我国信息化进程中的核心，同时与商业、金融证券业等服务业紧密结合，发挥创新的作用。

简单而言，“互联网＋”可以理解为互联网加上各项传统行业的模式，但是并非意味着简单地相加，而是借助新型通信和互联网技术以及各大电商网络平台，使传统行业和互联网紧密相连，进而带动传统行业的新发展。

3.“互联网+”的主要特征

跨行合作。“＋”意味着跨行，可以延伸理解为改革、开放和结构重组。只有不仅仅局限于本行业，才会创新合作；只有跨界合作，才能发挥集体的聪明才智，才会缩小产品研发到产业化的距离。合作也意味着身份的转变，客户由消费者转变成投资者，合作的方式也会不断地创新。

创新推进。我国传统的粗放型经济发展模式已经不符合时代的需求和经济发展的要求，只有创新才能改变传统产业被动发展的局面。这正好符合互联网的发展特征，用变化的思想来进行产业改革，充分发挥创新对促进产业革新的作用。

结构重组。经济全球化、信息全球化、互联网行业的发展改变了原有的社会构造、经济模式、地理分布、文化思维，互联网的出现和发展使得社会的结构发生着重大的变化。

以人为本。人民群众的力量是推动社会进步和改革的源泉。互联网之所以得到快速的发展和认可，也是基于其对作为社会主体的人的力量的尊重、对人的创造性发挥的重视。

生态开放。生态开放是实现“互联网＋”的重要因素。提倡“互联网＋”的一个重要原因是为了将独立的创新相结合，用创新推动市场的发展和进步，实现创新者的个人和社会价值。

全面连接。互联网连接全球，全面的连接有利于“互联网＋”更好发展。有秩序、有组织、有结构的连接，能够实现价值和利润的最大化，这也是互联网行业发展努力的方向。

2.2.2 信息产业的概念界定

1.国外对信息产业的定义与分类

现代信息产业有广义和狭义两种定义。广义而言，信息产业是指所有和信息生成、修饰、传递以及利用相联系的产业，其组成部分有信息技术产业、信息服务产业、新闻、教育科研、邮电通信等。弗里兹·马克卢普和马克·波拉特对广义信息产业观有突出的贡献。狭义而言，信息产业是指硬件产业、软件产业、服务业、邮政通信等信息技术产业和信息咨询业、新闻业、信息加工业等信息服务业的总和。非信息产业是指物质和能源形态的变换和转移结果，而物质和能源的转换过程则为信息服务业。“信息产业”的提出与“知识产业”的兴起和发展联系紧密。马克卢普最早提出“知识产业”的概念，他对知识产生和分配的经济现象进行了深入的研究分析，指出知识产品对社会经济发展至关重要，并揭示了知识发展的经济规律。马克卢普认为知识产业由五部分组成：教育、研发、通信介质、信息加工设施和信息加工服务。虽然这种分类方式有别于现代信息产业的边界划分规则，但仍具有实际意义，体现出信息产业的基本特征。波拉特将知识产业延伸为信息产业，把信息产业划分为第一信息部门和第二信息部门两个部分，同时提出一种极具实际应用性和操作性的分析信息产业构造的方法，如图2.8所示。

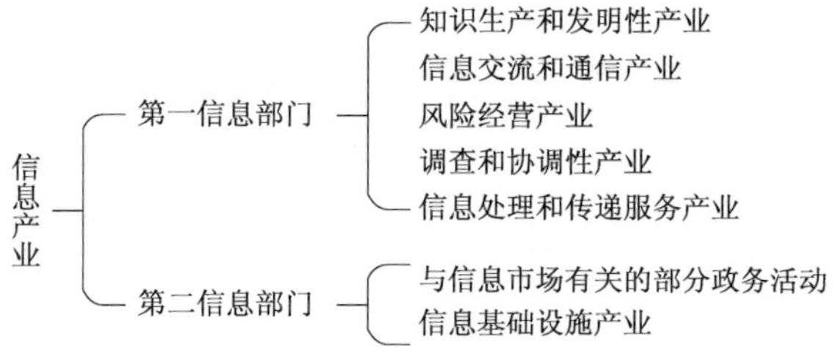

图2.8 美国经济学家波拉特的信息产业分类体系（冷昕，2014）

联合国经济合作与发展组织（OECD）在1981年的报告《信息活动：电子和电信技术》中把现代信息产业划分为信息生产、加工、传递和基础行业。随着全球经济的发展和信息技术的普及，信息产业得到了快速发展，随即出现了不同视角和理解的信息产业概念和范围。

（1）北美国家对信息产业的定义与分类

1987年美国商务部颁发的《标准产业分类》中将信息产业分为硬件业、软件服务业、通信设施制造业和通信服务业四个主要组成部分。美国信息技术产业协会（AIIA）把信息产业解释为一种依据新兴信息科学生产和处理方式生产和加工信息产品和提供信息服务的企业和部门的总和（图2.9）。由美国、加拿大、墨西哥三国签署的北美自由贸易协议（NAFTA）使用的北美产业分类体系（NAICS）中，把信息产业定义为一个单独的生产部门，其中包含信息出版业、电影音像业、广播通信业、信息和数据加工服务业四类具体行业。

图2.9 美国信息产业协会的信息产业分类体系（冷昕，2014）

（2）欧洲国家对信息产业的定义与分类

欧洲信息提供者协会（EURIPA）将信息产业定义为专门负责生产信息产品和提供信息加工等服务的现代电子信息工业，并将信息产业分为九个组成部分：计算机设备制作业、微电子制作业、电信设备制作业、消费性电子产品制作业、普通出版业、电子出版业、软件制作和服务业、通信服务业和视频音像服务业。

（3）日本对信息产业的定义与分类

日本科学技术与经济协会将信息产业定义为由信息技术产业和信息产品化产业组成的，有利于促进社会循环的，提高人类加工处理信息的专业能力的，相关信息产业的聚集。现代信息产业在日本被分为两大类别：第一类是包括信息机器产业、软件产业、通信产业的信息技术产业；第二类是包括出版产业、信息报道产业、信息咨询产业、文化产业、数据处理产业、教育科研产业的信息服务产业。

2.国内对信息产业的定义与分类

我国对信息产业的定义和分类大体上分为广义和狭义两种：狭义的信息产业是包含电子信息商品制造业和软件业的电子工业以及电信通信业；广义的信息产业是包含电子工业和电信业以及信息延伸的电视广播业、电子出版业、金融证券业和咨询服务业等内容；部分学者认为文教业、科技服务业，以及政府内部信息服务也应包括在内。我国学术界普遍认可的定义是把信息产业基本等同于电子信息产业。准确地说，电子信息技术产业是狭义的信息产业，而电子信息产业则是广义的信息产业。定义的差异性决定了分类方式的差异，图2.10列举了两种具有代表意义的信息产业分类模式。

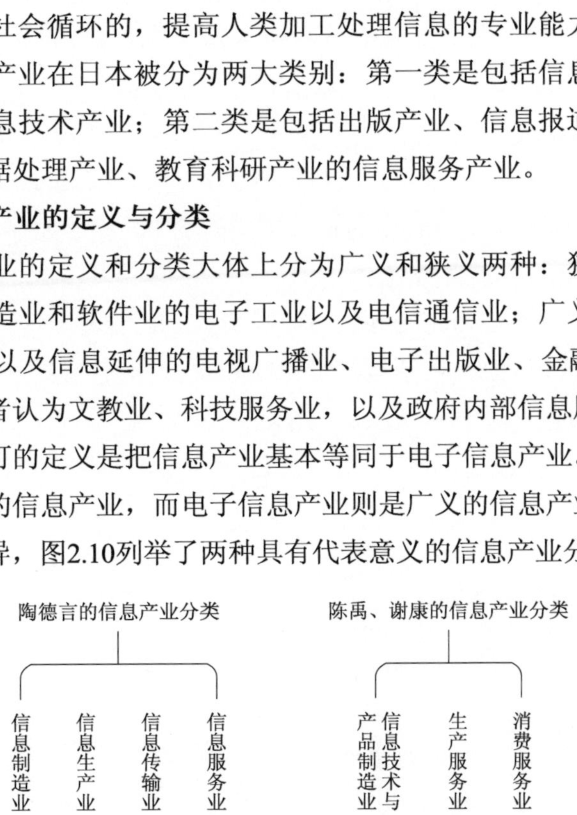

图2.10 国内具有代表性的信息产业分类（冷昕，2014）

3.信息产业的特征

（1）信息产业属于知识型、密集型产业

信息产业的兴起得益于知识、技术和新兴研究成果的产生，信息产业的知识更新速度、科技创新速度相对于传统模式的工业而言具有绝对优势。信息产业的快速发展与科技创新速度休戚相关，技术研发带动信息产业的腾飞。

（2）信息产业是高渗透型的产业

信息产业业务范围覆盖面极广，信息技术在各个行业得到广泛接受和认可，为人们的生产和生活带来了极大的便利。不仅传统的商业生产、产品研发、医疗卫生、科研、财务对信息产业的技术运用广泛，而且新型电子商务、网上银行、网店等对信息产业的技术依赖度也越发增加。信息技术改革和传统生产的结合，提高了传统工业的劳动生产效率，在纺织、冶金、建筑等产业的生产中，越来越多地采用机械设备代替人工操作，生产线的自动化还使生产环境的安全性和绿色性大大地提高，机械设备在生产中发挥着不可替代的作用。

（3）信息产业是具有战略意义的主导产业

伴随着经济全球化和全球经济飞速发展，科学技术日新月异，各个国家对航空航天、卫星监控、网络安全等方面的技术需求愈发强烈，国家信息的安全关乎国计民生。

（4）信息产业是高投入型的产业

高投入是信息技术的突出特点。大量的资金投入到了高素质人才的培养和新型技术及设备的研发中。发达国家对科研的投入重视程度明显高于发展中国家。

（5）信息产业是回报率高的产业

信息技术的研发时期需要有较高的科研经费投入，保证科研人才的质量和技术研发的专业性，一旦研发成功，后期运行维修的成本就会大幅降低。宽带网络的运行便很好地证明了这一点，前期基本设施的匹配，例如交换机和路由器等设备的购入，还需要业内专业人进行调试，但是开始使用之后则只需要正常的维修成本即可，收获高回报。

2.2.3 旅游产业的概念界定

旅游产业的界定有异于其他传统行业。不同于传统产业从市场出发用同质的产品或是同类的服务划分行业界限的方法，旅游产业以消费作为划分行业界限的方法，认为凡是与旅游消费相关的产业均属于旅游产业。所以，旅游行业为一个业务分布范围广泛而又联系紧密的独特行业，旅游行为起着联系各相关行业的桥梁作用；产业界限模糊是旅游产业的特质。

1.从基础旅游学的角度界定

以消费性定义旅游产业。以消费性定义旅游产业是从旅游者消费有形产品和无形服务的界限来划分的。旅游产业最早的定义是1971年联合国旅游大会提出的：旅游业是为满足国内外旅游者的需求，有偿提供各种商品和服务的全部行业的总和。1978年，鲍威尔提出，旅游业包括产业和满足社会需要两重责任，它的生产包含满足旅游者的需要和旅游经验的服务。乐帕尔也于1979年提出，旅游业包括一切为满足旅游者需求的公司、组织和设施；《现代旅游学导论》主编田里提出，“旅游业是为旅游者开展旅游行为提供各种旅游产品或服务而获取利润的，凭借自然的旅游资源，以旅游设备为媒介，为旅游者提供各种旅游商品和服务的相关行业”。

以功能性定义旅游产业。从功能性来定义旅游产业是依据产业为旅游者提供的商品和服务的程度来定义旅游产业。日本学者土井厚将旅游产业定义为，为国际和国内的旅游者提供服务的相关联行业，其中包含旅客服务、旅行方式、食宿等内容。我国学者刘伟、朱玉槐认为，广义的旅游业是指以旅游资源为凭借，以旅游设施为条件，为旅游者的游览提供便利，并从中获取经济利益的产业和组织，囊括宾馆业、旅社业、交通运输业、餐饮服务业、商业、广电通信业以及金融证券保险业等诸多行业。

2.从产业经济学的角度界定

长久以来，对于旅游业是否真正是一种产业的议题在学术界的争论从未停止。国内学术界对此问题的主流观点是认为旅游产业可以定义为一种产业，其原因有四：一是承袭历史并结合现状对此定义沿用至今；二是便于旅游数据整理和统计分析；三是便于运用现有的产业经济学理论评估旅游业的发展现状并预测该行业的发展前景；四是为了满足容易识别和区分的需要，也就是所谓的“名正才能言顺”的需要。在各种主流思想中较具有代表性是：张凌云从产业满足消费者需求的角度分析指出，旅游产业是为满足旅游者在旅游途中的基本食、宿、行、游、购而提供产业或者服务的企业和组织的总和。宁泽群认为尽管传统意义上将旅游业看作一种产业，但是旅游者却应该将其精确地理解为一种聚集的产业群。张广瑞等则主张旅游业并不能称为一种产业，因为从严格的产业经济学的角度看，产业是具有相同生产技术或特性的企业的总称。这种定义强调了产业不仅具有相同的生产技术，而且要求探究对象具有生产性或者是供应属性的特点，而旅游产业却是以消费为导向进行定义和划分的，这与旅游产业的内涵和本质有明显的差异。即使存在这样的观点，但实际生产中，依旧将旅游业看作一种产业。本书选取学者张辉对旅游产业的界定方法：旅游产业是以旅游活动为核心的相关产业，所有为旅游者的旅游行为提供直接或者间接的商品或者劳务的企业和部门都包括在内。此种定义包括两方面的行业规则：首先，旅游产业是一种跨地区、跨行业的产业；第二，旅游产业实质上是以旅游活动为中心而形成的配置产业。旅游产业的边界划分模糊，产业经营范围与旅游活动息息相关，所有为旅游者的旅游行为提供有质商品和无形服务的行业都归属于旅游业的范围。

3.旅游产业的类型及特征

（1）旅游产业的类型

为加快旅游业发展，科学界定旅游及相关产业的统计范围，依法开展旅游统计调查监测，国家旅游局于2015年制定了国家旅游产业及相关产业统计分类标准，将旅游业及相关产业划分为三层，并分别用阿拉伯数字表示（表2.2）。第一层为大类，用2位阿拉伯数字表示，共11个大类，10表示旅游业，20表示旅游相关产业；第二层为中类，用3位阿拉伯数字表示，共27个中类；第三层为小类，用4位阿拉伯数字表示，共67个小类，该层对应《国民经济行业分类》的行业代码。

在表2.2中，旅游业是指直接为游客提供出行、住宿、餐饮、游览、购物、娱乐等服务活动的产业的集合；旅游相关产业是指为游客出行提供旅游辅助服务和政府旅游管理服务等活动的产业的集合；旅游是指游客的活动，即游客的出行、住宿、餐饮、游览、购物、娱乐等活动；游客是指以游览观光、休闲娱乐、探亲访友、文化体育、健康医疗、短期教育（培训）、宗教朝拜，或因公务、商务等为目的，前往惯常环境以外，出行持续时间不足一年的出行者。

表2.2　旅游产业及相关产业类型表

代码			名称	说明
大类	中类	小类		
10			旅游业	
11			旅游出行	
	111		旅游铁路运输	
		1111	铁路旅客运输	
		1112	客运火车站	
	112		旅游道路运输	
		1121	城市旅游公共交通服务	仅包括为游客提供的公共电汽车客运、城市轨道交通、出租车客运、摩托车客运、三轮车、人力车客运等服务
		1122	公路旅客运输	
	113		旅游水上运输	
		1131	水上旅客运输	
		1132	客运港口	
	114		旅游空中运输	

续表

代码			名称	说明
大类	中类	小类		
11	114	1141	航空旅客运输	
		1142	通用航空旅游服务	仅包括公共航空运输以外的空中旅游观光、游览飞行等航空服务
		1143	机场	
		1144	空中交通管理	
	115		其他旅游出行服务	
		1151	旅客票务代理	
		1152	旅游交通设备租赁	仅包括各类轿车、旅游客车、旅行车、活动住房车等旅游用车的租赁，以及旅游船舶、飞行器的租赁
12			旅游住宿	
	121		一般旅游住宿服务	
		1211	旅游饭店	
		1212	一般旅馆	
		1213	其他旅游住宿服务	仅包括家庭旅馆（农家旅舍）、车船住宿、露营地、房车场地、旅居全挂车营地等住宿服务
	122	1220	休养旅游住宿服务	仅包括各类休养所为游客提供的住宿服务
13			旅游餐饮	
	131	1310	旅游正餐服务	仅包括在一定场所为游客提供以中餐、晚餐为主的餐饮服务
	132	1320	旅游快餐服务	仅包括在一定场所为游客提供的快捷、便利的就餐服务
	133	1330	旅游饮料服务	仅包括在一定场所为游客提供的饮料和冷饮为主的服务，以及茶馆服务、咖啡馆服务、酒吧服务、冰激凌店、冷饮店服务等
	134	1340	旅游小吃服务	仅包括为游客提供的一般饭馆、农家饭馆、流动餐饮、单一小吃、特色餐饮等服务
	135	1350	旅游餐饮配送服务	仅包括为民航、铁路及旅游机构（团）提供的餐饮配送服务
14			旅游游览	
	141		公园景区游览	
		1411	公园管理	各类主题公园、国家公园等管理服务，以及与公园相关的门票服务，文明旅游宣传引导服务，高风险旅游项目风险提示和培训管理，交通疏散体系管理，突发事件、高峰期大客流应对处置和安全预警管理服务等包含在此类
		1412	游览景区管理	各类游览景区的管理服务，以及与游览景区相关的门票服务，文明旅游宣传引导服务，高风险旅游项目风险提示和培训管理，交通疏散体系管理，突发事件、高峰期大客流应对处置和安全预警管理服务等包含在此类

代码			名称	说明
大类	中类	小类		
14	141	1413	生态旅游游览	仅包括对游客开放的自然保护区，以及动物园、野生动物园、海洋馆、植物园、树木园等管理服务
		1414	游乐园	
	142		其他旅游游览	
		1421	文物及非物质文化遗产保护	受文物保护的古村镇，以及具有地方民族特色的传统节目展示、手工艺展示、民俗活动展示等包含在此类
		1422	博物馆	
		1423	宗教场所旅游	仅包括寺庙、教堂等宗教场所为游客提供的服务
		1424	烈士陵园、纪念馆	烈士陵园、烈士纪念馆、爱国主义教育基地等为游客提供的服务包含在此类
		1425	旅游会展服务	仅包括为旅游提供的会议、展览、博览等服务
		1426	农业观光休闲旅游	仅包括以蔬果、鲜花等植物的种植和养殖为核心的农业观光休闲旅游服务
15			旅游购物	
	151	1510	旅游出行工具及燃料购物	仅包括为游客购买用于旅游活动的自驾车、摩托车、自驾游用燃料、零配件等提供的零售服务
	152	1520	旅游商品购物	仅包括为游客购买旅游纪念品、老字号纪念品、免税店商品、旅游用品（不含出行工具、燃料等）、旅游食品等提供的零售服务
16			旅游娱乐	
	161		旅游文化娱乐	
		1611	文艺表演旅游服务	仅包括与旅游相关的表演艺术（旅游专场剧目表演）和艺术创造等活动
		1612	表演场所旅游服务	仅包括音乐厅、歌舞剧院、戏剧场等为游客提供的服务
		1613	旅游室内娱乐服务	仅包括为游客提供的歌舞厅、KTV歌厅、演艺吧等娱乐服务，以及电子游艺厅娱乐活动、儿童室内游戏、手工制作等娱乐服务
		1614	旅游摄影扩印服务	仅包括与旅游相关的摄影、扩印等服务
	162		旅游健身娱乐	
		1621	体育场馆旅游服务	仅包括可供游客观赏体育赛事的室内、室外体育场所，以及室外天然体育场地的管理服务
		1622	旅游健身服务	仅包括休闲健身场所为旅游提供的健身器械、保龄球、台球、棋牌等服务
	163		旅游休闲娱乐	

续表

代码			名称	说明
大类	中类	小类		
16	163	1631	洗浴旅游服务	仅包括为游客提供的洗浴、温泉、桑拿、水疗等服务
		1632	保健旅游服务	仅包括为游客提供的保健推拿、足疗等服务，以及特色医疗、疗养康复、美容保健等医疗旅游服务
		1633	其他旅游休闲娱乐服务	仅包括公园、海滩和旅游景点内的小型设施服务等
17			旅游综合服务	
	171		旅行社及相关服务	
		1711	旅行社服务	
		1712	旅游管理服务	
		1713	其他旅行社相关服务	
	172		其他旅游综合服务	
		1721	旅游活动策划服务	仅包括与旅游相关的活动策划、演出策划、体育赛事策划等服务
		1722	旅游电子平台服务	仅包括一揽子旅游电子商务平台的运营维护服务
		1723	旅游企业管理服务	仅包括旅游饭店、旅游景区、旅行社等单位的管理机构服务，以及与旅游相关的行业管理协会、联合会等行业管理服务
20			旅游相关产业	
21			旅游辅助服务	
	211		游客出行辅助服务	
		2111	游客铁路出行辅助服务	仅包括为铁路游客运输提供的铁路运输调度、信号、设备管理和养护等服务
		2112	游客道路出行辅助服务	仅包括为公路游客运输提供服务的客运汽车站、公路管理与养护、公路收费站、专业停车场等服务
		2113	游客水上出行辅助服务	仅包括为水上游客运输提供的船舶调度、水上救助等服务
		2114	游客航空出行辅助服务	仅包括为航空游客运输提供的机场电力管理、飞机供给、飞机维护和安全，飞机跑道管理等服务
		2115	旅游搬运服务	仅包括独立为游客提供的货物装卸搬运服务
	212		旅游金融服务	
		2121	旅游相关银行服务	仅包括支持旅游活动的贷款、消费信贷等服务
		2122	旅游人身保险服务	仅包括与旅游相关的人身保险服务
		2123	旅游财产保险服务	仅包括与旅游相关的财产保险服务
		2124	其他旅游金融服务	仅包括与旅游相关的外汇服务等

续表

代码			名称	说明
大类	中类	小类		
21	213		旅游教育服务	
		2131	旅游中等职业教育	仅包括旅游、导游、酒店等中等职业学校教育
		2132	旅游高等教育	仅包括旅游、酒店、翻译等高等教育
		2133	旅游培训	仅包括导游、外语、厨师、酒店服务、客车驾驶、飞行驾驶等与旅游相关的培训
	214		其他旅游辅助服务	
		2141	旅游安保服务	仅包括为铁路、民航、港口、酒店、旅游景区等提供的安保服务
		2142	旅游翻译服务	仅包括为旅游提供的翻译服务等
		2143	旅游娱乐体育设备出租	仅包括用于旅游的自行车、照相器材、娱乐设备、运动器材等出租
		2144	旅游日用品出租	仅包括用于旅游的纺织品、服装、鞋帽等出租
		2145	旅游广告服务	仅包括与旅游相关的广告制作、发布、代理等服务
22			政府旅游管理服务	
	221	2210	政府旅游事务管理	仅包括各级政府部门从事的与旅游相关的综合行政事务管理服务
	222	2220	涉外旅游事务管理	仅包括各级政府部门从事的旅游签证、护照等涉外事务管理服务

（2）旅游产业的特征

第一，旅游产业具有综合性。旅游业是集吃、住、行、游、购、娱等服务为一体的综合性大产业，其综合性是由旅游活动的综合性决定的。对旅游者来说，他们需要购买和消费的是在一次旅游活动中所得到的整个感受，因此，在旅游全过程中任何一个行业、一个环节上供给不足，服务不好，甚至出了问题，不能满足旅游者的需求，都会被认为旅游服务质量不高，从而影响到整个旅游业的声誉。由于这种综合性的特点，同一个旅游目的地对旅游业必须实行全行业管理。

第二，旅游产业具有经济性。发展旅游业的根本目的是取得经济效益，旅游业本身就是由旅行社业、以饭店为代表的住宿业和交通客运业等众多的以盈利为目的并进行独立核算的经济组织构成的。因此，经济性是旅游业最根本的属性，是旅游业的核心和实质。

第三，旅游产业具有服务性。旅游业为旅游者提供的劳务是一种可以用于交换的特殊商品，这种特殊商品同一般商品一样具有使用价值，而生产这种特殊商品的过程就是服务。旅游业作为第三产业，所提供的产品在很大程度上是无形的服务，游客面对的往往是景区为游客直接提供的服务。

第四，旅游产业具有依赖性。了解旅游业的依赖性特点，要明确它是一个较为敏感而且脆弱的产业，同时也是有一定风险性的产业。如果一个国家或地区把它视为唯一经济支柱，一旦发生巨大波动，其后果是不堪设想的。

第五，旅游产业具有带动性。一个地区的旅游业发展可以对周边区域的经济起带动作用，拉动相关产业的发展，提供大量的就业机会，带动整个地区和区域经济的发展，一业兴、百业兴。

第六，旅游产业具有外向性。现代旅游业是一种跨地区、跨国界的广泛的人际交往活动，具有明显的外向性或涉外性。目前我国入境和出境游客数量迅速增长，无论是对出境的游客来说还是对入境的游客来说，旅游活动无疑是宣传和传播本国文化的机会。

第七，旅游产业具有季节性。一个国家或地区的旅游产业的季节性同该国或地区的旅游活动密切相关，而且是由旅游活动的季节性所决定的。我国的国土幅员辽阔，有些景点淡旺季现象十分明显，旺季的时候门庭若市，淡季的时候门可罗雀。人文旅游资源的游览则一般不受季节的限制。

第3章

信息产业与旅游产业融合的关键技术

早在2011年，全国旅游工作会议就明确提出，要及时抓住三网之间融合快速推进、互联网快速发展等重要机遇，推动智慧城市、智慧景区的建设；《“十二五”旅游业发展面临的战略机遇》中第十六章专门强调信息化在旅游产业发展中的意义，确定了推动信息技术的广泛应用、加强旅游公共信息服务、积极发展旅游电子商务、推进信息基础设施和能力建设及加快旅游信息化管理体制机制转型等五个方面的工作重点。国家政策对旅游信息化的支持，使智慧旅游建设成为可能。国内越来越多的城市和旅游企业纷纷加入这个行列，智慧旅游有着光明的发展前景。

智慧旅游就是利用云计算、物联网等新技术，借助相关平台与设备，主动感知获取旅游三要素等方面的信息和数据，及时处理并发布，让人们能够及时获取掌握这些信息，以便及时安排和调整旅游出行计划，从而实现为游客提供更便捷、高效的旅游服务。

智慧旅游的“智慧”体现在“旅游服务的智慧”、“旅游管理的智慧”和“旅游营销的智慧”这三大方面，智慧旅游的基本功能是导航、导游、导览和导购（“四导”）。智慧旅游使旅游的“吃、住、行、游、购、娱”六要素完全实现电子化、科技化，同时也对旅游资源的整合及商业模式的创新具有很大的带动作用。

智慧旅游是物联网、移动互联网、云计算、地理信息系统、高速通信技术等新技术在旅游业的应用创新。智慧旅游以信息通信技术为基础，以游客互动体验为中心，以一体化的行业信息管理为保障，以激励产业创新、促进产业结构升级为特色。智慧旅游让旅游者享受到方便、贴心、优惠、有特色却感受不到技术的存在的旅游服务，提升了用户体验。

智慧旅游建设及发展的基础之一是高速的网络，以快、稳、无处不在的网络确保云计算、物联网、大数据和3S技术的正常运行。中国的互联网经历了Web1.0主要以门户网站为主的商业化阶段，进入了Web2.0的社会化阶段，博客、社交网络服务（SNS）社区等应用的出现，强调用户创造和用户参与性。随着技术的进一步应用和发展，移动互联网应运而生，出现了移动化、智能化和多媒体化的特点，通过个性化、灵活性的移动智能终端实现随时随地获取信息、浏览网页、实现即时沟通通信，使用户可以随时随地享受移动互联网带来的便利生活。移动互联网产生发展至今，早已对人们生活的方方面面产生了潜移默化的影响，也同样给旅游业的发展带来了新的机遇。

3.1 移动互联网技术

信息的价值在于传递，人们接触到的每条信息，其所传达的内容、生产的方式乃至组织的形式又取决于其所借助的通信方式，因此，通信技术的发展对于整个互联网的发展具有决定性意义。随着Web应用技术的不断创新以及宽带无线移动通信技术的进一步发展，移动互联网为传统的互联网类业务提供了新的发展空间并发展出新的商业模式，从文本浏览、图铃下载等业务形式发展到与互联网业务深度融合的业务形式，移动互联网业务成长为移动运营商业务发展的战略重点。

3.1.1 移动互联网的概念

尽管移动互联网是IT领域最热门的概念之一，然而业界并未就其定义达成共识，其中认可度比较高的定义是中国工业和信息化部电信研究院在2011年的《移动互联网白皮书》中提出的："移动互联网主要包括3个要素：移动终端、移动网络以及应用服务。"该定义将移动互联网涉及的内容主要概括为三个层面，分别是：移动终端，如手机、带有数据卡的便携式电脑等；移动通信网络接入服务，包括2G、3G、4G、5G等；公众互联网服务，包括Web、WAP方式。移动终端是移动互联网的前提，接入网络是移动互联网的基础，而应用服务则是移动互联网的核心。

简而言之，移动互联网是指以各种类型移动终端作为接入设备，并使用各种移动网络作为其接入网络，实现包括传统移动通信、传统互联网及其各种融合创新服务的新型业务模式。

3.1.2 移动互联网的特征

移动互联网的基本特点包括如下几个。

①终端移动性。通过移动终端接入移动互联网的用户一般都处于移动之中，用户始终可以在移动状态下接入和使用互联网服务，终端便于用户随身携带和随时使用。

②业务及时性。用户使用移动互联网能够随时随地获取自身或其他终端的信息，在任何完整或零碎的时间及时获取所需的服务和数据，并且多种应用可以在同一时间

同时运行。

③服务便利性。由于移动终端的限制，移动互联网服务要求操作简便、响应时间短。

④业务/终端/网络的强关联性。实现移动互联网服务，需要同时具备移动终端、接入网络和运营商提供的业务三项基本条件。

相比于传统固定互联网，移动互联网的优势在于：实现随时随地的通信和服务获取；能够及时获取用户及终端信息，实现业务端到端流程可控等。它的劣势主要包括：用户数据的安全性和隐私性较低；移动终端硬软件缺乏统一标准、业务互通性差等。

3.1.3 移动互联网的层次

移动互联网的演进层次分为以下4个阶段：

①移动增值网。是为移动通信系统提供增值业务的网络，属于业务网络，能够提供移动的各种增值业务。

②独立WAP网站。是独立于移动网络体系的移动互联网站点，网站独立于运营商，直接面向消费者。

③移动互联网。是以互联网技术（如HTTP/HTML等）为基础，以移动网络为承载，获取信息、进行娱乐和商务等服务的公共互联网。

④宽带无线互联网。是移动互联网的高级阶段，可以采用多种无线接入方式。

3.1.4 移动互联网的发展

移动互联网产业发展可大致分成三个阶段：2004～2006年是一个较为封闭的阶段，是整个产业发展过程的核心阶段；2007～2009年是非常典型的阶段，用户界面逐步多元化，越来越多厂商加入进来，移动互联网的格局发生变化，厂商多元化，服务应用多元化；第三个阶段是从2010年起，越来越多运营商不断进入，其中有两个发展核心，一是用户界面，二是支付渠道。

总体来看，虽然全球移动互联网已处于爆发性发展的阶段，但其发展方向和产业规则并未最终形成，国际格局仍然处在不断变幻的局面，我国仍存在创新突破的巨大空间和时间窗口。随着移动网络和智能终端的成熟和普及，以及互联网企业的移动化转型，我国移动互联网产业出现质的飞跃，成为具有实质意义的重量级产业。

中国的移动互联网发展经历了以下四次浪潮：第一次浪潮是1999年中国移动运营商引入日本的分成模式；第二次浪潮是从2004年开始，中国移动互联网进入飞速发展时期；第三次浪潮在2009年，最重大的变化是运营商获得了3G牌照；第四次浪潮始于

2012年，信息流模式成为网络信息分发的主流。

中国具有全球最大的移动用户群，个人计算机互联网用户数量从2000万到1亿用了6年时间，移动互联网用户数量从2000万到1亿用了2年时间。智能手机使用率和移动网络覆盖率的快速提高以及上网资费的快速下降都有效激发了移动互联网的高速增长，安卓系统凭借开放和免费策略获得长足发展。

根据世界信息和网络技术的发展趋势，结合移动互联网技术的研究现实，预测未来的移动互联网技术将向以下几个方面发展：

（1）向多样化发展

移动互联网是电信网络、传统互联网、媒体和娱乐等行业融合的产物，涉及无线通信、移动通信和互联网技术，从长远来看，其技术向多样化发展将是一个重要趋势。一是网络接入技术多样化，网络向着增加移动性、宽带化的方向发展；二是移动终端解决方案多样化，终端朝着功能集成化与便携式的平衡方向发展；三是手机操作系统多样化，操作系统向着更加开放的方向发展；四是内容制作多样化，用户体验增强；五是业务模式多样化，各种业务应用的快速发展。

（2）与物联网融合发展

物联网是物物相连的互联网，用途广泛，是世界各国正在大力推广和发展的新一代信息网络技术。移动互联网络是物联网的基础，拓展了物联网的功能，提高了物联网的效率。其中，移动终端可作为物联网识别、采集信息的重要节点；移动互联网的无线网络接入方式与组网技术都是物联网的关键支撑技术；移动云计算大幅提升物联网的处理能力；移动互联网的定位、传输、节能技术均可用于物联网。移动互联网技术与物联网融合发展将是移动互联网的又一重要发展方向。

（3）向IPv6技术过渡

移动互联网发展迅速，传统的IPv4技术已经无法满足快速增长的移动终端用户的需求，移动互联网的节点只能使用私有地址，破坏了移动互联网端到端特性。相较之下，IPv6技术则具有庞大的地址数量，不仅能够满足更大规模的网络结构需求，也提高了安全性和数据的完整性，支持移动计算、数据组播、自动配置以及更有效的网络路由聚类，能够在很大程度上提升网络服务质量。移动互联网将加快由IPv4向IPv6技术过渡。

（4）定位技术向综合利用、高效精确发展

定位技术是移动互联网的重要应用之一，现有研究主要集中在提升某一类定位技术的定位精度上，在多类定位技术重叠的区域，综合利用多类定位技术（如感知定位、网络定位等）为用户提供高效精确的基于位置的服务，是未来研究的方向。

3.1.5 移动互联网的架构

移动互联网是多种技术的聚合，它不是固定互联网在移动网上的复制，而是一种新能力、新思想和新模式的体现。大致包括3种类型：①以移动运营商为主导的封闭式移动互联网；②以网络运营商为主导的开放式移动互联网；③以终端厂商为主导的相对封闭式移动互联网。

移动互联网与固定互联网之间是有所区别的。固定互联网是一个对等的、没有管理系统的网络，相比之下，移动互联网则基于电信网络，它是具有管理系统的层次管理网，而且具有完整的计费和管理系统；此外，移动互联网的移动终端也不同于固定互联网终端具备的移动特性、个性化特征，因此，用户的体验也不尽相同。

移动互联网的出现也带来了移动网和互联网融合发展的新时代，移动网和互联网的融合会是在应用、网络和终端多层面的融合。为了能满足移动互联网的特点和业务模式需求，移动互联网技术架构要具有接入控制、内容适配、业务管控、资源调度、终端适配等功能。构建这样的架构需要从终端技术、承载网络技术、业务网络技术各方面综合考虑。如图3.1所示为移动互联网的典型体系架构模型。

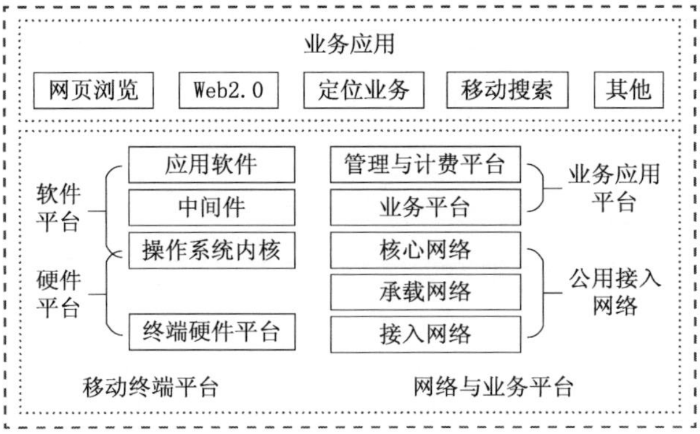

图3.1 移动互联网的技术体系架构

①业务应用层：提供给移动终端的互联网应用。这些应用中包括典型的互联网应用，比如网页浏览、在线视频、内容共享与下载、电子邮件等，也包括基于移动网络特有的应用，如定位服务、移动业务搜索，以及移动通信业务，比如短信、彩信、铃音等。

②移动终端模块：包括终端软件架构和终端硬件架构。

终端软件架构：包括互联网应用、用户UI、支持底层硬件的驱动、存储和多线程内核等。

终端硬件架构：包括终端中实现各种功能的部件。

③网络与业务模块：包括业务应用平台和公用接入网络。

业务应用平台：包括管理与计费系统、业务模块、安全评估系统等。

公共接入网络：包括核心网络、承载网络和接入网络等。

从移动互联网中端到端的应用角度出发，又可以绘制出业务模型大体可分为5层：

①移动终端：支持实现用户UI、接入互联网、实现业务互操作，终端具有智能化和较强的处理能力，可以在应用平台和终端上进行更多的业务逻辑处理，尽量减少空中接口的数据信息传递压力。

②移动网络：包括各种将移动终端接入无线核心网的设施，比如无线路由器、交换机、BSC、MSC等。

③网络接入：网络接入网关提供移动网络中的业务执行环境，识别上下行的业务信息、服务质量要求等，并基于这些信息提供按业务、内容区分的资源控制和计费策略。网络接入网关根据业务的签约信息，动态进行网络资源调度，最大限度地满足业务的QoS要求。

④业务接入：业务接入网关向第三方应用开放移动网络能力API和业务生成环境，使互联网应用可以方便地调用移动网络开放的能力，实现对业务接入移动网络的认证，实现对互联网内容的整合和适配，使内容更适合移动终端对其的识别和展示。

⑤移动网络应用：提供各类移动通信、互联网以及移动互联网特有的服务。

3.1.6 移动互联网在旅游中的应用

随着移动互联网与现代旅游业的深度融合，移动互联网为现代旅游业提供了各种各样的应用，在各大应用商店里，旅游应用都被单独分为一个类型。综合各方面因素考虑，与旅游密切相关的典型应用大致分为以下几类。

1.信息服务

游客出行之前只能预先粗略地制定旅游计划，但旅途中的天气、交通、住宿、价格等各个方面均充满了不确定性，游客可以利用手机等智能终端，通过移动互联网，随时随地获取这些信息，并可以随时调整旅行计划。信息服务极大地方便了游客。

2.导航定位

将旅游信息加入到传统的移动定位服务中，可以更好地为游客提供精准的服务。通过导航定位，用户可以基于当前位置获取交通、天气等最新信息，在此过程中还可以获取周边住宿、餐饮、娱乐等实用信息。

3.休闲娱乐

游客在旅途中有大量的碎片时间，移动互联网通过提供各种形式的休闲娱乐服务为游客打发这些时间，如游客可以在线玩游戏、听音乐、看电影，还可以浏览新闻资讯、刷博客、读书看报等，商务人士还可以利用这些时间进行移动办公，包括收发邮件、处理文本等。

4.电子商务

移动电子商务是电子商务在移动领域的延伸和发展，借助移动互联网，游客可以随时随地进行车票、机票、酒店、餐馆、景点门票等的预定，网上支付平台的安全性越来越高，游客可以随时对享受到的服务进行支付，省去了携带大量现金所带来的诸多不便，例如，游客可以通过运营商提供的各种渠道购买电子门票，在景区或者展馆通过刷移动终端上收到的验证码或二维码门票直接进入，无需排队买票，节省了不少时间；游客还可以通过各种打车软件预订出租车，并通过各种支付平台方便地支付车费。

5.社交网络

自驾出游的方式已然受到越来越多游客的青睐。社交网络凭借其庞大的用户群以及群内用户之间的相互信任，促使一个个专业的驴友队伍迅速组成，大大促进了旅游业的发展。旅途中，游客们可以通过智能终端，随时随地地上传实景图片，分享旅行感受和心得，发表对景区景点的评论。据Facebook的有关调查统计数据显示，约52%的用户表示会受好友在某个景点分享照片的影响而做出前往该地的旅行计划。更多的数据表明，社会网络已经给旅游业带来了大量的订单。同时，社交网络还促进了旅游业各环节与游客之间的互动，例如，航空公司可以通过公共账号向乘客或接机人员及时发布航班信息及相应的建议。此外，游客还可以随时通过社交软件中类似“摇一摇”的功能，找到可能志同道合的驴友，以消除旅行中的孤独感。

6.虚拟导游

虚拟导游是近年来比较活跃的应用，从早期简单的点播式电子导游器，到后来的基于GPS的专用电子导游器和手机导游应用，这种导游方式给游客的旅行带来了全新的感受，也给景区管理带来了新的思路。专用导游器或导游软件借助全球卫星定位系统的精确定位，能够对游客眼前景点相关的历史现状、风土人情、文化典故等采用图片、语音及视频等手段进行详细地讲解，还可以向游客发布游览线路，游客也可以根据自己的喜好选择或规避相关景点，并根据自身实时需求获取景区内配套设施如餐饮、购物和洗手间等位置信息。当遇到危险时，游客甚至可以通过特殊的按钮或相应的功能，在最短时间内将包含自己地理位置的求救信息发送出去，以求获得最迅速、最有效的救援。景区管理者则可以结合景区的实时流量监控，及时合理地向游客发布调整后的游览线路，从而减少景区拥堵，提高游客的舒适感。管理者还可以利用卫星定位系统设置电子围栏，当游客在灾害天气出行，或进入危险地带时，向游客发出警示信息。

3.2　物联网技术

3.2.1　物联网的概念

物联网是移动互联网这一概念的拓展和延伸,强调物物之间信息交换和通信的一种网络概念。在过去，物联网又被称作传感网。早在1999年，就有专家认为传感网将是21世纪人类面临的又一个发展机遇。2003年，美国《技术评论》提出传感网络技术将位列未来改变人们生活的十大技术之首。2005年11月17日，在突尼斯举行的信息社会世界峰会上，物联网这一概念被正式提出。

智慧旅游发展至今，物联网技术发挥的作用和影响巨大，这种技术在旅游景区门禁、景区安防、自助导游、景区环境监控等方面有广泛的应用。例如，游客可借助拥有射频识别功能的门票自行通过门口闸机进入景区，管理部门可以对进入景区的游客人数进行自动统计。对于那些限制客流量的景区，进入景区的人数名额满员后可以自动锁定闸机。游客来到某景点，这种具备射频识别功能的门票可以触发景点解说器，自动为游客讲解。山地景区容易发生滑坡、泥石流等自然灾害，可以在合适位置安装传感器网，以此实时监测山体形变，及时对滑坡灾害进行预警，防止危害游客人身财产安全的事故发生。

3.2.2　物联网的特征

物联网的特征包含下面的四个方面。

（1）是各种感知技术的广泛应用

物联网上部署了海量的多种类型传感器，每个传感器都是一个信息源，不同类别的传感器所捕获的信息内容和信息格式不同。传感器获得的数据具有实时性，按一定频率周期性地采集环境信息，不断更新数据。

（2）是建立在互联网上的泛在网络

移动互联网依旧是物联网技术的重要基础和核心，物联网技术通过各种有线、无线网络方式与互联网进行融合，能够将物体的信息实时、准确、高效地传递出去。由于其信息数量极其庞大，在传输过程中，为了保证数据能够准确及时地传递出去，就必须适应各种异构网络和协议。

（3）能够对物体实施智能控制

物联网将传感器和智能处理相结合，利用云计算、模式识别等各种智能技术，扩充其应用领域。从传感器获得的海量信息中分析、加工和处理出有意义的数据，以适应不同用户的不同需求，发现新的应用领域和应用模式。

（4）精神实质是自由互动

物联网依托云服务平台和互通互联的嵌入式处理软件，弱化技术色彩，强化与用户之间的良性互动，提供更佳的用户体验、更及时的数据采集和分析建议，保障更自如地工作和生活，是通往智能生活的物理支撑。

3.2.3 物联网的内容

物联网内容遍及智能交通、环境保护、政府工作、公共安全、平安家居、智能消防、工业监测、环境监测、路灯照明监控、景观照明管控、楼宇照明管控、广场照明管控、老人护理、个人健康、花卉栽培、水系监测、食品溯源、敌情侦察和情报搜集等多个领域。

3.2.4 物联网的发展

我国物联网发展的十年目标是把我国初步建设成为物联网技术创新型国家。近年来，教育部和工信部授权理工科高校开设物联网相关课程，物联网工程师培训机构也为我国物联网技术人才的培育发挥着重要的作用。我国的物联网产业发展目标主要有以下三点：

第一，自主创新能力明显增强，攻克一批核心关键技术，在国际标准制定中掌握一定的话语权，初步实现“两端赶超、中间突破”的目标，在智能仪表、嵌入式智能操作系统、高端传感、新型RFID、核心芯片等领域和高端应用软件与中间件、基础架构、云计算、高端信息处理等应用技术领域实现自主研发，技术掌控力显著提升；在M2M通信、近距离无线传输等物联网网络通信领域取得实质性技术突破，已跻身世界先进行列。

第二，具有国际竞争力的产业体系初步形成。在通信服务、云计算服务、软件、高端集成与应用等物联网服务业，传感器与传感器网络、RFID、智能仪器仪表、智能终端、网络通信设备等物联网制造产业，以及嵌入式系统、芯片与微纳器件等物联网关键支撑产业等领域培育一批领军企业，初步形成从芯片、软件、终端整机、网络、应用到测试仪器仪表的完整产业链，初步实现创新性产业集聚、门类齐全、协同发展的产业链及空间布局。

第三，物联网应用水平显著提升。建成一批物联网技术示范应用重大工程，在国民经济和民生服务等重点领域，物联网先导的应用全面发展；国家战略性基础设施的智能化升级已全面启动，宽带、融合、安全的下一代信息网络基础设施初步形成。未来发展物联网技术的重点是建设让大众快捷获取信息和知识、能有效协同工作、生活更加高品质的信息网络。网络技术经济宽带化、移动化和三网融合，走向下一代互联网，进一步向后IP时代的新网络体系发展；物联网从监视、控制、反馈一体化，向泛在网络发展；在网络服务方面，基于物联网的现代服务业快速发展普及。网络媒体进入主流媒体，传统媒体与网络媒体的融合，联合构建媒体舆论引导的新格局。云计算平台为物联网提供支持环境；物联网科学将从交叉学科融合，向完善的网络信息论发展。物联网相关技术和服务将相互影响，最终实现人类期盼的充满智慧、更加美好、幸福的物联网时代。

3.2.5　物联网的架构

物联网是通过信息传感技术和设备如无线射频识别技术（radio frequency identification，RFID）、全球定位系统、红外感应器、激光扫描器等，按照约定的协议，将物体与互联网相连接，进行信息交换和通信，以实现智能化的识别、定位、跟踪、监控、管理的一种网络。物联网结构复杂，系统多样。物联网的结构一般可分为三个层次，即感知层、网络层和应用层（图3.2）。

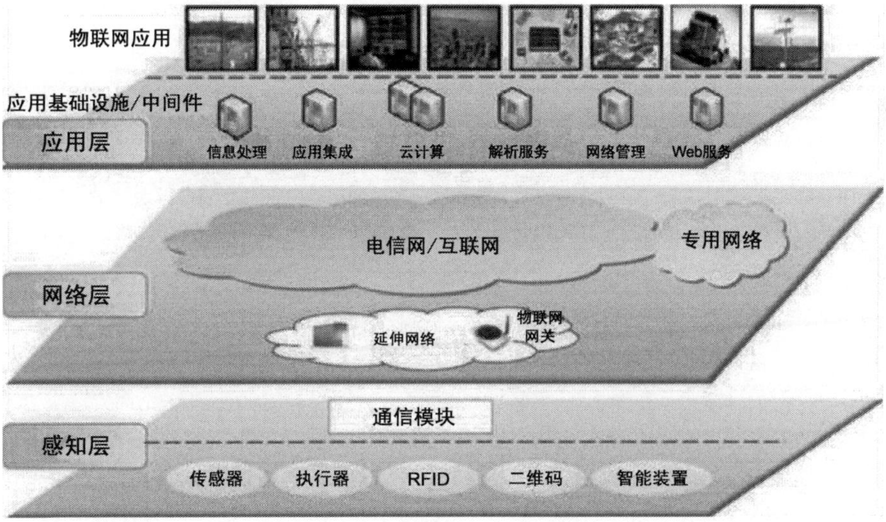

图3.2　物联网的网络架构

1.感知层

这一层是实现物联网全面感知的基础。其以RFID、传感器、二维码等为主，利用传感器采集设备信息，利用射频识别技术在一定的范围内实现发射和识别。其主要功能是通过传感设备识别物体，采集信息。例如，在感知层中，信息化管理系统利用智能卡技术识别身份、重要信息系统秘匙；建筑中用传感器节点采集室内温湿度等。

2.网络层

网络层是通过互联网、广电网、通信网或者下一代网络NGN远距离无缝传输感知层所采集的巨量数据信息；它负责对信息进行安全无误的传输和分析处理，并将结果提供给应用层。同时，网络层"云计算"技术的应用确保建立实用、适用、可靠和高效的信息系统和智能化信息共享平台，实现对各类信息资源的共享和优化管理。

3.应用层

应用层主要是通过云计算平台对海量感知数据和信息进行存储、处理、分析、决策，并将这些数据与各行业应用相结合，根据用户特定需求为其提供各种服务。应用层主要解决信息处理和人机界面问题，即输入输出控制终端，如手机、智能家电的控制器等，主要通过数据处理及解决方案来提供人们所需要的信息服务。应用层直接接触用户，为用户提供丰富的服务功能，用户通过智能终端在应用层上定制需要的服务，如查询信息、监控信息、控制信息等。例如，如果回家前用手机发条信息，空调就会自动启动；家里漏气漏水，手机短信会自动报警。随着物联网的发展，应用层会拓展到各行各业，给人们带来实实在在的便利。

3.2.6 物联网在旅游中的应用

1.物联网在旅游安全中的应用

建立旅游安全物联网保障系统（图3.3），包括建立人-物、物-物信息感知子系统，监控预警子系统，智能决策子系统。通过这3个层次，物联网可以全面感知、可靠传递和智能处理信息，实现对"物"智能化的控制和管理。物联网被视为继计算机、互联网和移动通信网络之后的第三次信息产业浪潮，已经在智能交通、智能电网、智能家居、物流管理、环境监测、医疗管理等很多领域获得了广泛的应用。在旅游业中

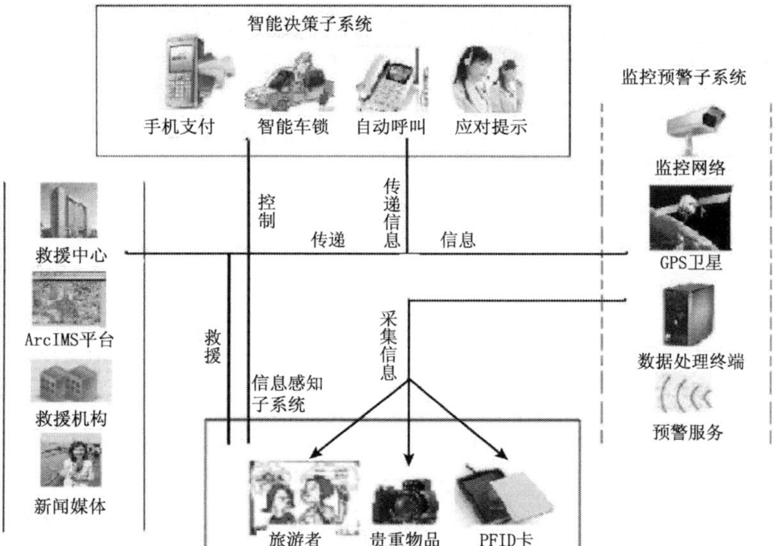

图3.3 旅游安全物联网保障系统

的应用也不乏案例，如美国2006年就在宾夕法尼亚州Pocono山脉的度假区引入RFID手腕带系统，开始尝试智慧旅游；韩国首尔开发了“I Tour Seoul”应用服务系统，为首尔的游客提供当前所在位置周边的各种相关旅游信息；2007年日本银座RFID导购实验，为居民和游客提供商店、观光、路径、导航、公用设施、逃生路线等旅游信息。以上应用可以为物联网技术应用到旅游安全中来提供参考借鉴。

2.物联网在旅游景区中的应用

物联网在我国旅游业中的应用起步时间不长。自2009年《国务院关于加快发展旅游业的意见》（国发〔2009〕41号）发布以来，低碳旅游成了旅游业发展的新方向。物联网技术在旅游景区建设和发展中的广泛应用，不仅符合“低碳”的发展理念，还可以大大提高旅游景区管理效率。

（1）票务管理功能

大部分景区使用的是纸质门票。客流量比较集中时，游客会因购票、检票程序的繁琐而浪费大量的时间。为解决这个问题，可以利用RFID电子标签技术，建立景区电子门票系统，实现售票、验票、查询、汇总以及统计等门票计算机控制管理。RFID标签门票不仅可以回收利用，满足低碳环保和降低成本的要求，而且超高频技术带有一定的穿透性，读取速度快，达到高效验票的效果，即使在堆叠的情况下依然能够读取信息，其识别距离能达到10米左右，完全可以满足景区内对大流量的游客和车辆的管理。另外，电子门票又是景区内的“一卡通”，游客在门票充值后，可以将其用于景区内的乘车、住宿、餐饮、娱乐以及购物等，“卡”内余额可在游客离开时返还。完整的景区RFID应用系统，不仅能提高景区的服务质量，还能提高景区的管理水平。

（2）资源管理功能

各旅游景区一般是通过摄像装置对景区内实施视频监控。物联网不仅通过视觉信息进行监控，而且通过射频识别、红外感应器、全球定位系统、激光扫描等技术，对旅游资源的温度、湿度、负重程度、色泽度等进行全方位、全时段的监测，使管理者可以对有需要的资源进行及时维护，对于已经受到损害的旅游资源，可以直接将监测到的相关信息传送到互联网上进行分析，从而获取具有科学依据的解决办法。设置在景点附近的识别系统及预警系统，可以向试图破坏旅游资源的游客发出警告。应用物联网技术后，可以将景区内的单个资源连接为一个整体，并形成相对完善、科学的监测管理系统，使旅游资源具有更长久的生命力。

（3）客流管理功能

旅游景区的客流量控制，包括游客总量和各个景点的客流量控制。前者直接通过电子门票技术就可以轻松获取，当超过景区最大承载量时就可以采取停止售票、放缓售票等方式进行相应控制。关于后者，可以根据各个景点的分布情况，将景区划分为相对独立的小区域，在小区域一些关键的位置点设置RFID读写器，配置多对天线，将天线配置在门（或是其他关键点）的位置，覆盖关键点。当游客通过关键点时，RFID读写器通过天线获取游客的ID号，这样，经过位置点的所有RFID标签都可以通过读写器获取，并在第一时间将数据发送到数据中心，系统根据读取信息的结果判定游客的进出，实时了解景点的游客分布情况，做到系统的实时监控。一台高性能的RFID读写器能每秒处理数百张的电子门票，完全可以满足游客数据处理工作。

（4）安全管理功能

物联网技术可以在景区内形成一套完善的游客安全保障体系。根据不同类型的旅游景区，物联网在安全管理方面的应用形式也有所区别。例如，森林公园、山岳等范围较大的景区经常会出现游客走散、失踪等现象。对于这些地貌环境多变复杂的地区，以最快的速度进行现场救护显得非常重要。当游客走失或遇到危险时，可以通过游客携带的电子门票，利用GPS定位技术，通知距离最近的救护人员，使其第一时间到达现场救护。对于那些面积范围相对较小、游客密集的景区，则在景区入口处利用射频识别技术进行严格的安全检查，避免游客将危险物品带入景区。对于有危险系数较高旅游项目的景区，一方面要在事故易发段安排监护人员，另一方面可以通过物联网的全方位监测，来预防各种事故的发生。

3.物联网在旅游服务中的应用

旅游服务中，不管是旅游者还是旅游供应商都会注重信息传递的时效性。对于渐渐习惯了使用智能化产品的年轻人和处理信息不方便的老年人来说，纸质门票已带来很大的不便。每逢节假日客流量特别集中的时候，旅游者往往会浪费大量的时间在到窗口排队买票、人工检票等繁琐的程序上，从而影响消费者的旅游体验。随着物联网技术的应用，这个问题会得到很好的解决。智慧旅游通过物联网技术加快信息的流通，实现信息的及时传递和交换，方便旅游者快捷地获取旅游信息，使旅游服务更为人性化、智能化，减少旅游过程中不必要的繁琐沟通，减轻繁琐环节给消费者带来的疲倦感，推动旅游消费方式的改变，引导消费者形成新的旅游习惯，提高消费者的舒适度和满意度。

4.物联网在旅游资源信息中的应用

过去，旅游者对旅游信息的获取大多是经亲朋好友的介绍，或是从电视、网络等媒体上获取，旅游计划的制订和旅游产品的购买消费往往会交给旅行社来安排，旅游者缺乏对旅游目的地的直观感受，旅游行程结束后往往会反馈对旅游行程的满意度不足，而现在，物联网技术可以为消费者提供实景展示和虚拟旅游。景点通过互联网向旅游者展示旅游目的地实景，相关的旅游服务供应商如旅行社、酒店等也可通过虚拟空间向消费者推销自己的旅游产品，这样，旅游者就可以直观地感受感兴趣的旅游目的地的景观、社会环境等，并可凭此做出更满意的旅游活动选择。旅游者还可通过物联网为自己制定个性化行程，达到便利、高效的效果。旅游者将自身的综合信息包括旅游需求、喜好和个人信息、健康状况等提交到云计算平台，物联网会通过自动识别、分类选择、组合，按综合评价为旅游者提供多种旅游行程方案，便于计划自助游的旅游者进行行程安排。交通便利为消费者进行高质量旅游提供了保障，所以，及时掌握交通信息显得尤为重要。通过物联网技术将互联网与射频识别、传感器、GPS技术融合在一起，旅游者可随时随地了解自己所在位置及周边到旅游目的地的路况信息，并能参照系统所提供的优化行程选择适合自己的路程安排，甚至系统会根据实时的综合信息为消费者提供最优路径，引导消费者快速安全地前往旅游目的地。

5.物联网在旅游过程中的应用

旅游过程是一个交织着较复杂且多种因素的综合过程，涉及的因素包括变动性大的经济、社会、自然等客观因素，还包括旅游者自身的心理、生理等主观因素。旅游过程中，往往会由于这些因素的变动而影响消费者对旅游服务的体验。物联网技术支撑的智慧旅游可降低或消除外在因素的影响，使得旅游者的旅游过程更优质化，旅游体验质量更高。近年来，自驾游、自助游、出境游等已成为众多消费者青睐的出游方式，一般旅游者缺乏对旅游目的地的文化、环境等的了解，缺少专业人士的陪同，对旅游目的地的很多景点只能走马观花，旅游体验仅停留在观光上，领略不到旅游景点的精华所在，旅游体验变得单调。同时，有些旅游景区的面积较大，布局较复杂，复杂的地形使游客无所适从，旅游过程变得乏味。由此，智能化的服务显得尤为重要，在景区内提供电子导览显得十分必要。GPS的运用则为旅游者解决了这一难题，通过定位，为行车导航，为步行提供路线。Wi-Fi无线电子智能导游终端则为旅游者提供电子导游解说的服务，游客可随时了解景点的概况，根据RFID与传感器实景了解原计划安排的旅游资源，机动灵活地调整旅游行程，尽情享受优选旅游资源，提升旅游体验的质量。

3.3　云计算技术

3.3.1　云计算的概念

云计算是一种可以随时随地方便地、按需地通过网络访问可配置计算资源的共享池的模式，这个池可以通过最低成本的管理或与服务提供商交互来快速配置和释放资源。按部署方式，云计算分为公共云、私有云和混合云三类。按服务内容，云计算分为基础构架即服务（IaaS）、平台即服务（PaaS）、软件即服务（SaaS）等类型。

“智慧旅游”的概念，正是以云计算、物联网等新技术为重要技术推手，因此云计算必将给旅游服务与管理的工作模式和服务模式带来新的变革。

云计算技术可以用于区域旅游信息平台、大型商业旅游网站、大型旅行社数据中心等。对于区域旅游信息平台，利用云计算技术可以提高平台的性能，促进当地旅游信息资源的整合。对于大型商业旅游网站，云计算可以根据访问量调节计算资源，降低运营成本。对于网点遍布全国的大型旅行社，建立基于云计算的数据中心，可以实现业务财务一体化，提高集团管控能力。对于中小旅行社，利用基于云计算的旅游信息服务平台，就无需购买软硬件，降低信息化门槛。

3.3.2 云计算的特征

无论是广义云计算还是狭义云计算，对于最终用户而言，均具有如下特征：

1.按需自助式服务（on-demand self-service）

云计算平台具有快速提供资源和服务的能力。用户可以根据自身实际需求扩展和使用云计算资源，通过网络方便地进行计算能力的申请、配置和调用，服务商可以及时进行资源的分配和回收。

2.广泛的网络访问（broad network access）

云计算平台通过互联网提供自助式服务，使用者不需要部署相关的复杂硬件设施和应用软件，也不需要了解所使用资源的物理位置和配置等信息，直接通过互联网或企业内部网透明访问即可获取云中的计算资源和高性能计算能力。

3.资源池（resource pooling）

云计算平台将供应商的计算资源汇集在一起，通过使用多租户模式将不同的物理和虚拟资源动态分配给多个用户，并根据用户的需求重新分配资源。各个用户分配有专门独立的资源，用户通常不需要任何控制或知道所提供资源的确切位置，就可以使用一个更高级别抽象的云计算资源。

4.快速弹性使用（rapid elasticity）

云计算平台可以按客户需求快速部署和提供资源。服务商根据用户需求变化能够快速而弹性地实现资源供应。通常情况下，资源和服务可以是无限的，可以是任何购买数量或在任何时候。云计算业务使用则按资源的使用量计费。

5.可度量的服务（measured service）

云服务系统可以根据服务类型提供相应的计量方式，云自动控制系统通过利用一些适当的抽象服务（如存储、处理、带宽和活动用户账户）的计量能力来优化资源利用率，还可以监测、控制和管理资源使用过程，同时，可以为供应者和服务消费者之间提供透明服务。

3.3.3　云计算的内容

1.软件即服务

这种类型的云计算通过浏览器把程序传给成千上万的用户。在用户看来，这样可省去在服务器和软件授权上的开支；从供应商角度来看，这样只需要维持一个程序就够了，能够减少成本。SaaS在人力资源管理程序和ERP中比较常用。Google Apps和Zoho Office也是类似的服务。

2.实用计算

实用计算（vatility computing）这个概念很早就有了，但是后来才在Sun、IBM和其他提供存储服务和虚拟服务器的公司中出现。这种云计算为IT行业创造虚拟的数据中心，使其能够把内存、I/O设备、存储和计算能力集中起来成为一个虚拟的资源池来为整个网络提供服务。

3.网络服务

同SaaS关系密切，网络服务能够提供API，让开发能够基于互联网的应用进行，而不是提供单击程序。

4.平台即服务

这种形式的云计算把开发环境作为一种服务来提供，可以使用中间商的设备来开发自己的程序并通过互联网和其服务器传到用户手中。

5.管理服务提供商

管理服务提供商（MSP）是最古老的云计算运用之一。这种应用更多的是面向IT行业而不是终端用户，常用于邮件病毒扫描、程序监控等。

6.商业服务平台

该类云计算是SaaS和MSP的混合应用，为用户和提供商之间的互动提供了一个平台。比如用户个人开支管理系统，能够根据用户的设置来管理其开支并协调其订购的各种服务。

7.互联网整合

将互联网上提供类似服务的公司整合起来，以便用户能够更方便地比较和选择适合自己服务供应商。

3.3.4　云计算的架构

云计算的架构分为应用层、中间层、基础架构层和管理层。云计算架构中有三层是横向的，分别是应用层、中间层和基础架构层，通过这三层技术能够提供非常丰富的云计算能力和友好的用户界面。云计算架构还有一层是纵向的，被称为管理层，是为了更好地管理和维护横向的三层而存在的。

3.3.5 云计算的应用

云计算平台是一个强大的"云"网络，连接了大量并发的网络计算和服务，利用虚拟化技术扩展每一个服务器的能力，将各自的资源结合起来，提供超级计算和存储能力。下面就当前云计算相关主要研究团队和组织的研究进展情况进行对比分析，为云计算相关研究提供参考。

1.国际上相关研究组织

国外已经有多个云计算的科学研究项目，比较著名的是Scientific Cloud和OpenNebula（http://hive.apache.org/）项目。产业界也在投入巨资部署各自的云计算系统，参与者主要有Google、Amazon、IBM、Microsoft等。国际上云计算主要研究组织及研发方向如表3.1所示。

表3.1 国际上云计算相关研究组织及研发方向

团队组织	商业项目	技术特征	核心技术	适用范围
Google	Google App Engine，包括Google搜索、Google Maps、Google Earth、Google Adsense、Gmail等	储存及运算水平扩充能力	平行分散技术，MapReduce，BigTable，GFS	Google各种日常互联网应用及开发者开发和发布各种应用程序
IBM	"蓝云"IBM云环境管理解决方案（企业私有云），IBM RC2（IBM 8大研究机构共同创建的私有云）	整合其所有软件和硬件服务	网格技术，分布式存储，动态负载	高性能计算（汽车和航天工业模拟计算、生命科学领域染色体组建模等）
Microsoft	Azure平台提供Microsoft、NET服务、Microsoft SQL服务、Live服务	整合其所有软件及数据服务	大型应用软件开发技术	应用程序开发者在云端开发程序，且无论是运行在微软云端的应用程序还是运行在本地的应用程序都可以使用云计算服务平台
EMC	云存储基础架构EMC Atoms（PB级的信息管理解决方案），Mozy针对Mac用户的在线存储	信息存储系统和虚拟化	Vmware的虚拟化技术，一流的存储技术	向各种规模的企业和机构提供自动化网络存储解决方案
Amazon	亚马逊网络服务（弹性计算云EC2、简单存储服务S3、简单数据库服务simpleDB、简单队列服务SQS、弹性MapReduce服务、内容推送服务、电子商务服务DevPay和FPS）	弹性虚拟平台	虚拟技术Xen	各类企业在其平台上搭建应用环境提供云计算服务（如在线照片存储共享网站SmugMug，在线视频制作网站Animoto）
Salesforce	客户关系管理（CRM）包括Sales Cloud、Service Cloud、Custom Cloud、Cloud Platfom for CRM、Cloud Infrastructure for CEM	弹性可定制服务软件	应用平台整合技术	为企业提供客户关系管理（CRM)服务

续表

团队组织	商业项目	技术特征	核心技术	适用范围
Oracle	EC2上的Oracle数据库，OracleVM，SunxVM	软硬件弹性虚拟平台	Oracle的数据存储技术，Sun开源技术	提供统一整合的界面来部署在云中任何操作系统上运行的应用软件，操作系统包括Open Solaris、Linux、Windows

从表3.1可知：Google App Engine是Google公司推出的云计算服务，允许用户使用Python语言编写Web应用程序在Google的基础架构上运行；IBM的Computing on demand主要针对高性能计算，如汽车和航天工业模拟计算、生命科学领域染色体组建模等；Amazon的弹性计算EC2和简单存储服务S3是IaaS的应用典范，提供廉价的计算和存储服务；Microsoft提出云端的云计算构想，可以使应用在本地和云之间迁移；EMC优势在于其强大的虚拟化和存储技术为企业和机构提供PB级的数据存储和信息管理解决方案；Salesforce是SaaS的杰出代表，开发面向企业用户的客户关系管理（CRM）方案；Oracle在软硬件产品方面非常出色，提供弹性虚拟云计算平台。国际上相关云计算产品性能比较如表3.2所示。

表3.2　国外相关云计算产品性能比较

团队组织	开发语言	编程环境	数据库	负载均衡	内容分发网络CDN	开源程度
Google	JAVA，Python	Eclipse的Google插件	Megastore	内置自动	有限的内置CDN	不开源
Amazon	JAVA	Eclipse AWS工具集	SimpleDB，MySQL，SQL server，Oracle 11g	内置自动	Amazon Cloud Front	开源
Microsoft	JAVA，.Net，PHP，Python，Ruby	Visual Studio 2010，Eclipse Windows Azure工具集	SQL Azure，SQL server 2018	内置自动	Windows Axure CDN	不开源
EMC	JAVA	Eclipse Spring Source工具集	Spring GemFire	内置自动	EMC Data Direct	不开源
Salesforce	Apex	Visualforce	Oracle Exadata	内置自动	内置CDN	不开源
Oracle	JAVA，Ruby	NetBeans	Oracle Exadata	内置自动	内置CDN	部分开源

在程序开发方面，大多数平台支持JAVA语言，Microsoft还支持.Net、PHP、Python和Ruby；Salesforce提供一种新的编程语言Apex和集成开发环境Visualforce，能够降低应用开发的复杂度并缩短开发周期；Microsoft和Oracle分别提供Visual Studio 2010和NetBeans集成开发环境，其余都在Eclipse集成开发环境上添加相应的工具集。在数据库方面，Google的Megastore是建立于Big Table之上的分布存储系统，可以将NoSQL和传统的关系型数据库融合在一起；Amazon提供多种数据库支持，除自身的轻量级的数据库服务SimpleDB外，还支持MySQL、SQL server和Oracle 11g；Microsoft提供SQL

Azure数据服务，功能包括数据存储、查询和分析等；EMC提供与其编程环境相适应的数据库服务Spring GemFire；Salesforce数据库服务由Oracle提供，两者都是Exadata数据库平台，都实现了内置的自动负载均衡技术，使物理资源使用率得到有效提升。在内容分发网络方面，Amazon提供内容推送服务Cloud Front；Microsoft和EMC分别提供Win-dows Azure CDN和Data Direct服务，用来减轻源服务器的负担和改善整个网络流量分布不均匀的状况；Amazon平台是开源的，在云计算发展中发挥了重要的作用，Oracle的 Sun部分也是开源的。

2.国内相关研究

国内相关研究组织国内学术界对云计算研究也非常热门，并做了大量的研究工作，提出了一些有意义的云计算研究方法。国内企业界主要云计算研究组织及研发方向如表3.3所示。

表3.3 国内云计算相关研究组织及研发方向

团队组织	商业项目	技术特征	核心技术	适用范围
中国移动	大云平台（大云数据挖掘系统BC-PDM、海量结构化存储Hugctable、大云弹性计算系统BC-EC、大云弹性存储BC-NAS和大云并行计算系统BC-MapReduce）	坚实的网络技术，丰富的宽带资源	底层集群部署技术，资源池虚拟技术，虚拟技术Xen	中国移动内部的新型IT支撑系统（网管系统、业务支撑系统、管理信息系统），IDC，mSpaces、Email等互联网应用
世纪互联	CloudEx（互联网主机服务CloudEx Computing Sercice、在线存储虚拟化CloudEx Storage Sercice、互联网云端备份的数据保全服务）	弹性虚拟平台	虚拟技术Xen，集群虚拟化技术	提供计算、存储、备份服务
阿里巴巴	阿里云、软件互联平台、云电子商务	弹性可定制商务软件	应用平台整合技术	提供技术、存储、网络服务，还提供各种电子商务服务
友友	友友云（数据平台、分布式虚拟存储服务、网格计算平台、网络虚拟机、友友企业地图）	互联网软件		高端的大型集团客户（如江苏省电力公司）
华为	云帆包括云数据中心解决方案（基础架构的平台解决方案包括计算、存储、网络、平台软件、工程设计以及基础设施）和云应用解决方案（电信业务云化方案包括业务云、支撑云、IDC云、桌面云）	通信设计及技术		与合作伙伴共建云计算（如盈世、普华、升腾、用友），通信行业（139邮箱云存储、上海联通OSS、客服系统），医药行业（闸北区健康云）

3.3.6 云计算在旅游中的应用

1.搭建IaaS平台

搭建基于IaaS的云计算平台，采用云计算技术建立动态的IT资源平台，并使之具备快速IT服务交付能力，进而通过动态的IT架构来应对旅游业务发展的需要；将应用和业务从底层的IT资源中分离出来，提高系统的可移植性，并能够充分利用更加优化的系统和网络资源以提高效率、降低整体成本是需要重点解决的问题。以旅游相关应用系统为顶层架构搭建的数据中心云计算资源池由计算资源池、存储资源池、网络资源池、旅游业务应用程序以及运营管理平台共同组成，运营管理平台负责对资源池和应用进行管理调度及告警监控（图3.4）。

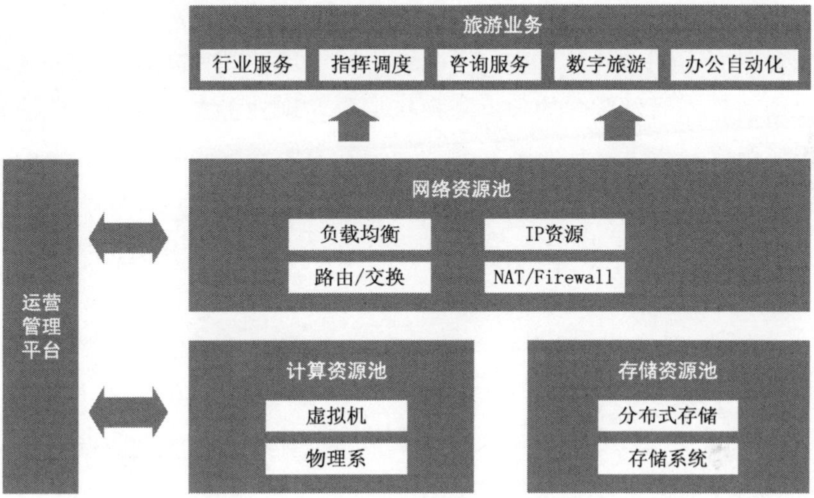

图3.4　旅游云计算平台

2.搭建旅游行业云计算系统的PaaS平台

在设计系统平台时必须同时考虑如何减轻未来SaaS应用开发、部署时的难度，降低系统后续的风险、提高系统成功的可能性。为SaaS构建一个开放的、可定制的PaaS平台是旅游行业云计算系统未来开展新业务的一个关键。PaaS平台将软件研发的平台作为一种服务，以服务的模式提交给用户。PaaS的构建可以加快SaaS的发展，尤其是加快SaaS应用的开发速度。

未来的SaaS大多是采用B/S架构的Web应用，而且具有业务敏捷、不断变化的特点。SaaS对PaaS平台的要求总结为以下几点：

（1）需要将应用程序的不同功能单元通过相互之间定义良好的接口和契约联系起来；

（2）接口必须采用中立的方式来定义，并且独立于实现服务的硬件平台、操作系统和编程语言；

（3）构建在这样的平台上的应用（服务）以一种统一和通用的方式进行交互。

鉴于这样的需求，在构建旅游行业云计算系统的PaaS平台时，应该采用SOA的架构理念，通过ESB（企业服务总线）提供的流程和数据交互能力，通过Web Service的接口方式（如XML）为未来的应用和业务软件提供数据访问接口。这是因为，传统的架构中软件包是被编写为独立的（self-contained）软件的，即在一个完整的软件包中将许多应用程序功能整合在一起，实现整合应用程序功能的代码通常与功能本身的代码混合在一起。这种方式称作软件设计“单一应用程序”。与此密切相关的是，更改一部分代码将对使用该代码的代码具有重大影响，造成系统的复杂性，并增加维护系统的成本，而且还使重新使用应用程序功能变得较困难——这些功能不是为了重新使用而打的包。

图3.5显示的是采用传统软件架构下系统之间实现互联的方式，图3.6显示的则是通过SOA的架构理念，通过统一的数据交换接口来实现业务之间的数据传输和通信。二者之间的繁简程度一望可知。对于旅游行业云计算系统来说，未来的影响是系统紧耦合，传统架构实现数据共享和业务互联的成本很高，采用SOA架构方式则可以将单个应用程序功能彼此分开，以便这些功能可以单独用作单个的应用程序功能或“组件”。

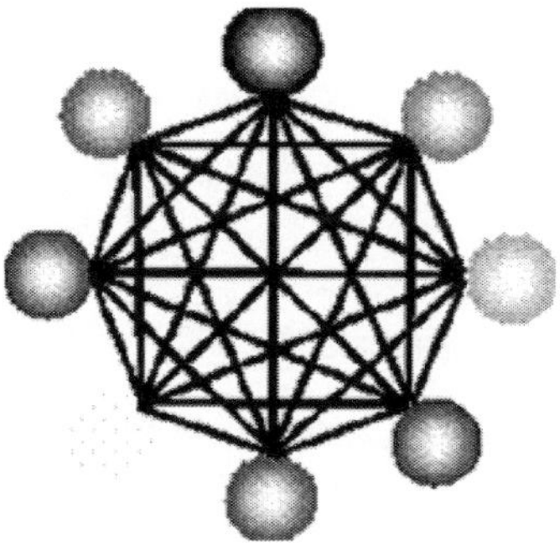

图3.5　传统架构平台示意

图3.6　SOA架构平台示意

这些组件可以用于在企业内部创建各种其他的应用程序，或者如有需要，对外向合作伙伴公开，以便用于合作伙伴的应用程序。由于SOA服务平台采用独立的自我描述XML文档如WSDL（web services description language）来描述服务的标准语言，这是一个开放的、标准的接口，具有很好的扩展性，加上SOA具有代码重用、平台独立、语言无关等优点，所以采用基于SOA的架构来构建旅游行业云计算系统PaaS平台。

3.旅游行业信息化建设

旅游行业信息化建设是以“云”为基础，建成一个庞大的数字化、智能化系统，将所有旅游信息都在这里体现、计算和应用，充分满足各级政府以及景区商家和游客的使用（图3.7）。

旅游行业信息化的应用系统建设内容包括旅游公共服务系统、智慧旅游政务管理系统、智慧景区管理系统、智慧旅游智能服务终端系统、智慧旅游一站式综合服务平

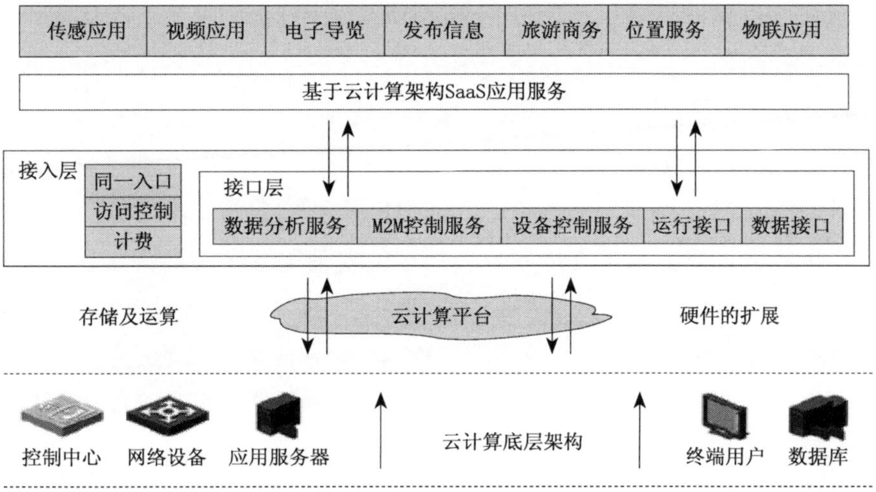

图3.7 旅游行业云平台逻辑结构

台、智慧的空间信息技术平台、智慧的网络应用环境、建设智慧旅游实景系统等。

4.处理智慧旅游数据

云计算作为旅游发展的重要支撑技术（图3.8），将给旅游创造多方面的优势。旅游涵盖“吃、住、行、游、购、娱”六大要素，需要处理海量的数据和信息，而对大多数旅游服务企业来说，仅仅依靠自身的力量往往显得力不从心。云计算能实现高效快速的数据存储和分析，对海量数据的快速处理和智能挖掘具有独到优势，可以为智慧旅游的发展提供存储能力和计算能力的保障。

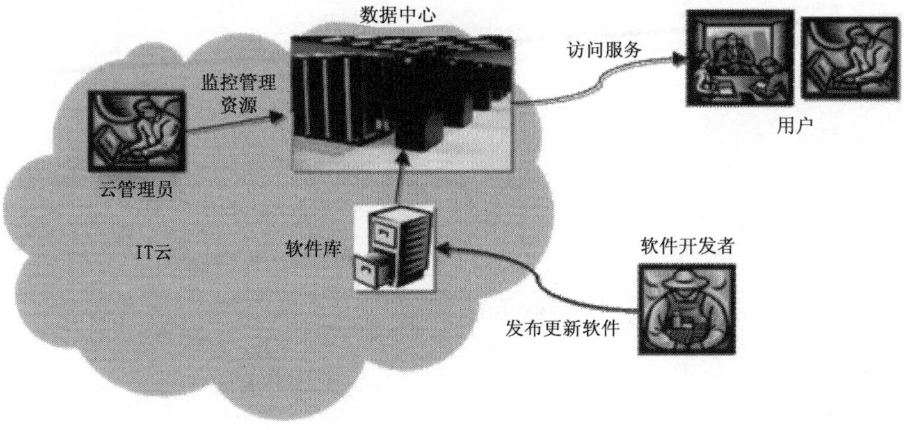

图3.8 云计算原理

5.提供个性化旅游服务

运用云计算技术可以使线上和线下、虚拟与现实有机结合，形成对旅游全过程的服务整合，可根据游客的位置、行为以及其他个性化的信息，全方位提供专业化和多样化的服务，更好地满足游客多方面的需要。云计算中心采用分布式来进行数据存储，采用冗余存储的方式来确保存储数据的可靠性，这种存储技术的高吞吐率和高传输率可以满足旅游行业访问量大、数据资源丰富繁杂的行业应用需要。

6.建设旅游服务云资源

游客自助旅游已成为一种新的趋势，而自助旅游的实施离不开高可靠性的自助智能终端的支持。云计算技术可支持用户在任意位置使用各种终端获取各类应用服务，这一点恰好适合自助游客数量多、分布广的特点。自助游客所需要的各类服务资源均可通过“旅游服务云”获取，而不必受地理位置的局限以及旅游目的地信息资源的限制。这样就能够有效简化应用的获取，降低对用户终端的要求，用户可以通过各类智能终端获得强大的计算、存储和应用程序资源，从而使自助旅游的乐趣、便捷性倍增。

7.提供旅游信息化服务

在中国，旅游行业信息化的总体发展水平还不高，其中一个重要的原因是，占数量绝对多数的中小型旅游服务提供商由于受人力、财力和物力的限制，在信息化建设方面往往处于心有余而力不足的状态。基于云服务的旅游信息化服务模式可为广大中小型旅游服务企业提供低成本、高水准集约化的服务，不但可以降低各种软硬件设备的投入，而且可以有效减少在信息化管理和服务方面的资源消耗，使大量中小型旅游服务企业能更专注旅游业务本身的运营。旅游行业是一个具有明显淡旺季的行业，在重要节假日的时候各个旅游景区往往人满为患，而在非节假日期间游客寥寥无几，对旅游服务提供商来说，平衡服务资源是一项极其困难的任务。利用旅游云服务，可使旅游服务企业根据实际需要动态调度和平衡各种服务资源，做到伸缩自如、保障有力，确保各项业务活动实现可持续发展。

3.4 大数据技术

3.4.1 大数据的概念

近几年，大数据迅速发展成为科技界和企业界甚至各国政府关注的焦点。大数据指非结构化的数据，包括图片、视频、音频以及设备数据。大数据本身是一个现象而不是一种技术，伴随着大数据的采集、传输、处理和应用的相关技术就是大数据处理技术，是系列使用非传统的工具来对大量的结构化、半结构化和非结构化数据进行处理，从而获得分析和预测结果的一系列数据处理技术。大数据处理技术的核心是预测结果。智慧旅游是指将云计算、物联网、互联网、下一代通信网络、高性能信息处理、智能数据挖掘等技术广泛地运用于旅游中，达到旅游信息基础架构与高度整合的旅游基础设施的完美融合，以有助于政府旅游管理部门、相关旅游企业和旅游者等做出更明智决策的旅游方式。

大数据是融合物理世界、信息空间和人类社会三元世界的纽带。物理世界通过互联网、物联网技术等将数据反映汇总出来，人类社会则借助人机界面、脑机界面、移动互联等手段在信息空间中产生大数据映像。大数据还有助于推动新一代信息技术产业的发展。新一代信息技术产业本质上是构建在第三代平台上的信息产业，主要是指大数据、云计算、移动互联网（社交网络）等。从社会经济角度来讲，大数据是第二经济的核心内涵和关键支撑。

3.4.2 大数据的特征

1.大量化

企业面临着数据量的大规模增长。大数据的规模是一个不断变化的指标。单一数据集的规模范围从几十太字节（TB）到几拍字节（PB）不等。此外，各种意想不到的来源都能产生数据。

2.多样化

大数据的数据类型呈现多样化特征，涵盖了文字、图片、视屏、地理位置等多种形式。一个普遍的观点认为，人们使用互联网搜索是形成数据多样性的主要原因。实际上，数据多样性的增加主要是由于新兴多结构数据的增加，而且部分传感器安装在火车、汽车和飞机上，每个传感器都增加了数据的多样性。

3.价值化

大数据的价值高但价值密度低。这里的价值指的是商业价值。也许在长达几十分钟的视频中，仅有一两秒出现了关键信息，但这一两秒的信息所裹挟的商业价值是巨大的，但价值密度很低。通过大数据，可对未来趋势与模式进行预测分析和深度复杂分析。

4.快速化

大数据的处理速度快。传统的数据处理依靠人力进行低效率的统计和整合工作，不仅速度慢，还容易出错，而依靠信息技术和互联网，大数据可以很轻易地做到数据快速整合和处理。

3.4.3 大数据的内容

（1）数据采集

ETL工具负责将分布的、异构数据源中的数据如关系数据、平面数据文件等抽取到临时中间层后进行清洗、转换、集成，最后加载到数据仓库或数据集市中，成为联机分析处理、数据挖掘的基础。

（2）数据存取

数据存取于关系数据库、NoSQL、SQL等。

（3）基础架构

数据存储的基础架构包括云存储、分布式文件存储等。

（4）数据处理

自然语言处理(natural language processing，NLP)是研究人与计算机交互的语言问题的一门学科。处理自然语言的关键是要让计算机“理解”自然语言，所以自然语言处理又称为自然语言理解(natural language understanding，NLU)，也称为计算语言学(computational linguistics)。一方面它是语言信息处理的一个分支，另一方面它是人工智能(artificial intelligence，AI)的核心课题之一。

（5）统计分析

统计分析方法包括假设检验、显著性检验、差异分析、相关分析、T检验、方差分析、卡方分析、偏相关分析、距离分析、回归分析、简单回归分析、多元回归分析、逐步回归、回归预测与残差分析、岭回归、logistic回归分析、曲线估计、因子分析、聚类分析、主成分分析、因子分析、快速聚类法与聚类法、判别分析、对应分析、多元对应分析（最优尺度分析）、bootstrap技术等。

（6）数据挖掘

数据挖掘方法包括分类（classification）、估计（estimation）、预测（prediction）、相关性分组或关联规则（affinity grouping or association rules）、聚类（clustering）、描述和可视化、description and visualization）、复杂数据类型挖掘（Text、Web、图形图像、视频、音频等）。

（7）模型预测

模型预测内容包括预测模型、机器学习、建模仿真。

（8）结果呈现

结果呈现方式包括云计算、标签云、关系图等。

3.4.4 大数据的架构

大数据数量庞大，格式多样化。大量数据由家庭、制造工厂和办公场所的各种设备、互联网事务交易、社交网络的活动、自动化传感器、移动设备以及科研仪器等生成。它的爆炸式增长已超出了传统IT基础架构的处理能力，给企业和社会带来严峻的数据管理问题。因此，必须开发新的数据架构（图3.9），围绕“数据收集、数据管理、数据分析、知识形成、智慧行动”的全过程，开发使用这些数据，释放出更多数据的隐藏价值。

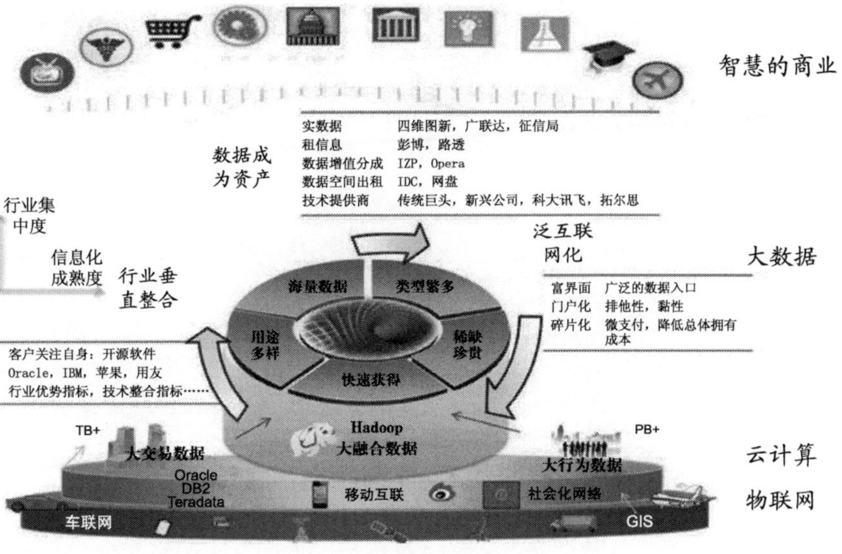

图3.9　大数据的基本架构

1.数据的获得

大数据产生的根本原因在于感知式系统的广泛使用。随着技术的发展，人们已经有能力制造极其微小的且带有处理功能的传感器，并将这些设备广泛布置于社会的各个角落。这些设备会源源不断地产生新数据，这种数据的产生是自动的。因此在数据收集方面，要对来自网络包括物联网、社交网络和机构信息系统的数据附上时空标志，去伪存真，尽可能收集异源甚至是异构的数据，必要时还可与历史数据对照，多角度验证数据的全面性和可信性。

2.数据的汇集和存储

数据只有不断流动和充分共享，才有生命力。应在各专用数据库建设的基础上，通过数据集成，实现各级各类信息系统的数据交换和数据共享。数据存储要达到低成本、低能耗、高可靠性目标，通常要用到冗余配置、分布化和云计算技术，在存储时要按照一定规则对数据进行分类，通过过滤和去重，减少存储量，同时加入便于日后检索的标签。

3.数据的管理

大数据的管理技术也层出不穷。在众多技术中，有6种数据管理技术普遍被关注，即分布式存储与计算、内存数据库技术、列式数据库技术、云数据库、非关系型的数据库、移动数据库技术。其中，分布式存储与计算得到的关注度最高。

4.数据的分析

有些行业的数据出现多源异构、多实体和多空间之间的交互动态性的情况，处理难度很大，需要将高维图像等多媒体数据降维后度量与处理，利用上下文关联进行语义分析，从大量动态而且可能是模棱两可的数据中综合信息，并导出可理解的内容。大数据的处理类型很多，主要的处理模式可以分为流处理和批处理两种。批处理是先存储后处理，而流处理则是直接处理数据。

5.大数据的价值

大数据的神奇之处就是通过对过去和现在的数据进行分析，能够精确预测未来；通过对组织内部的和外部的数据整合，能够洞察事物之间的相关关系；通过对海量数据的挖掘，能够代替人脑承担起企业和社会管理的职责。

6.数据的使用

大数据有三层内涵：数据量巨大、来源多样和类型多样的数据集；新型的数据处理和分析技术；运用数据分析形成价值。大数据对科学研究、经济建设、社会发展和文化生活等各个领域正在产生革命性的影响。大数据应用的关键就在于IT与经营的融合，这里经营的内涵可以非常广泛，小至一个零售门店的经营，大至一个城市的经营。

3.4.5　大数据的发展

大数据行业的快速发展，主要有以下几个方面的原因：

（1）政府积极介入推动

以美国为例，美国从开放政府数据、开展关键技术研究和推动大数据应用三方面布局大数据产业。美国通过Data.gov开放37万个数据集，并开放网站的API和源代码，提供上千个数据应用。美国政府还投资促进大数据核心技术研究和应用，把大数据放在与集成电路、互联网同等重要的位置，从国家层面推进。

（2）资本市场对大数据钟爱有加

2012年4月，大数据分析公司Splunk高调宣传大数据，引发投资者关注。高盛联席主席斯科特·斯坦福表示，投资大数据及其运用回报率最高。大数据领域的企业并购热度也在上升，单笔平均并购金额方面，大数据超过云计算位居IT领域榜首，在总并购额上也位居第二。

（3）人才需求巨大

盖特纳咨询公司预测大数据将为全球带来440万个IT新岗位和上千万个非IT岗位，需要既熟悉本单位需求又了解大数据技术与应用的管理者150万。中国现阶段虽然是人才大国，但能理解与应用大数据的创新人才数量却有些不足。

（4）国内情况

大数据的火爆，也带动了国内学术界、产业界和政府对大数据的热情。2011年以来，中国计算机学会、中国通信学会先后成立了大数据委员会，研究大数据中的科学与工程问题，科技部的《中国云科技发展“十二五”专项规划》和工信部的《物联网“十二五”发展规划》等都把大数据技术作为一项重点予以支持。其中工信部发布的物联网“十二五”规划上，把信息处理技术作为4项关键技术创新工程之一，信息处理技术包括海量数据存储、数据挖掘、图像视频智能分析，这都是大数据的重要组成部分；另外3项关键技术创新工程，包括信息感知技术、信息传输技术、信息安全技术，也都与“大数据”密切相关。

大数据的热潮触发了一场思想启蒙运动，“大数据是资产，不是包袱”“要拿数据说话”等观念逐步深入人心，改变了以往不重视数据积累、不相信数据分析等认知。

3.4.6　大数据在旅游中的应用

旅游大数据不同于传统的数据，更侧重于游客的心理研究与分析和旅游产品体验，一切以游客的需求为关注点。对大数据进行恰当的管理、建模、分享和转化，为从中提取新的深刻见解并以过去根本不可能的方式作出决策提供了依据。

1.大数据在旅游景区中的应用

通过大数据可以建立一个旅游区的数据统计网站，包含了景区人数、车辆以及景区承载量。景区可以将已经提前预订和散客的现场入园数据汇聚到网上，游客便可以根据人数的统计结合景区的承载量，来判断在一段时间内是否适合进入该景区。利用这些数据分析，还可以适当引导游客的出行，将游客引导至旅游人数不太拥挤的景区。

2.大数据在旅行社中的应用

大数据的产生对旅行社的经营来说，机会与风险并存，在机会方面包括：第一，通过大数据，可以知道游客喜欢什么样的产品，进而开发建设适销对路的产品。第二，通过大数据的公开透明化，相关资源的组合能最大程度上降低旅行社的经营成本，实现利润的最大化。

3.大数据在酒店行业中的应用

（1）大数据有利于精确酒店行业市场定位

成功的市场定位，有助于推动企业的快速发展，而基于大数据的市场数据分析和调研是企业进行品牌定位的第一步。酒店行业需要从大数据中了解酒店行业市场构成、细分市场特征、消费者需求和竞争者状况等众多因素，在科学系统的信息数据收集、管理、分析的基础上，提出更好地解决问题的方案和建议，保证企业品牌市场定位独具个性化，提高企业品牌市场定位的行业接受度。

（2）大数据成为酒店行业市场营销的利器

从搜索引擎、社交网络的普及到人手一机的智能移动设备，互联网上的信息总量正以极快的速度不断暴涨。每天在Facebook、Twitter、微博上发布的音频、视频等数据信息高达几百亿甚至几千亿兆，这些信息涵盖着商家信息、个人信息、行业资讯、产品使用体验、商品浏览记录、商品成交记录、产品价格动态等等海量信息。这些数据通过聚类可以形成酒店行业大数据，其背后隐藏的是酒店行业的市场需求、竞争情报，闪现着巨大的财富价值。

（3）大数据支撑酒店行业收益管理

收益管理作为实现收益最大化的一门理论学科，近年来受到酒店行业人士的普遍关注和推广运用。收益管理意在把合适的产品和服务，在合适的时间，以合适的价格，通过合适的销售渠道，出售给合适的顾客，最终实现企业受益最大化目标。要达到收益管理的目标，需求预测、细分市场和敏感度分析是三个重要环节，而这三个环节推进的基础就是大数据。

（4）大数据创新酒店行业需求开发

随着论坛、博客、微博、微信、电商平台等媒介在计算机端和移动端的创新和发展，公众分享信息变得更加便捷自由，公众分享信息的主动性促进了“网络评论”这一新型舆论形式的发展。在微博、微信、论坛、评论版等平台随处可见网友对某款产品的优缺点点评、功能需求点评、质量点评、外形美观度点评、款式样式点评等信息，这些都构成了产品需求大数据。

4.大数据在旅游交通中的应用

（1）应用大数据解决交通堵塞

通过对手机和GPS信号进行分析，转化成一张完整的道路交通状况地图，可以在地图上标示所在的位置，司机和游客可以根据自己的实际情况选择比较顺畅的道路，这样就可以尽快地到达目的地，完成自己的旅行计划。

（2）应用大数据处理恶劣天气的道路情况

使用气象信息站和交通道路数据的信息，可以对恶劣天气进行监测，监测它持续的时间以及道路遭受损失的程度，以及之后修复需要耗费的时间，从而提高处理道路状况的效率，确保游客在旅行中的生命财产安全和整个旅行计划顺利完成。

（3）应用大数据评估路况

旅游客车的司机和自驾游的司机通过大数据的分析的结果，可评估关键路段行驶的可靠性，从而确定在哪条路上来进行行驶。

（4）定位拥挤路段

通过开发软件来确定城市道路中的拥挤路段，可以为游客顺利到达目的地节约大量的时间，为游客的出行提供极大的方便。

5.大数据在旅游行政部门中的应用

旅游行政部门作为旅游管理部门，需要对游客旅游过程中产生的所有数据、旅游企业经营活动中产生的所有数据、旅游管理和目的地促销活动中产生的所有数据进行深入挖掘分析，为旅游决策提供可靠的依据和支撑。

国外大数据在旅游行业的应用主要是Hopper旅游网站、社交游网站Triple、酒店搜索引擎Deal Angel、酒店声誉管理公司Olery、基于互动式地图的一站式旅游解决方案Georama、有关餐厅质量检验的数据收集平台HDScores、行程记录和体验分享平台Esplorio等，它们都通过大数据的整合与分析模式，并采用一定的算法，来为顾客提供个性化的旅游定制服务，并取得了一定的成功。

大数据技术可以应用在旅游企业的需求管理及预测、产品与收益管理、服务与绩效管理、信息共享与协同等方面。

第4章

信息产业推动旅游产业革新

旅游业发展对现代信息依赖程度高，传统的吃住行游购娱各要素都可以通过信息技术的广泛运用实现现代化。网络与信息细化已逐步走进人们的生活，并渗透到人们生活的方方面面，而且在不同程度地改变着人们的生活和经济的运行模式。在这种状况下，传统旅游业的发展面临着信息技术的巨大影响，信息产业成为旅游业持续发展的动力所在，旅游业的信息化发展成为旅游业持续发展的重要技术支撑力量。

4.1 在线旅游交易

进入21世纪后，互联网以开放和创新的特点与传统的医疗、教育、金融等行业全面融合。产业与互联网的融合成为新时期经济发展的一个潮流，在消费升级和产业转型方面扮演着重要的角色。在线旅游便是互联网和旅游行业的融合成果，它通过互联网技术把线下的旅游产品信息化之后进行网上销售，开创了旅游业发展的一个新焦点。作为新时期的互联网经济业态之一，在线旅游业的出现改变了传统旅游业的资源配置方式，极大地促进了在线旅游市场的增长。机票、酒店和度假等主流业务已经发展成熟，市场规模稳步增长；旅游搜索、点评和攻略等新兴业态的产生，给在线旅游业增添了活力，在线旅游业未来的进一步渗透和发展毋庸置疑。

根据艾瑞咨询网的数据监测，2014年中国在线旅游市场交易规模达3077.9亿元，同比增长38.9%；在线渗透率达9.2%，较上一年增长1.7个百分点。其中，在线机票市场规模为1930.7亿元；在线酒店市场规模为632.5亿元；在线度假市场规模为448.8亿元。在线旅游市场的高速发展主要受在线机票、在线酒店及在线度假等细分市场的利好发展所驱动。截至2015年底，中国在线旅游行业整体呈上升趋势，艾瑞监测数据显示，2015年中国在线旅游市场交易规模达4326.3亿元，同比增长39.9%。2016年中国在线旅游市场交易规模达6026亿元，同比增长34%。

艾瑞分析认为，在线旅游市场交易规模的快速增长主要得益于用户和企业两端：

从用户端看，用户旅游决策和旅游预订行为进一步向移动端迁移，用户周边游、度假游、出境游等多元旅游需求比例提升；从企业端看，在线机票、住宿、度假市场的头部企业集中度提升，传统航空公司、酒店集团不断向线上延伸，满足用户长尾需求的创新企业也不断涌现，在线旅游在旅游整体市场中的渗透率不断提升，并将保持中高速增长。

4.1.1 在线旅游交易概述

在线旅游是互联网通信技术与旅游业相互作用的产物，通过宽带网络或者移动互联网终端让使用者足不出户就能享受快捷、高效、安全的在线查询、预订等旅行服务，打破了游客—传统旅行社—旅游目的地这一传统的出游模式，衍生出了许多新的旅游经营模式，降低了上游旅游产品供应商与用户之间的各种成本，在一定程度上解决了双方信息不对称的问题，并产生了极大的社会经济效益。

1.在线旅游交易的定义

在线旅游交易是指，依托互联网，以满足旅游消费者信息查询、产品预订及服务评价为核心目的，囊括航空公司、酒店、景区、租车公司、海内外旅游局等旅游服务供应商及搜索引擎、OTA、电信运营商、旅游资讯及社区网站等在线旅游平台的产业，为旅游消费者提供旅游信息及商品的服务。因其主要借助互联网，与传统旅游产业以门店销售的方式形成了巨大差异。

对于中国在线旅游交易市场来说，在线旅游作为一个新的服务业态成型于2003年，以携程上市为标志，派卡及电话销售逐步取代门店销售成为旅游产品销售的新渠道。作为当时旅游市场的主要商业模式，携程成为中国在线旅游产业的旗帜，以呼叫中心为主的OTA成为中国在线旅游产业的研究方向。去哪儿、驴妈妈、途牛等网站的出现，标志着中国在线旅游交易产业新模式的确立。

2.在线旅游交易平台的类型

随着在线旅游市场的飞速发展，满足在线旅游市场的细分需求的企业也不断涌现，总体分为以下几种类型。

（1）综合OTA

以携程、艺龙、同程为代表，施行一站式服务。酒店、机票、自由行、独家产品都包含在内。

（2）媒体平台型

以去哪儿、酷讯、淘宝旅行、马蜂窝、穷游网等为代表，盈利模式是靠广告收益。其中去哪儿、酷讯、淘宝旅行是旅游搜索引擎，马蜂窝和穷游网则是UGC型在线旅游网站。

（3）垂直领域OTA

这个类型的代表有途牛网和住哪网，途牛网主要制作旅游独家产品，住哪网专门做酒店业务。这类公司的优点是定位鲜明，在细分领域有较大的用户黏性。

（4）移动App

移动App分为以下几类：一是预订类，如携程、去哪儿等的移动客户端；二是工具类，比如飞常准等；三是企业的移动端产品，比如七天、如家的手机客户端；四是旅行游记攻略共享，比如在路上、面包旅行等。

3.在线旅游交易的特点

在线旅游交易以互联网为媒介，网上消费者直接参与，这和传统旅行旅游产业有很大差异，因而具备独特的特点。

（1）整合性

旅游产品是一个许多部分内容构成的复杂体验服务。旅游电子商务把旅游环节中的各级别的供应商、景点、交通运输企业、饭店、保险公司及与旅游相关的众多行业整合在一起，通过组合后的产品在线吸引更多的顾客。

（2）交互性

旅游者在购买旅游产品之前，无法了解其全部信息。随着信息技术的发展，在线旅游提供了大量的旅游信息和旅游产品介绍，网络多媒体为旅游产品提供了视觉、听觉、甚至3D效果的全新旅游体验，使用户在开始旅游前即已经对旅游产品和目的地有了很多的了解，这有助于培养大批潜在的游客群。

（3）快捷性

旅游业属于服务性行业，旅游电子商务更是通过在线服务随时为游客提供服务。在线旅游企业正是依托于自身的技术优势，利用网络进行推广，通过电子媒介传递信息，完成实时订单确认与支付确认等，实现传统旅游企业无法完成的24小时随时服务，快捷便利。因此旅游电子商务与软件、网上书店一起，被人们称为IT业最赚钱的三大行业，旅游业在所有的产业中也被认为是对互联网敏感度最高的产业之一。

4.1.2 在线旅游交易发展历程

我国在线旅游的发展可以分为以下五个阶段。

第一阶段（19世纪末～20世纪初）是在线旅游消费的培育期，主要依赖机票预订＋酒店预订的“佣金模式”，即网站与供应商（酒店、航空公司等）合作，通过网络为顾客提供信息，顾客通过网站平台预订酒店或机票，这个阶段以携程和艺龙为代表。

第二阶段（2003～2006年）是在线旅游市场的成长期，芒果、同程等进入在线代理市场，引入多元成熟的线下产品。不同代理商报价差异比较大，提供比价服务的垂直搜索网站应运而生，如去哪儿网。

第三阶段（2006～2010年）是在线旅游的细分化和社交化时期，随着社会经济的发展和人们生活水平的提高，度假的需求越来越多，出现了驴妈妈、途牛等结合旅游景点和旅行线路设计、提供在线预订细分服务的网站。此阶段在线旅游用户成熟，需求从预订延展到交流，旅行网站社交化，如分享攻略的蜂窝网和分享旅游点评的到到网。

第四阶段（2010～2012年）在线旅游市场出现新的竞争者，腾讯、淘宝、京东等大电商企业进军在线旅游平台市场，提供旅游比价并抽取佣金。

第五阶段（2012年以后）在线旅游市场出现移动化、碎片化等特点，移动端市场成为在线旅游市场的重要抢夺对象，移动端App业公司纷纷涌现，用户对旅游的市场需求得到进一步细分。

4.1.3 在线旅游交易趋势展望

我国在线旅游发展起步晚，相较于国外发达国家特别是美国而言，我国的在线旅游还有很大的发展空间。例如，美国OTA专注做酒店预订，而中国OTA机票占很大的比例；美国在线旅游公司分工较明确，竞争合作比较有序，而中国在线旅游企业争端多、合作少。未来，我国在线旅游交易将呈现以下趋势：

1.巨头抢夺在线旅游市场

百度投资去哪儿、腾讯拥有艺龙和同程、阿里投资穷游网和在路上，同时有携程、艺龙等大公司霸占市场，这种状况对创业者来说显然不是乐观的局面。善用巨头资源，不断打磨自身的产品和用户体验，对创业公司来说成为当务之急。

2.用户需求更加细分

随着在线旅游的不断发展，用户对交易市场的需求愈发细分化。找到用户需求的痛点并在细分领域进行深耕，对创业者来说是一个机会也是一个挑战。虽然创业企业进入市场时间晚且有巨头在前，但巨头的业务并不能遍布整个行业的各个角落。每个细分领域都需要足够的资源积累和深入了解，创业企业在大市场下若能做好差异化定位并进行深耕，仍有很大发力空间。

3.移动化和碎片化趋势明显

移动旅游市场正在占据市场越来越高的比例，携程、去哪儿等纷纷开始进行移动端布局，移动渠道变成在线旅游业实现增长的主要驱动力，抢夺移动旅游市场，成为在线旅游市场的发展重点。同时，碎片化趋势明显，个性化旅游的需求愈发强烈，如何在满足标准需求的基础上提供个性化服务也是值得创业公司思索的重点。

4.2 旅游垂直搜索引擎

旅游业是信息密集型产业，互联网的介入为大量旅游信息快速、广泛、精确地传输提供了很好的契机，为旅游消费者提供在线旅游信息查询服务的在线旅游垂直搜索引擎应运而生，如去哪儿网和酷讯网。在线旅游垂直搜索引擎的出现对在线旅游业产生了极大的影响，改变了原有的在线旅游供应商、中间商、客户的简单价值链，也改变了传统预订网站的商业模式，打通了各在线旅游价值链参与主体之间的联系，使在线旅游价值链更为完善，给旅游产品服务供应商搭建营销平台的同时为旅游消费者提供了信息查询、筛选的便利工具。

以应用于搜索某一学科、领域或某一类信息的专业搜索引擎定义为切入点，国内的旅游搜索引擎市场竞争已经形成规模。以去哪儿、携程为领头羊，马蜂窝、穷游、百度旅游等一众旅游搜索竞争发展，抢占市场的局面逐渐打开。携程主要以商务出行为特色优势，由于携程进入市场相对较早，具有相对广泛的用户群。马蜂窝最早抢占攻略市场，拥有相对大数量的旅行达人用户群，数据库也相对完善。穷游主要以国外旅游为主，有着“穷游”鲜明的特色。国内大多旅游搜索引擎的品牌优势已成形。

4.2.1 垂直搜索引擎概述

网上综合性的传统搜索引擎发展日益成熟，能够较好地满足广大用户的检索需求。但网络技术发展与网络信息增长迅速，网络信息的用户也越来越多，相比之下，综合搜索引擎在索引数据库建设、信息收集等方面仍有不足，存在信息查准率低、信息含量低等问题。尤其在满足用户的专业检索需求时这些问题更为突出。用户需要搜索质量更准确、相关性更复杂的搜索引擎，以追求在某一学科或某一行业领域有更好的检索效率及效果，各种垂直搜索引擎应运而生。

垂直搜索引擎的兴起，是搜索引擎行业发展的必然趋势，有着良好的发展前景和研究意义。垂直搜索引擎指应用于搜索某一学科领域或某一类信息（如图像、影像）的专业搜索引擎，又称为专题搜索引擎、专门搜索引擎，是搜索引擎的细分和延伸。其是针对综合搜索引擎的信息量大、查询不准确、深度不够等缺陷所推出的新的搜索引擎服务模式。

4.2.2 旅游垂直搜索引擎概述

1.旅游垂直搜索引擎的优势

（1）基于旅游行业内信息的数据挖掘分析

垂直搜索引擎集中了旅游行业内的信息和数据，由于只涉及旅游行业，可以利用专业词语表进行规范和控制搜索关键字，用户需求易于辨认，大大提高查全率和查准率。

（2）搜索结果的实效性

旅游垂直搜索引擎需要获取的信息来自某一特定领域，相较于通用搜索引擎漫无边际的信息抓取，垂直搜索引擎实效性更强。除此之外，旅游垂直搜索引擎可以通过数据模板提供结构化的搜索结果数据，能够极大程度地缩减用户辨别需求信息的时间，几乎不需要用户具体打开网页就能判断信息是否是自己需要的。

（3）搜索结果查询形式灵活多样

旅游垂直搜索引擎可以根据处理中产生的各个特征变量对搜索结果进行提取和结构化的处理，比如可以按照门票价格、房价、距离远近等条件对搜索结果进行排序，这对用户更好更快地使用需求信息很有帮助。

2.旅游垂直搜索引擎的盈利模式

（1）定向广告服务

在当今的搜索市场，定向广告已被视作搜索业内的一个有效的盈利渠道。旅游垂直搜索引擎能够对行业内数据的整合细分，因而能够提供更为集中的受众消费群体，从而提高搜索引擎广告的宣传力度和宣传效果。此外，旅游垂直搜索还能够有效推动广告模式的发展——不限广告投放量，按照广告投放的实际效果，即按潜在客户的回应行动计费。

（2）关键字竞价服务

垂直搜索网站的关键字竞价服务指，为网站会员提供的，在“媒体信息”搜索结果页面上，将每个关键字设置特别推荐位，旅游企业对特别推荐位进行竞价。竞价成功后，固定期限内，旅游企业的公司信息将处在搜索页面的特别推荐位上，优先显示给消费者，增强宣传效果。旅游垂直搜索网站的搜索结果具有不同的排序方法，可根据不同的排序方法设置特别推荐位。

（3）增值服务

旅游垂直搜索网站可以对行业信息进行具有深度和广度的整合，进一步提高信息的质量，建立起高质量的、专业信息齐全、能够实时更新的索引数据库。基于这些信息和数据的商务智能分析，创造更有价值的信息增值业务，为用户提供更加细致周到的服务，更深层次地满足用户需求，如进行相关产品、同类产品的推荐，推出针对某一行业的搜索交易平台等。

（4）个性化服务

旅游垂直搜索网站可以获取并且分析用户的偏好信息，从而提供更加完善而且准确的数据服务，也能据此设计相应的个性服务。

旅游垂直搜索网站不仅是查询结果的窗口，更是用户高度参与交互信息的社会化平台。例如，建立用户反馈评价系统或者建立用户交流社区，把具有相同相近兴趣的人们集中在一个"主题社区"内，为大家提供相互交流、共享经验的机会和场合，让用户对旅游产品有更加全面并且详细真实的认识。这样不仅可准确地满足用户需求，也增加了网站的吸引力，从而提高网站的整体盈利能力。

4.2.3 旅游垂直搜索引擎发展方向

1.旅游垂直搜索网站将向"门户+搜索"模式发展

由于旅游产业是一个产业链，涵盖广泛，旅游垂直搜索网站倘若仅具有垂直搜索到旅游企业以及旅游企业产品的功能，是不能完全满足消费者需求的，旅游垂直搜索网站必将向着构建"旅游娱乐门户+旅游垂直搜索"网站的方向发展。这种"门户+搜索"的网站建设新模式不仅可以为用户提供便捷的信息获取手段和导航服务，还能在为用户服务的过程中潜移默化地引导、诱发甚至创造新的用户需求。

2.旅游垂直搜索引擎将向细分目录、本地搜索发展

（1）细分目录

旅游垂直搜索引擎选择旅游行业，对行业内的信息目录进行整理细化分类，结合行业相关站点的信息提供专业化的搜索服务。这种专业化的细分目录，能够让用户很容易明确自己的真实需求并且通过简单的操作满足自己的需求。

（2）本地搜索拓展

由于旅游行业以及旅游需求自身的特点，为了让旅游者尽可能详尽地了解旅游地的情况，旅游垂直搜索引擎在整合旅游行业内信息的过程中，将本着"向本地搜索的方向"的原则进行数据挖掘和整合，形成数据供应链关系。

4.3 旅游社区攻略类点评网站

近年来，我国旅游业持续升温，旅游者规模不断壮大，旅游产品和信息也越来越多。一方面，旅游产品供应商需要更全面地了解用户需求特点，用户想获得更真实、可靠、有价值的信息以辅助出游决策，旅游社区攻略点评类网站则恰好充当了二者的媒介；另一方面，旅游社区攻略点评类网站利用自身优势广泛与上游旅游产品供应商展开合作，形成优势互补，打造旅游分享平台，对在线旅行社产生了影响。

体验性是旅游的一大特性，人们需要借鉴其他人的体验经历帮助自己进行选择决策，攻略点评类网站满足了用户的这一需求。这类网站是社交网站与体验者推荐相结合的产物，以社交网站（SNS）来渲染气氛，以用户生成内容（UGC）吸引成员，增加成员互动性的同时，给更多潜在用户提供出行决策经验借鉴。旅游社区攻略点评类网站可以让用户下载出游攻略、制定自己喜欢的旅游计划、分享休闲度假等产品的体验，是旅游行业的新亮点。旅游产品供应商需要了解用户的多元化、个性化的需求，用户也需要了解产品和目的地的相关信息和体验性好坏，社区攻略点评网站为两者搭建了平台。社区攻略点评网站商业模式的本质就是将社交网站的旺盛人气与庞大的旅游需求结合，促成潜在旅游交易的实现。

4.3.1 旅游攻略概述

1.旅游攻略

随着居民消费水平的不断提高和旅游服务行业的高速发展，旅游者出游的方式越来越多样化。“在旅游传播中，旅游者既是接受者，也是传播者。”那些有能力有想法自己出去旅游的游客，希望能够充分体验自由旅游的乐趣。这类游客通常具备独立旅游的能力，并且能自己制订计划出游，他们的旅游故事和经验需要一个平台进行展示。随着出版业和社区网站的兴起，旅游者们开始分享自己的旅游故事，探讨攻略和相关经验，这类文化书籍和网络信息开始在旅游爱好者中备受关注。并不是所有旅游者都有能力规划一条合适的路线去满足自己的旅游需求，有了这些能把自己的经历和计划形成旅游指南的游客，旅游攻略这个概念在互联网迅速蔓延和扩展也就是必然之势了。

最早的旅游攻略要数罗马时代希腊史地学家鲍萨尼阿斯（Pausanias）的《希腊描述》。这是一本比较有名的旅游指南书，至今仍在发行。在国内，明朝时期著名的地理学家、旅行家和文学家徐霞客耗费30年考察撰写的《徐霞客游记》在一定程度上来说也是旅行指南书，书中徐霞客撰写了中国广大土地的水文地理，考察了各地的交通信息和民俗文化风情，是较早的旅游攻略之一。

抢占在线旅游市场取决于两点：第一在于为用户们提供一个便于交流的社区平台。用户能够分享自己的心情，本身就是一种乐趣。第二在于打破传统旅游模式，让用户们能够从一个产品中，获得真正需要的旅游资讯。从这两点来说，旅游攻略客户端无疑是能够从根本上改变人们的旅游方式、极大程度上方便人们旅游的产品，这也正是未来旅游市场发展的方向。

2.旅游网站与旅游攻略网站

随着互联网论坛的出现，一些游客开始以各种方式在网络分享自己的旅游故事、探讨旅游攻略。与此同时，旅游信息服务商意识到了电子商务带来的高效运营，旅行社和一些旅游出行服务公司开始利用网络的便捷性开拓在线旅游服务，这便产生了电子版的旅行社、旅行杂志和互动的旅游电子商务门户网站。国内出现的各种旅游网站，一方面是新浪、搜狐等门户网站，他们的旅游频道提供简单的旅游信息，缺乏整套的旅游服务信息；另一方面是去哪儿、携程、途牛、磨房、远方、驴行天下等提供旅游产品和信息服务的专业旅游网站，当然也包括旅游景区地方政府建立的旅游网站，如西部旅行网等。国内旅游网站经历了以提供出行、食宿服务的携程的率先起航，接着是提供户外运动服务的中国户外资料网、提供吃住行等自助游的驴行天下、提供旅游资讯的途牛和远方、提供穷游锦囊的穷游网和专门销售攻略的马蜂窝等旅游网站的发展过程。

在线旅游服务业的发展之初，旅游消费者开始尝试并通过互联网向旅游服务提供商预订机票、酒店、度假产品等旅游产品或信息服务。旅游网站成了"在线旅游咨询、在线订购与交易、电子导游、旅游定位系统、网上虚拟实景旅游"的旅游资讯网站。旅游攻略网站的直接目的在于提供在线版的旅游资讯、旅游攻略和驴友信息交流分享平台，旅游攻略是它们的核心竞争力所在。旅游攻略网站在学术界没有确切的定义，而旅游网站则被定义为在线旅游网站或旅游电子商务，就此而言，旅游攻略网站可以延伸为专门经营旅游攻略的网站或侧重运营旅游攻略的网站。

2004年诞生于德国汉堡一个留学生宿舍的穷游网以提供"穷游锦囊"而著称，特别是海外穷游更是独树一帜，是真正意义上的旅游攻略网站。相比之下，在国内攻略别具一格的马蜂窝则专门销售旅游攻略，它诞生于2006年，但真正运营壮大则是在2010年。在此之前，在没有推广投入的前提下通过口碑传播，赢得了十万活跃用户。2010年开始真正运营的时候，不到两年的时间，它的在线活跃用户从十万增加到了200万，而且期间保持了无广告投入的模式。

4.3.2 旅游点评网站

近几年，点评成为旅游网站的重要内容，受到广泛的关注，并产生较强的影响力。面对消费趋势的变化，大型在线旅游企业相应做出调整，着力提供精致的旅游资讯。在线旅游企业再一次将市场细分，出现了一类以点评、攻略、分享旅游体验为特色的垂直型网站。2011年初，携程网旗下的驴评网正式上线，专门为游客和网友提供旅游点评、酒店点评、游记攻略、目的地资讯等内容。2011年3月，同程网正式将旗下的17u.com更名为"一起游"，专注于旅游攻略、点评、问答、博客为特色的旅游社区。以游记攻略为核心的马蜂窝网站，其游记攻略日常下载量能达到2万篇／日，节假日期间游记攻略的日下载量则更高。此外，驴妈妈也新增了旅游点评、酒店点评、旅游攻略等栏目。

1.旅游点评网站的产生背景

（1）口碑点评成为仅次于价格的参考因素

从1999年携程网的出现算起，OTA经过近20年时间的发展，在线旅游消费行为也在逐渐成熟，游客的要求更高、更细致，不再满足于简单的信息提供和预订服务，而是更关注网友、驴友等的意见、建议以及他们真实的旅游经验和感受。因此，点评成为在线旅游预订重要参考因素，其重要性仅次于价格，甚至超越价格的影响力。随着互联网等信息技术的不断普及，越来越多游客习惯于把产品的网络口碑作为决策的重要依据，尤其在旅行社、酒店、景区等旅游业的分支。如果在线预订网站有专门的点评专区，或者能链接到旅游点评网站，就能更好地满足用户的需求。

（2）用户对精准信息的需求

互联网给用户提供了海量旅游信息，但并没有真正解决信息不对称等根本问题，尤其是对于那些非热门地点和旅游活动，找到详细的出游信息十分困难。通过Baidu、Google等通用搜索引擎获得的有效信息十分有限，而且效率较低。通过去哪儿等旅游垂直搜索引擎，可以较好地查询产品、价格等基本信息，但无法预知真实的顾客感受。而点评、口碑等则可以更高地弥补以往的不足，可以给用户提供更精准的旅游信息，旅游决策的效率和效果都得到了提升。

（3）在线旅游企业的市场细分

旅游点评网站是众多旅游网站中新兴的一个分支，与携程网、艺龙网等传统在线旅游网站差异明显，与去哪儿这样的垂直搜索引擎也不一样，它们更不是一般性的旅游咨询网站。旅游点评网站实际是在线旅游企业市场细分的一个产物，是基于顾客需求一种新型电子商务模式，这类网站的出现反映了在线旅游市场竞争的加剧。

2.主要的旅游点评网站

（1）驴评网

2011年初，携程网旗下的驴评网上线，标志着携程网正式涉足旅游社区。驴评网是由携程网的酒店点评、目的地探索和社区服务整合而来，提供150万条真实酒店点评和20万篇旅游攻略，致力于帮助旅游者更好地分享“去哪里、玩什么和住哪里”，发现好评酒店、景点和目的地。作为独立于携程网之外的第三方点评平台，驴评网独立运营，其点评内容主要来自携程网原有的酒店点评，并且入住过的顾客才能发表点评。

（2）一起游

一起游是同程网旗下网站，是一个以旅游攻略、点评、问答、博客为特色的旅游社区。一起游是中国最大的旅游资讯类门户网站之一，提供100万篇驴友原创游记攻略和超过300万条以上高质量旅游点评与问答，为超过1000万会员提供真实可信的出行指南和旅游资讯。

（3）大众点评网

2003年4月成立于上海的大众点评网是中国领先的城市生活消费指南网站，也是全球最早建立的独立第三方消费点评网站之一，致力于为网友提供餐饮、购物、休闲娱乐及生活服务等领域的商户信息、消费优惠以及发布消费评价的互动平台；同时，大众点评网亦为中小商户提供一站式精准营销解决方案，包括电子优惠券、关键词推广、团购等。继网站之后，大众点评网已经成功在移动互联网布局这一模式，大众点评手机客户端已经成为城市生活必备的App之一。截至2011年第三季度，大众点评网每月的活跃用户数超过4200万，点评数量近2000万条，收录的商户数量超过120万家，覆盖全国2300多个城市；大众点评网每月浏览量超过5亿，其中手机客户端的月浏览量已经占到网站月浏览量的60%以上，手机独立用户数超过1300万。大众点评网已经在上海、北京、广州、天津、杭州、南京、深圳、苏州、无锡、宁波、成都、重庆、武汉、西安、郑州、济南、青岛、沈阳、大连、长沙、哈尔滨、福州等二十余个城市设立分支机构。

3.旅游点评网站的经营模式

（1）以真实旅游体验和点评为核心竞争力

点评网站不是旅游企业自己的直销网站，也不是在线旅游分销商。它们不具有旅游企业的直销优势，也不具有在线旅游分销商的丰富产品和客户资源。但它们回归了旅游信息的首要属性，即真实性，而这种真实性又是建立在旅游体验的基础上。因此，建立在真实旅游体验基础上的旅游点评具有极大的价值，这些点评反映了旅游主体对旅游活动真实性的最根本诉求，也代表了对旅游者的尊重，这些点评自然成为最吸引旅游者的资源。

（2）用户贡献海量的旅游评论

点评网站是Web2.0时代的重要互联网应用之一。Web2.0时代的基本特征之一是用户参与、用户贡献。点评网站的基本模式是吸引大量的网友和用户参与，通过这些人的点评进一步扩大影响力，从而吸引广告客户，这些点评信息也可以出售给其他企业。例如，TripAdvisor每月有超过5000万独立用户，截至2011年12月31日，已经累计收到超过15亿条点评信息，为8500万Facebook的用户提供个性化的旅程设计，有累计1300万次的手机应用程序下载，每月有1600万用户通过手机访问TripAdvisor网站。

（3）依附于OTA或成为第三方独立网站

点评网站基本可以分为两类：独立的旅游点评网站，依附于在线旅游分销商的旅游点评网站。例如，到到网、酷讯网以及TripAdvisor旗下网站组成了TripAdvisor媒体集团，加上艺龙网，都是由Expedia公司所有或控股，这样就形成了较强的市场垄断力量，使到到网可以获得来自垂直搜索引擎（酷讯网）、在线旅游分销商（艺龙网）的大力支持。与此类似，驴评网依靠携程网这个国内最大的在线旅游分销商，一起游依托于同程网这个全球第三大中文旅游网站和中国当时最大的“网上旅游超市”之一。比较而言，大众点评网是比较纯粹的第三方点评网站，由全球知名的投资机构——美国红杉基金等投资，其业务涉及但不局限于美食、酒店业务，不属于典型的旅游电子商务企业，与垂直搜索引擎、在线旅游分销商、旅游企业没有直接关联。

4.旅游点评网站的影响

（1）点评带来多元化营销和精准社会化营销

点评网站出现之前，旅游企业依赖的营销方式主要有两类：第一类是互联网出现前的传统营销方式，第二类是基于第一代互联网的营销方式。第二类营销方式的典型代表是在线旅游分销商、旅游企业直销等方式，利用电子邮件、弹屏窗口、横幅式广告等形式推送信息，这些方式存在一些不足。点评网站既是一种社会化媒体，又是一种新型的营销渠道和方式，且将媒体和营销充分地结合起来。点评网站的营销功能是建立在媒体这一属性基础上的，其营销功能既针对其关联企业，也针对非特定对象。点评网站的营销功能依靠的是用户贡献、用户参与营销、用户作为营销对象，点评网站则更像是营销活动的组织者和管理者，不仅通过用户参与聚集了人气，精确掌握了顾客的偏好和信息，更成为众多旅游企业、在线旅游分销商流量的重要来源。

（2）用户主体地位的构建

旅游点评网站的出现，使旅游者可以有机会发出自己的声音，而且这种声音极具影响力和商业价值。改革开放后，中国的旅游业高速发展，逐步培育起了中国公民旅游市场，但旅游者的意见和态度对旅游企业的影响十分有限。Web2.0时代的到来，使人人都可能拥有“麦克风”，旅游点评网站就是旅游者和网友的麦克风，使原有的口碑通过互联网的形式进行放大并有效传播。在互联网的强大作用下，旅游企业的好评与差评从只有少数人了解的“内幕”一跃成为公开的互联网信息。在这样的背景下，旅游者的主体地位才能建立，旅游者才能积极地参与并贡献点评，才真正能被旅游企业所重视，缺乏良好声誉的企业将面临生存的危机。以国内饭店业为例，依靠星级划分等方式进行评价，已经无法适应市场的基本要求，而且根本无法反映顾客的评价；顾客对星级饭店最常见的点评往往是该饭店与其星级不相符。因此，点评有助于建立以顾客为中心的评价标准和体系。

（3）点评的真实性与“灰色交易”

顾客点评的真实性有两层含义：点评来自顾客的真实感受和自我表述；点评真实地再现了当时的情景。从这个角度分析，获得真实的、客观的顾客点评并不容易。点评具有极大的商业影响力，成为旅游企业等利益相关方关注的重点。国内主要旅游点评网站均采用了UGC（用户贡献内容）的模式，发表点评的条件较低，容易出现虚假点评和“灰色交易”的问题。因此，相关企业可能采取各种措施制造有利的评价，使顾客受到虚假信息的影响。在这方面，比较典型的做法是饭店等企业雇佣“枪手”和专业机构制造虚假的好评，按照点评数量和影响力收费，达到旅游业中的炒作效果。

然而，放纵虚假点评就是“饮鸩止渴”，点评需要有相应的约束和激励机制，以保证点评的真实性。

4.4 B2B+B2C在线旅游服务

4.4.1 B2B、B2C概述

B2B（Business to Business）是以因特网为主要手段，企业与企业间通过网络进行商品和服务交易的一种商务模式。从国际电子商务发展看，B2B业务占绝对主导地位，销售额超过全球电子商务销售额的80%。企业间利用互联网从事的商务活动正急剧增加，主要包括企业与其供应商之间采购事物的协调，物料计划人员与仓储、运输其产品的公司间的业务协调，进货和销售机构与其产品批发商、零售商之间的协调，客户服务，公司日常运营活动、内部员工的交流等。企业间的网络业务主要有两类，即企业自建网与中介服务网。前者多属于产业链条长、业务伙伴多或自身专业性较强的大企业、跨国公司等，主要用于公司自身的业务和对供应商、销售商的服务；后者则由中介机构建网，主要面向中小企业，为他们提供企业信息、产品采购、销售的搜索交易等服务。

B2C（Business to Customer）是以因特网为主要手段，由商家或企业通过网站向消费者提供商品和服务的一种商务模式。因特网上遍布各种类型的B2C网站，提供各种在现实生活中能购买到消费品和服务、娱乐等。4G网络的建设开通，移动电子商务的兴起，下一代因特网的规划建设和有线电视网的数字化改造连接，数亿家庭电视的入网，电视购物兴起等，B2C企业对消费者的电子商务将取得飞速发展，并在电子商务领域中占据重要地位。

综上所述，旅游电子商务是以计算机网络技术把企业与买家连通起来，通过网站进行无纸化交易，方便、快捷、实时、零距离是其特点。旅游是异地消费行为，产品具有高度依赖信息、不需物流配送的特点，尤其适合电子商务。全球旅游行业年交易额已超过汽车、石化等传统制造业，显示出蓬勃的发展势头。其电子模式主要有B2B（企业对企业）、B2C（企业对消费者）、C2C（个人对消费者个人竞标拍卖），此外还有B2G（企业对政府）模式。由于旅游业本身的特性，旅游的电子商务主要以B2B和B2C为常见类型。B2B是用于企业与企业之间相关产品和服务采购，交易的信息查询、谈判，合同的签订，票据来往，订单结算；B2C则是提供企业旅游服务的信息咨询和产品的在线预订和销售。B2B多半是合作企业间的交易，对象、范围相对有限；B2C本质上是企业产品和服务的网上直销，利用互联网边际成本低、无时空限制的特点，给企业带来更多的商机。B2C电子商务深受企业青睐，旅游电子商务绝大多数是这一模式。

在B2B与B2C界限逐渐模糊、电子商务产业链逐步完善等形势下，B2B与B2C的整合成为了现实。B2C企业的采购量大，在采购过程中需要逐个对供应商进行筛选，耗费成本，而通过B2B平台则可以有效解决采购问题，降低采购成本。B2B平台通过与B2C的深度融合，可以实现向产业链上渠道和终端消费者的进一步延伸，成为电子商务产业生态链的重要一环，进而推动整个电子商务产业的迅猛发展。

4.4.2 在线旅游发展现状

中国旅游电子商务起步较晚，2003年和2004年，携程网和艺龙网两大旅游电子商务巨头公司在纳斯达克成功上市后，在线旅游的巨大市场迅速受到国内外资本的关注。从2005年开始，各类在线旅游服务提供商迅速创立，并开始了抢夺中国旅游电子商务市场的战争，在国内外大量资金的支持下，中国在线旅游行业发展迅速，很快填补了中国在线旅游服务细分市场的空白，迅速提高了中国在线旅游的服务质量和服务水平。经过几年的发展，旅游电子商务服务主体结构主要形成了以下四种类型：在线预订服务商；在线旅游搜索服务商；在线旅游咨询服务商；在线旅游B2B交易平台。

一方面，我国在线旅游服务行业拥有巨大的潜在市场，必将高速发展，另一方面，我国在线旅游行业现有市场不成熟，过快的发展速度致使在线旅游行业迅速地彻底地暴露了存在的问题和缺陷，主要包含以下几个方面：

1.在线旅游整体发展水平较低

从我国在线旅游行业发展中的两个主要平台（B2C和B2B）来看，在线旅游行业处于发展的初级阶段。相对来说，B2C起步较早，率先得到了国内外资本的关注，进而逐渐被消费者所接受，但是B2C市场主要以酒店和机票预订两个方面来进行盈利，盈利模式相对比较单一，在线用户还没有形成大额消费习惯。相对于B2C市场来说，我国旅游电子商务B2B市场发展滞后，原因主要为传统旅游服务提供商并没有发展网络交易，在线旅游服务的企业比较少。

2.旅游服务产品没有明确的标准

从我国在线旅游行业的整体发展来看，能够标准化的产品所对应的业务（如酒店和机票预订业务）发展相对比较迅速，但是，旅游服务产品属于个性化的产品，各个旅游服务提供商会提供不同类型、不同品质的旅游服务产品，为此，很难提供一个明确标准对产品进行制约和衡量，旅游产品通过线上交易的情况较少。总体来说，旅游服务产品没有明确的标准是导致在线旅游交易平台的发展缓慢的一个重要因素。

4.4.3 B2B与B2C的融合发展

旅游行业竞争日趋激烈，B2B中每个独立的个体面对复杂的商业环境时都有太多不可测的风险，这愈发显出了缔结同盟、抱团取暖的重要性。已有越来越多的企业参与到B2B中来，如旅游圈、票工厂、乐游旅游产品分销平台等等。但最大的问题是，并没有出现比较权威的标杆性平台，真正的B端参与仍然达不到足够的深度与广度。不过从乐观的角度看，群龙无首恰恰就是最大的机遇，B2B行业大平台也是旅游业一直以来梦寐以求的，前途不可限量，前路挑战与机遇并存。

不管是B2B还是B2C，本质上都是基于市场的需要。正是散客化时代的到来，信息不对称的时代结束了，市场才会比以往任何时候都更需要信息化变革。以往，传统旅游企业各自为政，忽略了市场对渠道品牌的认同度，忽略了游客需要什么样的产品，也忽略了客户关怀。然而，任何不以游客体验为出发点的产品都将被时代淘汰。

在线旅游市场正在以前所未有的繁荣姿态井喷式发展，未来也还会有更多的企业参与到在线旅游的行列中来。面对的市场需求，他们有着各自的特点和运营模式，通过市场的选择，这些模式最终也可以促进中国旅游市场的发展。长期来看，中国旅游市场足够大，各种商业模式在经过市场检验后都能够拥有其发挥的空间，都将有利于中国旅游行业在信息化、智慧化方面的进一步提升。

4.5 虚拟现实与增强现实技术

2015年，虚拟现实（virtual reality，VR）技术带着无比炫酷的科技感，走进越来越多人的视野。这一年，脸书、谷歌、苹果、三星、微软等纷纷聚焦头戴式显示设备，切入或加码虚拟现实市场。其中，谷歌价格低廉的纸盒眼镜受到追捧，并与《纽约时报》共同发布了首个VR新闻故事。

风口之下，国内VR企业迅猛发展。除了3Glasses、蚁视、暴风魔镜、乐相等国内熟知的VR厂商外，以BAT为代表的行业巨头开始在VR领域展开探索，乐视、小米等公司也不甘落后。戴上眼镜、耳机，沉浸在幻想之中已成为一种时尚。当时有专家预测，2016年将是虚拟现实的爆发元年，VR技术有望在游戏、影视、动漫、体育等大娱乐领域率先提速，提早投资布局的企业可能有更多发展前景。

自2015年以来，参与到虚拟现实领域的企业大幅增加。在资本的推动下，将会有越来越多的企业涉足虚拟现实领域，大量头戴眼镜盒子、外接式头戴显示器等VR设备将进一步向消费级市场拓展，中国虚拟现实的市场规模将逐渐迎来爆发式增长。

在VR的世界里，对视频图像的需求更加突出，因此对芯片运算能力和图像处理能力的要求变得更高。更大的数据运算能力、更快的传输速度和屏幕刷新率、更低的延迟成为研发者继续攻坚的重点。

4.5.1 VR和AR基本概述

1.VR和AR的概念

VR是利用电脑模拟产生一个三维空间的虚拟世界，为使用者提供关于视觉、听觉、触觉等感官的模拟，让使用者身临其境地观察三维空间内的事物。概括地说，VR是人们通过计算机对复杂数据进行可视化操作与交互的一种全新方式，与传统的人机界面以及流行的视窗操作相比，VR在技术思想上有了质的飞跃。VR是一项综合集成技术，涉及计算机图形学、人机交互技术、传感技术、人工智能等领域，用计算机生成逼真的三维影像，使人作为参与者通过适当的装置自然地对虚拟世界进行视听和交互体验。使用者进行位置移动时，电脑可以立即进行复杂运算，将精确的3D影像传回使用者视野而使其产生临场感。

虚拟现实中的“现实”是泛指在物理意义上或功能意义上存在于世界上的任何事物或环境，它可以是实际上可实现的，也可以是实际上难以实现的或根本无法实现的。而“虚拟”是指用计算机生成的意思。因此，虚拟现实是指用计算机生成的一种特殊环境，人可以通过使用各种特殊装置将自己“投射”到这个环境中，并操作、控制环境。

增强现实（Augment Reality，AR）技术是在虚拟现实技术基础上发展起来的一种综合了计算机视觉、图形学、图像处理、多传感器技术、显示技术的新兴计算机应用和人机交互技术。AR技术利用计算机产生的虚拟信息对用户所观察的真实环境进行融合，真实环境和虚拟物体实时地叠加到了同一个画面或空间同时存在，拓展和增强用户对周围世界的感知。AR不仅展现了真实世界的信息，而且将虚拟的信息同时显示出来，两种信息相互补充、叠加。在视觉化的AR中，用户利用头盔显示器，把真实世界与电脑图形多重合成在一起。AR技术并不是一项独立技术，它与现实生活中各类信息结合紧密，可以实现信息快速发掘、特殊场景展示、广泛分享等各种应用，美国《时代》杂志在2010年将移动增强现实技术及应用列为引领未来的十大科技趋势之一。

2.VR和AR的联系和区别

VR和AR的联系非常紧密，AR是由VR发展起来的，两种技术可以说同根同源，均涵盖了计算机视觉、图形学、图像处理、多传感器技术、显示技术、人机交互技术等领域，二者有很多相似点和相关性：首先，都需要计算机生成相应的虚拟信息；其次，都需要使用者使用头盔或类似显示设备，才能将计算机产生的虚拟信息呈现在使用者眼前；再次，使用者都需要通过相应设备与计算机产生的虚拟信息进行实时互动交互。VR和AR的区别也显而易见，具体而言，二者技术差异主要体现在以下四个方面。

（1）对于浸没感的要求不同

VR系统强调用户在虚拟环境中视觉、听觉、触觉等感官的完全浸没，强调将用户的感官与现实世界绝缘而沉浸在一个完全由计算机所控制的信息空间之中，这通常需要借助能够将用户视觉与现实环境隔离开的显示设备，一般采用浸没式头盔显示器，用户完全无法看到外部的现实环境。与之相反，AR系统致力于将计算机产生的虚拟环境与真实环境融为一体，不仅不隔离周围的现实环境，而且强调用户在现实世界的存在性并努力维持其感官效果的不变性，从而增强用户对真实环境的理解，这就需要借助能够将虚拟环境与真实环境融合的显示设备，如可采用透视式头盔显示器，使用者可以清楚地看到外部的真实环境，或者采用更为轻便灵巧的眼镜式显示器。

（2）关于“注册”的含义和精度要求不同

在浸没式VR系统中，“注册”是指呈现给用户的虚拟环境与用户的各种感官匹配，例如当用户用手推开一扇虚拟的门，用户所看到的场景就应该同步地更新为屋子里面的场景，一条虚拟小狗向用户跑过来，用户听到的狗吠声就应该是由远及近的变化，这种注册误差是视觉系统与其他感官系统以及本体感觉之间的冲突。而心理学研究表明，往往是视觉占了总体感觉的上风。而在AR系统中，“注册”主要是指将计算机产生的虚拟物体与用户周围的真实环境全方位对准，而且要求用户在真实环境的运动过程中维持正确的对准关系。较大的注册误差不仅不能使用户从感官上相信虚拟物体在真实环境中的存在性及其一体性，甚至会改变用户对其周围环境的感觉，改变用户在真实环境中动作的协调性，严重的注册误差甚至会导致完全错误的行为。

（3）对系统计算能力的要求的苛刻程度不同

一般来说，VR系统精确再现的环境即便很简单也需要付出巨大的代价，其结果在当前技术条件下也未必理想，其逼真程度总是与人的感官能力不相匹配。而AR技术则是在充分利用周围业已存在的大量信息的基础上加以扩充，这就大大降低了对计算机图形能力的要求。

（4）应用领域的侧重不同

VR系统强调用户在虚拟环境中的视觉、听觉、触觉等感官的完全浸没，对于人的感官来说，感受是真实存在的，而所构造的物体是不存在的。因此，利用这一技术能模仿许多高成本的、危险的真实环境，主要应用在虚拟教育、数据和模型的可视化、军事仿真训练、工程设计、城市规划、娱乐和艺术等方面。而AR系统并非以虚拟世界代替真实世界，而是利用附加信息去增强使用者对真实世界的感官认识，因而其应用侧重于辅助教学与培训、医疗研究与解剖训练、军事侦察及作战指挥、精密仪器制造和维修、远程机器人控制、娱乐等领域。

4.5.2　虚拟旅游概述

虚拟旅游的定义可以分为广义的和狭义的两种。广义虚拟旅游是指任何以非身临其境的方式获得旅游景点相关知识或信息的过程，这些非身临其境的方式可能是文字、图形、录像或其他方式。狭义虚拟旅游源于虚拟现实，指以包括VR在内的多种可视化方式，形成逼真的虚拟现实景区，使使用者获得感性、理性的多种有关旅游景点知识或信息的过程。虚拟旅游系统是VR技术在旅游行业的应用，综合VR技术、计算机技术、图像技术、技术等技术，融合美学、旅游学、地理学、测量学等多种学科知识，将现实的旅游景观或景区虚拟化，游客通过人机交互对虚拟景观或景区进行游览。

1.虚拟旅游的特征

（1）交互性

人们通过与多媒体平台的交互完成整个旅游活动过程，其交互性包括广义的交互和狭义的交互两个方面。广义的交互是虚拟旅游者借助计算机、互联网、触摸屏、数据头盔、数据手套等硬件进入系统，通过移动鼠标点击相应的操作完成游览活动或操纵虚拟景点中的物品，即实现人机交互。狭义的交互是指在旅游的过程中，能够与同行的虚拟旅游者或导游进行交流等，实现人与人之间交互。如“虚拟紫禁城”中，游客可以相互结伴参与“斗蝈蝈”的游戏。

（2）启发性

虚拟旅游系统是设计者或规划者借助VR技术并发挥想象力和创造力而设计的，既体现了规划者创造思想，又有助于启发规划者的思维，以更准确地把握旅游景区发展规划和旅游产品设计的可行性、创新性，不断完善旅游景区和旅游产品设计规划。

（3）自主性

相对于传统旅游，旅游者在虚拟旅游中享受更大程度的自主性。旅游者只要有旅游的需求即可在虚拟旅游环境中游玩，无需受时间、空间、民族、经济、国籍等方面的限制，也可根据自己的生活习惯和兴趣爱好随意选择旅游同伴等。

（4）感知多样性

虚拟旅游既可以满足游客视觉上的要求还能提供多种感知环境，比如听觉、嗅觉、触觉等，增加了虚拟旅游的真实感。

（5）安全性

虚拟旅游可以提高旅游的安全系数。虚拟旅游不受恶劣天气、环境污染、游客承载力的限制与影响，旅游者可以完全安心地沉浸其中，也避免了旅游活动对生态环境的污染与破坏。

（6）刺激性

虚拟旅游不仅能够把现实的旅游景点展现给游客，而且还能把历史和未来的景象展示给人们。它可以超越时空，虚拟已消失的古代建筑、文物，以及未知的宇宙和飞行器等，此外，虚拟旅游可以实现一些高危险性和极端刺激性的活动，如蹦极、飙车、高危探险、南北极旅游、太空旅游等活动，满足年轻游客的需求。

（7）公益性

虚拟旅游可以惠及各行各业的人们，可以帮助残疾人同健全人一样自由地漫游世界各地，可以让山区的孩子感受世界的多彩缤纷，也可以让老人通过虚拟旅游环境愉悦心情、修身养性。因此，虚拟旅游可以成为支持社会公益事业的一部分。

2.虚拟旅游的应用

VR技术的最大优势在于可以把一个不在观众身边存在的场景空间展示在观众面前，让观众不用去现场就能体验到现场的氛围与环境，结合友好的人机交互界面，观众可以根据自己的意愿进行互动式的观看浏览。正是因为这一强大优势，VR技术在远程教育、科学计算可视化、建筑、电子商务、交互式娱乐、艺术等领域都有着极其广泛的应用前景，而作为全球经济中发展势头最强劲、规模最大的产业之一的旅游业，也正是VR技术大放异彩的重要领域。VR技术在旅游业中的应用主要体现在以下几个方面。

（1）三维实景漫游

与传统的三维动画不同，三维实景漫游是基于真实场景全景图像的VR技术。全景是把相机环360°拍摄的一组或多组照片拼接成一个全景图像，并通过计算机技术实现全方位互动式观看的真实场景还原展示方式。该技术弥补了三维动画中对于场景浏览路线和浏览速度的限制以及只能被动观看等不足。它应用在旅游行业中，可使观看者自主选择游览内容、自主创造游览路线进行交互游览，给用户充分的自由，具有更强的交互性和更强的表现力。通过虚拟旅游，不仅可以扩大旅游景点的影响力，达到吸引游客的目的，而且还能够为没有条件到达旅游景点的游客提供游览服务。虚拟游览的过程时间不受限制，观察的角度也不受限制，可以更换多个观察点，又可以像动画一样制定既定路线游览，使用户能根据自己的意愿探索整个环境，选择自己想体验的内容，满足他们游览和审美的需求。例如，虚拟旅游网站“虚拟瑞典”，就是利用了360°三维实景技术模拟了世界多个国家、城市及名胜古迹。当用户在虚拟世界中逐层参观法国巴黎的卢浮宫或对阿尔卑斯山上的雪景一览无遗时，会感觉到对实现三维实景漫游的虚拟现实技术发出怎样的感叹都不过分。

（2）旅游教育与导游培训

旅游教育应非常重视实践和理论的统一，但是较高的成本使学生不可能亲临每一个景区进行观察，而通过虚拟现实模拟景区可以让学生更真实地了解旅游产品、旅游资源等，也可以通过建立虚拟导游系统使学生在相对真实的场景中实习，提高学生适应工作和社会环境的能力。比如，学习高尔夫管理的学生即可通过模拟的高尔夫球场更直观地了解整个球场布局以及相关的专业知识。

（3）旅游景区保护与重建

当游客参观古建筑遗址时，通常很难想象古建筑原来的形状，随着VR技术的发展，这个问题通过技术手段得到了解决，该技术被称为“真实再现”技术。例如在希腊，为了让世人领略历史遗迹，科学家在“真实再现”技术的帮助下，建立起了希腊古代建筑虚拟影像世界，将已经破损甚至毁坏的珍贵古代建筑进行了重现，只要佩戴相应的装备，人们就可以徜徉于古建筑之间，欣赏到千年前古建筑的原貌，感受古代文明的辉煌。古迹真实再现具有景观珍藏的意义，对于喜欢探幽寻古的游人来说，这也是难得的视觉享受。虚拟旅游的发展为文化遗产遗迹的保护和再现提供了一种新手段，例如，圆明园的景观和建筑通过数字科技手段进行虚拟重建，通过影像放映、实景仿真等方式让游客重新看到圆明园的全貌。

（4）旅游产品营销

虚拟旅游是现代旅游服务营销的新方式，可以将旅游景点融入网游实现景区的植入性营销。旅游产品所表达的信息题材是多方面的，大众传媒具有缺乏视觉吸引力、表达不够直观、不易被游客记住等缺陷，游客只能被动地接受信息，无法自由地、更真实全面地了解信息，而三维虚拟旅游宣传可创新旅游目的地宣传模式，提高旅游信息服务质量，通过富有吸引力的多感知系统赢得更好的营销宣传效果。例如，故宫博物院是我国第一批全国重点文物保护单位和世界文化遗产，由于客观条件的限制和文物保护的需要，建筑物和收藏品的展示都受到很大程度的限制。为了更长久地保存、保护这些珍贵文化遗产，同时更有效地发挥其在世界文化交流中的作用，中日两国专家学者和科技人员制作完成了我国第一部基于VR技术的关于故宫的大型计算机作品“紫禁城·天子的宫殿”，它所呈现的壮观与宏伟、气魄与辉煌令人惊叹。虚拟紫禁城是长久保护我国文化遗产的典型虚拟旅游系统，是我国第一个在互联网上展现历史文化景点的虚拟旅游产品，游客通过观看、参与、游览活动（如皇帝批阅奏章、武士们练剑）等，深入了解古代文化和这座文化宝藏。

4.6 旅游信息传播

从旅游业的角度来讲，旅游信息主要分为三类：政策性或动态性的信息，目的地形象性的信息，具体的产品线路。从受众的角度，旅游信息主要指的是与旅游产品相关的信息。旅游宣传是指旅游目的地或旅游企业为树立形象、开拓客源、吸引旅游消费以及提高经济效益而进行的各种信息传递与情报沟通的活动，是旅游业开拓新旅游市场或扩大原有旅游市场的一种有效手段。有效的信息传播是所有传播者欲达到的最基本的目标，那么如何能够让信息得到有效的传播呢，答案就是依靠媒体。在旅游业中，媒体就是旅游信息的传递者，它将旅游信息通过各种各样的媒体形式发布出去，以扩大影响和知名度，树立旅游目的地和旅游企业的形象，达到旅游宣传的目的。

信息传播是指人与人、人与群体或社会之间双向的信息交流与沟通的过程。它是主体与客体之间的信息传递与分享，是加强主客体双方相互联系的桥梁和纽带，是客体将自身的信息输送给主体，又将主体的信息输送给客体的过程，所以信息传播在形象构成中起到媒体作用。

旅游信息传播指的是旅游信息的制造者通过各种媒体将旅游信息传递给受众的完整过程。在这一概念中，有三个最基本的要素，即旅游信息、旅游信息传播媒体和旅游传播受众。在进行旅游信息传播时，旅游主体、旅游客体和旅游媒体之间的信息在进行互动传播时，必须先将旅游信息转换成旅游符号，然后才能进行传播。

4.6.1 旅游信息传播的特征

旅游的本质是审美和愉悦，旅游产品有不可转移性和不可储存性的特质，据此可以从旅游信息的传播的概念中推断出三大基本要素的特征。

1.旅游信息要素的特征

旅游信息可以是有形的物质存在，如旅游地标区，也可以是无形的精神抽象，如旅游主题词，也可以是动态的旅游服务行为。作为旅游传播所特有的一种符号，旅游信息具有自身特有的属性，如指代性、社会共有性和可发展性等。旅游信息就是信息传播的源体，既包括各种旅游组织的信息，也有旅游者和潜在旅游者的各种信息。旅游信息具有一般信息的根本特征，如客观性、可表达性、普遍存在性、流动性、可塑性等。同时，旅游活动本身的特殊性也决定了旅游信息具有特殊的属性，如文化性、可传播性、虚实结合性、心理性等。

2.旅游传播受众要素的特征

旅游传播中的受众既包括旅游者和旅游组织，也包括旅游地社区居民。旅游地和旅游组织通过各种方式了解旅游者或潜在旅游者的各种相关信息，综合运用传播策略，影响和引导旅游者的旅游决策和旅游消费行为。

3.旅游传播媒体要素的特征

旅游传播媒体是旅游信息传播的通道和载体。通过认识旅游各种传播媒体的特点和作用，把握旅游传播媒体的运行机制，将会大大提高使用媒体的能力，扬长避短，收到较好的传播效果。

4.6.2　旅游信息传播的途径

1.语言媒体

语言媒体就是“口碑”媒体，指消费者因对某种产品或服务感到满意而在口头上进行称颂、传播，其传播对象多为亲朋、好友、近邻、熟人等，它以熟知的“证人”、眼见为实的“证物”和信得过的“证词”三者结合的优势，成为亲、友、邻等产生购买动机的强大推动力。在实践中，有“零号媒体”之称的口碑传播，被现代营销人视为当今世界最廉价的信息传播工具和高度可信的宣传媒体。口碑传播具有高说服力，因而具有高影响力。相对于更正式或有组织的信息来源比如广告而言，消费者在购买决策中经常更多地依靠非正式的或人际传播的信息来源。有关传播类型对消费者态度和行为影响的研究发现，口碑传播的影响力比媒体广告的影响力高7倍，比人员推销的影响力高4倍。消费者转换品牌更多是受口碑传播的影响而非广告的影响，前者的影响力是后者的2倍。在促使消费者态度由否定、中立到肯定的转变过程中，口碑传播所起的作用则是广告的9倍。

2.网络多媒体

借助网络多媒体传播旅游信息的实践正不断增多，主要应用形式有四种。

一是旅游目的地和旅游设施的三维实景展示。例如“城市吧”，首先在北京、上海两个城市推出三维实景与电子地图的结合，用户输入地名，除了可以知道它在平面地图上的位置，还可以看到真实的街景，并可以移步换景。类似的技术也可用于旅游景点、博物馆等虚拟漫游，通过网络展示旅游景点的360°美丽风光，博物馆、科技馆等内部的物品等。E龙网则推出了360°全景酒店服务，轻轻滑动鼠标，用户可对目标酒店的房间设施、居住环境等信息进行甄选。旅游设施的细节更加透明和可知，旅行者也将对出行质量心中有数。

二是旅游地形象宣传广告或风光短片的网络展播。2006年，山东旅游网在首页显眼位置播放视频短片，省长亲自向全世界推介山东旅游：“欢迎海内外朋友来山东旅游观光，亲自体会孔子的智慧、泰山的精神、大海的胸怀、黄河的文化，还有我们山东人的热情好客。”越来越多的旅游网站开始尝试多媒体视频的应用，其强烈的信息感染力，成为调动旅游者兴趣的亮点。

三是旅游者“自创内容”的网络互动分享，诸如拍摄的旅游视频、博客、图片等等。近年来，在网络传输瓶颈得到突破的同时，数码DV、能拍视频的数码相机、手机也日益普及，这使普通人可以记录报道发生在自己身边的新闻和故事。这种由网民来自主创造、自主传播、自主消费的Web2.0精神，极大地丰富了网络视频资源，也丰富了多媒体视频的形式和主题。

四是电视、广播旅游节目内容的互联网分发。如今，全球青年人收看电视的时间越来越少，越来越多的观（听）众将放弃固定的节目安排和广告的打扰，追求在线收视（听）所提供的灵活性。传统媒体网站和分类视频网站提供的服务，将增加旅游电视、广播节目的传播渠道和受众面。我国旅游业运用网络多媒体传播日益广泛的同时，多数应用还过于简单和刻板，如何更好地利用网络媒体也是旅游信息传播学要关注的问题。

3.影视媒体

影视与旅游产业结合的影视剧有着广阔的拓展空间，可以选取著名风景区为拍摄地点，或者讲述旅游业发展的故事，树立行业形象，或者将景区作为故事发生背景。例如，尽管韩剧拍摄的初衷并不是为了反映旅游业，但它在制作时有意融入了风景写意等元素，加上剧情的渲染，角色的演绎，引发了人们前往旅游的心愿。如何将丰富的旅游资源开发打造成为文化或旅游品牌，是旅游业和传媒业共同面临的问题。云南、四川两省在这方面有创新意识，《云南映象》《金沙》等音乐剧在演出市场的成功，也成为当地旅游业一个新的增长点。《金沙》在全国巡演100多场，这种流动式的宣传方式也吸引了更多外地游客。外地人到成都游览“金沙遗址”，也前去享受《金沙》的视听盛宴。为了延伸金沙的产业链，将金沙出土的文物太阳神鸟整合到旅游营销中，推出金沙的特色旅游纪念品，甚至有人提议专门做成一个《金沙》旅游版本，形成强势品牌。

很多反映保险、税务、公安和医疗行业的纪实电视剧收视反响不错，国内旅游产业与影视产业联姻实现资源共享，也有成功先例。《庐山恋》使庐山声名鹊起，慕名前往庐山旅游的人，也要去当地的电影院观看这部几十年来经久不衰的经典影片。内地影视剧投拍时建设的影视城，在拍摄完成之后作为当地的旅游景点之一，进行再度开发利用提供给游客，例如无锡的影视城、大观园等地都采取了这种经营方法。

第5章

旅游产业亟须信息产业支撑

很多旅游企业采用的经营和管理方式较为传统，主要表现为信息化水平低、信息传递不够通畅等，已经难以满足当代社会旅游者对于个性化的需求。旅游景点的规划和开发、旅游线路的设计及目标市场的确定，需要迅速且准确利用、获取、加工信息，现代旅游业的各个环节均离不开信息技术的使用。随着互联网时代和大数据时代的到来，传统旅游业发展过程中遇到的问题、瓶颈和制约因素亟待解决。

5.1 旅游出行信息化

高速铁路、高速公路、大飞机、新机场等改变了远程交通的格局，廉价航空让更多人可以享受轻松快捷的旅行。易到用车、航班管家、高铁管家等App让人们的旅行更加便利，百度地图、高德地图、滴滴打车使得人们的旅途更为顺畅。信息化时代的全面到来促进传统交通方式焕发新的生机与活力，更加快了综合交通的快速发展，影响着千家万户的出行与生活。

5.1.1 旅游交通信息化的趋势

1.航空运输工具逐步走向现代化

航空运输具有便捷、安全、舒适和灵活的优点，科学技术的广泛应用对推动航空运输发展的具有重要作用。在旅游业发展过程中，航空运输工具主要是飞机。旅游交通工具的发展趋势之一是航空运输工具的逐步现代化。民航自改革开放以来取得了突破性的发展，飞机是国际旅游、洲际旅游和国内远距离旅游的主要运输工具，民航发展也是全国性、世界性旅游景区发展旅游的重要条件之一。

2.铁路运输工具逐步走向现代化

铁路交通不断提高运输效率，逐步实现现代化。从内燃机和动力机车的发明，再到新型机车的应用，载客量和车速一直是铁路交通运输发展的两个限制因素，科学技术的发展是促进铁路交通运输的更新换代和发展的重要条件。高速铁路列车是科技与铁路运输工具融合产生的产物，其车速和运载能力均得到大大的提升。铁路交通运输工具在科学技术的影响下，出现了磁悬浮列车。

在新时期下，我国铁路旅游交通运输服务和设施应进一步提升：对列车员进行专门培训，列车上配备标准化快餐、旅途读物，在餐车内提供娱乐设施，车厢内提供电话、电视服务，在过夜列车卧铺车厢内提供洗漱用品，开设豪华软卧车厢，提供淋浴设施等。

铁路交通运输工具和航空交通运输工具一样，是国内中长线旅游比较依赖的交通运输方式。铁路运输工具的现代化发展趋势，是在科学技术广泛应用的前提下产生的，铁路旅游交通工具的现代化趋势也是旅游业健康稳定发展的必然趋势。

3.公路运输工具逐步走向现代化

国内高速公路的速度和运载能力已经可以和铁路、水运相媲美。公路交通运输与铁路、航空运输相比具有灵活性强的特点，它是近程旅游的主要交通工具，高速公路的发展和广泛开通为旅游业的发展带来了新的条件和机遇。汽车制造业在先进科学技术的推动下高速发展，汽车已经成为主要的交通运输工具。

4.水路运输工具逐步走向现代化

19世纪远洋运输的主要交通方式是蒸汽机船和汽轮机船，1940年以后柴油机船成为主要的运输工具。在国际上，游船早已成为20世纪重要的旅游交通工具和新兴旅游方式。尤其是巨型海上游轮，客房、餐厅、游泳池、健身房等一应俱全，游船旅游早已经成为世界流行的旅游产品。

5.特殊旅游运输工具逐步走向现代化

随着社会经济的发展和人们生活水平的提高，人们对旅游出行方式的需求也在不断拓展。同时，科学技术的不断发展，也促进旅游交通方式不断变化、不断更新换代。有些旅游景区的规模大，观赏和游览的距离远或是难行，为解决好这一问题，动力小火车、索道等具有辅助作用的旅游交通方式应运而生。在一些具有历史文化背景的旅游景点，为使人们体验到当时场景，置身到当时的朝代，景区会提供模仿当时出行方式的交通工具，使人们身临其境。

5.1.2 旅游出行信息化的内容

1.出行虚拟化

出行虚拟化是基于以下三方面的发展情况：

①SOHO群体增加。网络时代，发达的网络使居家办公成为可能。美国从1980年至1990年居家办公的人数由217万人上升为340万人，增长了56.7%。

②电子商务的出现。通过计算机网络，买卖双方完全可以突破时空的限制，在网络上就可以完成商品交易。网上交易成为人们热衷的交易方式，人们足不出户就可以完成生产、销售等交易行为，比传统面对面的交易方式更为直接、快速。

③远程交流的实现。人们可以通过网络视频、手机通信等高技术产品实现远距离对话、视频聊天，时时关注亲朋好友动向，远程交流极大地扩大了人们的社交范围，在虚拟化的空间提供了真实的交流。

2.出行更加灵活和多样

旅游者在出行前通过交通信息网络平台、交通广播、GPS定位以及手机网络等多渠道搜索获取交通信息，对出行路径决策及交通工具的选择的过程有着重要影响。在旅游过程中，旅游者根据道路信息与掌握到的交通信息做比对，及时变更出行路径和交通方式，以最大限度地提高出行效率。

3.弹性出行增加

弹性出行比例是一个城市经济活力的体现，经济越发达，弹性出行的比例越高。信息的发展加速了城市的发展，改变了居民的出行结构。根据交通心理学，人们用于交通的出行总时间是相当的，当通勤交通出行时间变小，弹性出行时间将有所增加，在信息化主导下，出行弹性化表现得更为明显。

4.对信息的依赖性增强

信息化时代，为提高出行效率，游客在出游前将从多渠道获得丰富的旅游交通信息，并把获取到的信息与实际比对，判断所获取的信息是否能够应用于决策方案中，逐渐养成获取信息的习惯。例如，当出行者多次获得交通信息后，在心理上会产生依赖心理，如果出行前未获取交通信息，心理上会认为该次出行的准确性无法保证。

5.2　旅游住宿信息化

20世纪80年代初，上海锦江饭店和北京建国饭店等高级饭店开始引进国外计算机管理系统。在国家科委的支持下，我国很多科研院所开始对酒店信息系统进行研发，主要包括浙江大学人工智能研究所、原机电部六所、清华大学、浙江省计算技术研究所等。其中，清华大学自动化系金国芬教授是代表。1984年，金国芬教授自主开发了国内第一套酒店管理系统，作为国庆35周年献礼项目，获北京市科技进步一等奖。1987年，金国芬组建成立的国内首家从事酒店管理软件开发和经营的专业公司成立——华仪软件系统工程有限公司。

传统的酒店行业在互联网技术的发展的影响下迎来了移动互联网环境下的技术变革，提供人性化服务的智慧型酒店必将引领高端酒店业突围。如今移动终端服务已经逐渐替代了过去要登录拨打前台热线咨询、PC端订房查询的模式，以前旅行出差的客人为到一个陌生城市四处寻找酒店而烦恼，智能化的服务让客人消除了这方面的困扰。它让旅途疲惫的客人只需在手机上轻轻一点，就能快速选择和入住酒店，享受智慧化方便快捷的操作模式，多样化的互动体验和个性化的服务，智慧、个性、体验型酒店助推了智慧旅游的全新发展。

智慧酒店是指通过网络化技术与数字化实现酒店数字信息化服务。智慧酒店建设隶属于智慧旅游，是利用移动互联网、物联网、云计算等新一代信息技术，通过各类旅游信息的及时传送、自动感知和数据挖掘分析，实现旅游六要素的电子化和智能化，满足客人多方面及个性化需求，提高客人对入住酒店的满意度，同时，提升酒店管理水平、降低酒店运营成本，帮助酒店达到节流、增效、开源的目的，主要包括交互视频体系、智能门禁系统、电脑网络体系、智能取电开关、展示体系、信息查看体系、互动体系等功能。在智慧酒店的数字信息化服务支撑下，酒店接待智慧化、业务经营智慧化和内部管理智慧化水平均得到全面提升，对于酒店本身的产品、营销和管理带来的价值，对酒店形象的管理形象、产品形象、员工形象、环境形象、社会形象等组成要素都有着不同程度的影响。

5.2.1 酒店信息化建设的意义

1.提高酒店经济效益

利用基于互联网技术的酒店管理信息系统，可以全面整合酒店的资源、降低酒店的运营成本、帮助管理人员提高管理效率，带来新的收入增长点。数字信息技术的应用使管理者可以实时掌握酒店各项经营状况，合理配置酒店资源，增强各部门之间的协作，简化传统酒店在运行过程中繁琐的流程，从而降低酒店人力资源成本。酒店信息化的建设耗资巨大，但它给酒店带来的总收益将远远超出其成本。

2.强化核心竞争能力

运用互联网技术，酒店的营销方式得到改变，酒店的营销领域得到拓宽，酒店的营销技术得到进一步丰富。借助网络信息化平台开展酒店网络营销、开展有特色的服务、优化酒店管理的流程，成为酒店业竞争的新内容，这对众多的经济型酒店具有重大的意义。同时，企业经营管理思想和理念可以说是酒店的核心竞争力之所在，酒店信息化建设的过程也是贯彻实施管理理念的重要途径，谁先采用了先进的科技手段，谁就将增加自身的核心竞争力，谁就将抢占市场的先机。

3.适应未来发展需要

从我国酒店的客源市场构成来看，随着中国对外开放和参与国际经济交流和合作的不断深入，以及旅游业的蓬勃发展，来华外国客人的数量逐年增加。数量庞大的接待任务需要高效率的信息流程管理，尤其是，商务客人的数量将有较大的增长，信息化商务酒店将为客人营造良好的网络环境，顺应我国制定的旅游信息化战略决策，更好地适应未来酒店发展的需要。

5.2.2　酒店信息化建设的历程

酒店信息化建设主要经历以下三个阶段。

1．“前台系统”普及发展阶段（20世纪80年代）

在这个阶段，酒店业开始普及应用PMS、中央预订系统等前台软件，对酒店业务流程中的物流、资金流和信息流进行计算机化的输入、存储、处理和输出，利用计算机系统处理简单、琐碎、重复性工作，提高酒店前台的服务效率，避免人工失误，并且提高了服务质量与管理水平、降低成本。实现了客房预订、前台登记、餐饮消费、客人挂账、前台收银等主要功能，房态统计、财务报表等烦琐的事务性工作和枯燥的手工劳动也逐渐被计算机系统所取代。酒店IT部也称为数据处理部门。截至20世纪80年代末，全国共有30多家涉外饭店安装了PMS和CRS。这一阶段的信息化建设未从深层次上改变酒店内部的传统管理流程。

2．“后台系统”普及发展阶段（20世纪90年代）

一方面，在公安、税务等政府部门的要求下，酒店开始普及后台管理的信息化。例如，公交部规定酒店必须设立入住客人身份信息的报送系统，财政部报表要求采用用友的信息化系统。另一方面，酒店二线部门，如人事部、财务部、采购部等部门引入人力资源管理系统、财务管理系统、采购库存管理系统等信息管理系统，工程部、保安部、行政部等部门引入通话系统、暖通系统、给排水系统、供配电与照明系统、火灾报警与消防联动控制系统、电梯运行管制系统、门禁系统。办公自动化与智能楼宇监控管理等方面的信息技术应用不断提高酒店整体的管理效率，并且降低行政开支。截至20世纪90年代末，几乎所有酒店都不同程度地实现了后台管理的信息化与办公自动化。

3．“协同系统”发展阶段（21世纪）

为了更好地整合、共享内外部资源，更快地满足客户的个性化需求，酒店纷纷以服务与管理的业务流程再造为基础，开始基于互联网提供在线服务与管理的信息平台，即通过建立网站打造实时预订平台、采购库管平台、收益管理系统，以及客户关系管理系统等。在酒店网站这个统一的信息应用平台上，客户、酒店员工、供应商与合作伙伴等各方能够实现跨地区的、实时在线的、端对端的业务协同运作。例如，海航集团在2003年上线的网络版PMS、开元集团在2004年上线的网络版ERP系统、锦江集团在2005年上线的网络版CRS、金陵集团在2006年上线的网络版CPS等。

5.2.3 酒店信息化建设的内容

“互联网+”是用互联网的思维和技术去连接并升级和改造传统产业，从而令传统产业焕发蓬勃生机。互联网时代下的智慧酒店，即围绕着酒店的核心业务——对客服务（客房服务、餐饮服务、会务服务等），用互联网的思维方式和技术手段对酒店原有业务进行梳理及优化，以实现闲置资源的利用率和服务效率的提升以及资源分配效率的提高，令酒店在减配置、减人员、减流程的同时，还可以提升服务品质和客人体验。

1.链接设备

数字化现有设备设施，让现有设备设施因产生链接而带来收益。酒店设备设施数字化是走向智慧化的必由之路，且基于现有设备的改造优于新购（新建酒店除外）——标准尚未统一，新购产品依然存在链接问题，且资金投入巨大。比如电视系统、客控系统、门锁系统等的低成本物联网化改造，可让酒店的设备快速实现链接，更好地获取运营数据，而这种改造的投入每个房间仅需付出数百元甚至更低（利用互联网的商业模式甚至可以做到免费）。

2.链接客人

利用社会化工具拓展营销，实现精准营销。当Wi-Fi已经成为住店客人的刚需，当微信变成大众沟通的工具，酒店的Wi-Fi和官网不再仅仅是一个展示的通道，而是一个与客人互动交流的平台。利用互联网技术，酒店可以通过Wi-Fi、官网、微信等工具更好地与客人进行交流和互动，通过社会化的工具实现精准的营销。比如通过Wi-Fi实现点对点信息推送、个性化宣传等，通过微信实现优惠券微营销、摇一摇加粉丝、抽奖互动等个性化的营销方案。这样的链接完全基于社会化工具实现，酒店投入成本极其低廉，而带来的收益却是无比巨大——发展自有会员，实现直销。

3.链接管理

用移动化手段梳理和再造现有管理流程。移动互联网给酒店业带来的最大挑战和机遇就是去中心化，移动管理系统的实施，既是对现有酒店业务及管理流程的梳理，也是对整个星级酒店管理标准的挑战，这不仅是成本投入的挑战，更是思维理解范畴的挑战。深圳圣淘沙酒店采用移动管理系统后，客人退房时间从原来的8～15分钟缩短到3～5分钟。万豪酒店面向全球会员推出了手机办理入住、退房的服务，客人可以直接在手机App上提前办理入住手续，然后只需在酒店的“手机登记入住”柜台扫描护照或身份证件便可直接入住。

4.链接体验

商圈资源将部分服务社会化，为客人创造更好的旅居体验。良好体验是客人入住酒店的终极需求，也是酒店经营不懈追求的目标。传统的酒店体验大部分是依靠自有设施及服务来完成的，在“互联网+”时代酒店可以借助外部资源和力量让客人获得更好的服务体验。比如，酒店可以与周边商圈企业合作实现跨界营销，酒店与景区、商场、第三方专业服务公司等合作增加酒店的服务项目，满足客人不断增长的个性化旅居体验需求。这种生态圈链接及整合，对酒店来讲付出的仅仅是一个开放的思维，而增加的却是无限想象的盈利空间。有着“全球最智慧酒店”之称的黄龙饭店，与知名钟表、珠宝品牌亨得利合作推出的精品购物馆，荟萃了全球顶级的钟表和珠宝品牌。这家酒店还在其西大堂打造一条精品购物街，来自意大利的各种顶级品牌入驻其中，构成一个小型的“意大利中心”。此外，由世界著名餐饮设计团队Super Potato设计的主题酒吧，以文化为主题，给宾客带来味觉、视觉和听觉的多重享受。另外还有邀请马来西亚专业团队打造的精品SPA馆，极为注重宾客的感官体验，并注重传递“爱自己”的休闲态度。伴随着“互联网+”大潮涌动，“85后”和“90后”逐步成为社会消费的主力，也成为社会发展的主要推动者。互联网融入生活的各个环节后，智慧化成为酒店业发展的常态，每一家酒店都将是一个独一无二的个性化、知晓旅客喜好并加以满足的“智慧酒店”。

5.3 旅游餐饮信息化

科技发展日新月异，信息技术已逐步渗透到各行各业，并从根本上改变着人们的工作和生活方式。餐饮业也不例外，这个传统的服务行业也正在经历着信息化的洗礼。计算机及网络的应用在当今社会扮演着越来越重要的角色，高效运作的现代餐饮业越来越需要计算机信息系统来管理。

5.3.1 旅游餐饮信息化的意义

1.提高行业经济效益

餐饮行业内部使用信息管理系统可以降低运营成本、提高管理效率、全面整合资源。信息技术的使用，使管理者可以随时掌握企业的经营状况，增强各部门之间的协作，从而大大减少传统餐饮业运行中的流程，降低人力资源成本。虽然餐饮信息化也是一项耗资巨大的系统工程，但它给行业带来的总收益将远远超出其成本。

2.强化核心竞争能力

信息时代互联网的发展和应用改变了传统餐饮酒店的营销方式、拓宽了营销领域、更新了营销手段，借助网络的信息化平台开展饭店网络营销，开展有特色的服务，优化餐饮管理的流程，成为餐饮业竞争的新内容。餐饮业已不仅是在菜肴质量、就餐环境等方面存在竞争，而更多的是在企业品牌、服务与运营成本以及综合管理水平等方面形成竞争，信息化管理手段成为餐饮经营与管理者实现有效管理所不可或缺的工具。同时，企业经营管理思想和理念是餐饮企业的核心竞争力之一，餐饮信息化建设的过程也是贯彻实施管理理念的重要途径。谁先采用了先进的科技手段，谁就将增强自身的核心竞争力，抢占市场的先机。

5.3.2 旅游餐饮信息化的历程

随着信息技术的发展和普及，光电账单扫描仪以及无线点菜系统等在旅游餐饮当中的应有已经非常普遍，既简化了服务的程序，还提高了服务效率，也创造了良好的就餐环境，提高游客的满意度。旅行过程中很多时候就餐时间紧张，利用无线点菜技术提高效率，有着更为重要的现实意义。

我国餐饮企业信息化始于21世纪初，发展过程中出现了很多新的设备。小天鹅火锅信息化的历程是我国餐饮业信息化道路的写照。1982年，小天鹅火锅由廖、何夫妇创立，是当时餐饮企业个体经营的代表，当时的餐饮特点是“左手收钱进来，右手拿钱出去买菜”。当时的小天鹅火锅还是路边小店，后来由于经营得当，慢慢发展壮大，就请人帮收银；随着火锅店生意的日渐红火，规模越来越大，人工收银的种种弊端显现出来，于是，把手工收银转化成了用电脑收银、电脑记账。2000年，也就是小天鹅18岁的时候，公司决定出资开发一套适合小天鹅的收银系统单机版来代替落后的收银系统，这在当时已属“稀有动物”了。经过重庆五家直营店的试用，效果还不错，经过不断完善改进，才提供给全国加盟店使用。2004年，小天鹅火锅在全国发展到上百家分店，单机版的系统已经不能适应这种变化，但公司并没有立刻买入新的系统，直到2007年，公司才引进了网络版POS管理系统。

从小天鹅信息化的历程来看，其实小天鹅只是部分使用了信息化的手段。一般来说，餐饮企业信息化有四个步骤：信息汇总，经营信息化，供应链信息化，决策信息化。第一步实现各分店定时地把数据汇到总店，总店能够及时了解各分店的经营信息；第二步实现各分店经营层面的实时管理、实时监控；第三步实现各分店供应链和物流配送的信息化管理；第四步实现数据分析处理与决策的信息化。对于单体餐饮企业来讲，企业信息化包括人、财、物的信息化。

在餐饮企业的信息化改造当中，无线点菜系统成为其核心内容，也是餐饮企业进行信息化改造的必由之路。无线点菜系统，是利用现代电子技术、无线技术、计算机技术和网络技术，取代传统的纸和笔，进行电子点菜操作的系统，可以远距离地进行信息的即时传递。当然，无线点菜系统不只是可以进行点餐操作，同时通过配套的餐饮管理软件，还可以实现强大的统计和管理功能，使餐饮企业真正实现信息化。

5.3.3 旅游餐饮信息化的内容

餐饮业的信息化改造内容主要有：由传统的笔和纸点餐，改用电子点餐；由传统的人工计算、统计、管理，改用电脑进行计算、统计和管理；将现代的电子技术、无线技术、计算机技术和网络技术引入到餐饮行业中来，替代部分人工操作，加快餐饮企业的运转效率，提升餐饮企业的管理水平，使餐饮企业运作更规范、更科学、更高效。信息技术改变了时间使用效率、提高了计划执行度和控制度，并对人力资源管理产生影响。

1.时间效率逐渐提高

在餐厅运营中，时间和效率是至关重要的。顾客进入餐厅的数量是不可控的，并且只有部分客人可以预测时间，他们在某一时间段或不太长的时间段中对服务有着合理的期望。根据这一点，餐厅在服务员和厨房间运用了电子通信系统来取代人际沟通或是机械设备。服务员手持触屏终端，几秒后餐桌的点单即会按顺序显示在厨房的屏幕上，这时厨师就会知道需要烹饪的菜式和顺序，以及需要执行的任务。相较以往服务员完成点菜后需要将点单人工送入厨房的程序来看，厨房和服务员双方都赢得了时间。从厨房来看，额外的时间可以用来减轻某些压力状况。另外，额外获得的时间也可以提高生产率，例如服务的高效率运转。从信息技术供应商的反馈来看，特别是那些非常繁忙的餐厅已经实现了信息化系统的成功运营。

2.餐饮管制得以强化

在旅游业中所运用的技术主要集中于强调管理规划和控制重要性的信息技术系统。这些信息技术系统包括员工相关的控制要素。出纳系统控制注册服务员的效率，同样也控制厨师的效率。在餐厅运作中，造假行为是一个常见的现象，特别是酒水更容易成为造假行为的对象：提供给客人的酒水通常比标准量要少，并把剩余的酒水进行额外销售且无现金记账，或是将未做供应注册的酒水带入餐厅，售卖给顾客以获取非法现金。信息技术可以限制非法行为，并且提高控制力，特别对于那些有很多零售店的企业或者没有持续管理控制的餐厅来说将会非常有用。例如，酒类系统要求所用的酒瓶要用被记录了物品数量和价格的特殊软木塞密封，只有将酒瓶放在一个连接了中央计算机系统的电子注册工具上，才能被开盖服务。连锁餐厅的增长和全球化趋势，使得其使用的标准化餐单被认为反映了人们对安全的需要。在众多的餐厅中，顾客安全感的提升表现为员工使用触感屏幕向顾客展示餐单选项，这种方式允许顾客看到食物图片，且不需要跟员工沟通就可以发送订单。从人本的角度来看，这个技术的引入也许会降低由于员工沟通和语言技能的缺乏而引起误解和尴尬的可能性。

3.人力资源管理更为便捷

餐厅中的大部分工作从本质上来看都是操作型的，比如厨师、厨房助手、服务员等的工作；一些其他类型的技术，比如计算机控制的酒水系统和远程点单系统也将影响到服务员的工作。从这个角度来看，信息技术可能也会广泛影响到职业群体。大多数信息技术将会导致在技能和资格需求上的变化，且所提及的大部分技术倾向于降低所需技能，特别是跟烹饪、服务相关的职业技能要求由于新型设备的出现将逐渐减少。从观念上看，信息技术开创了更多的更重要的可能性。如果在竞争领域或商业策略上使用信息技术，那么从中所获得的生产效率可以被员工所利用，他们可以更好地去满足个性化服务的需要。这一变化将会提升员工对人际交往和沟通能力的关注度，因此，反思对从业者的培训变得至关重要。另外，信息技术改变了劳动力市场的限制。餐厅不固定的工作时间是员工辞职的主要原因之一，同时也是劳动力快速流失的主要原因。员工流失率经常困扰着餐厅管理人员，能改变餐厅整个生产过程时间概念的信息技术可以被看作是对这类现象的一种应对，餐厅信息技术正朝着为员工提供标准化工作时间而努力。

5.4 旅游景区信息化

2008年，IBM总裁彭明盛首先提出"智慧地球"概念，其核心是以一种更智慧的方法通过利用新一代信息技术来改变政府、公司和人们相互交互的方式，以便提高交互的明确性、效率、灵活性和响应速度。继"智慧地球"之后，IBM又推出了"智慧城市"的方案，其主要目的就是利用新一代信息和通信技术，以整合、系统的方式管理城市的运行，让城市中包括民生、环保、公共安全等在内的各种功能彼此协调运作，进而促进城市和谐、可持续地发展。"智慧景区"是在"智慧地球"和"智慧城市"的基础上，结合景区特性，运用物联网、云计算、移动终端设备以及人工智能等新信息技术，为游客提供智能化的服务，从而促进景区的可持续发展，实现对景区旅游资源的有效利用的变革。

智慧景区是指景区在全面数字化基础之上建立可视化的智能管理和运营，包括建设景区的信息、数据基础设施以及在此基础上建立的智能化管理平台与决策支撑平台。智慧景区建设是实现可持续发展战略目标的客观要求，也是中国旅游业发展的需要。

5.4.1 旅游景区信息化的意义

旅游景区是以地区旅游资源或一定的景观，以娱乐设施为主体开展参观游览、娱乐休闲、康体健身、科学考察、文化教育等活动和服务的一切场所和设施。利用信息化促进对旅游景区开发利用有利于其可持续发展过程。

1.景区信息化发展为旅游管理提供技术条件

旅游业作为朝阳企业，具有经济和文化的双重属性，信息技术日益发展促进了旅游景区信息管理系统的建立，将信息化利用到景区建设当中，更新的硬件设施、完善的配套软件、改进的网络技术，使得旅游管理更加智能化，也为旅游管理提供了技术支持。事实证明，以电子商务为代表的网络经济极大地扩展了旅游产品消费的需求，而以信息化为主体的网络化、数字化管理也被普遍应用到了旅游景区的建设当中。在很多大型旅游项目中，利用三维成像技术、虚拟现实技术开展网上景区展示，丰富了旅游管理方式。

2.旅游者旅游需求的变化是旅游景区建设管理信息系统的动力

随着社会的不断发展和人们生活水平的不断提高，人们对旅游的需求日益加强，广大群众在闲暇时间尤其是黄金周假期期间多选择旅游的方式来调节生活节奏。游客不断增多，旅游经历愈加趋向于多样化、丰富化，旅游形式也渐渐从团体出游转向散客形式的出游。在散客旅游中，参与者倾向于通过网络信息平台，利用互联网查询合适的旅游信息、自行合理地安排旅游行程。面对旅游者旅游需求的变化，旅游景区更需要建立信息管理系统，促进景区的旅游发展。

3.旅游景区的产品特点使旅游景区建设管理信息系统成为必然

旅游行业逐渐从提供单纯的景区游览服务转变为结合“吃、住、行、游、购、娱”多方面合作方式的服务，旅游产品也随之发生改变。旅游景区是旅游产品中不可转移的，需要旅游者亲身经历体验。游客旅游有不同的目的，有些游客喜欢山水田园，有些游客喜欢文化遗址，有些游客希望体验异国风情；不仅如此，游客的形式也发生着改变，旅游者根据自己的日程安排和喜好希望选择专属的旅行计划；同时，游客的身份也日渐多元化。面对旅游者需求的多样性，景区建设和管理也要不断变化，满足游客的需求，促进旅游者更有效地选择合理的旅游产品。

景区的信息管理系统通过信息化管理，利用网络平台提出不同的出行方案，供游客分析选择，也可采用虚拟现实技术将景区特色提前预告给旅游者展示系统的旅游景区产品，从而更有益于满足游客的出行需求，扩大影响力，增加客源，促进旅游发展。

5.4.2　旅游景区信息化的历程

进入21世纪，我国在经济建设中逐步实现信息化，信息化也日益成为旅游行业发展之重，旅游景区的信息化建设必不可少的。旅游景区信息化经历着以下发展过程。

1.数字化阶段

旅游景区信息化最早主要针对景区的旅游资源保护，通过对景区的测量、拍摄和编辑工作，协助"国家重点风景名胜区监督管理信息系统"建设。在这一阶段，旅游景区信息化刚刚起步，并不够完善和成熟，依然处于数字化阶段。

2.全面信息化阶段

经历了数字化阶段后，2006年国家旅游局启动了5A级旅游景区评选工作，这一工作对景区信息化也提出了更高的要求，在数字化的基础上将旅游景区进行全面信息化，针对不同景区的综合水平，根据《5A景区评分标准》，将旅游景区进行明确的分类和对比，并将结果进行整编宣传，让大众了解旅游景区的基本情况，有利于游客在确定旅游产品时做出选择。这一阶段的旅游景区建设仅针对于达到国家景区评级的旅游区，而我国旅游资源数不胜数，为了开发和利用多样的旅游资源，充分发挥旅游景区的建设作用，信息化需进一步深化和创新。

3."智慧化"阶段

自IBM公司提出的"智慧地球"观念不断推广，"智慧城市"、"智慧旅游"逐渐在人们的生活中被应用，旅游景区的建设也逐渐智慧化，合理整合旅游景区的管理业务流程，并利用现有的信息技术手段，通过物联网、互联网平台对旅游设施和管理进行监测，对旅游信息进行及时更新，让游客第一时间了解景区的动向，同时对旅游参与者（游客、景区工作人员）实行直接信息化管理，通过GPS、红外线识别等先进的信息技术与酒店、旅行社、餐饮店、交通运输共同合作，方便游客的出行安全，保证景区的人文环境。

5.4.3 旅游景区信息化的内容

智慧景区系统是以管理为主导、以技术为基础的综合性人机结合系统。结合智慧景区的内涵，对智慧景区的四大内容模块进行阐述。

1.智慧服务

智慧服务重视以人为本，从游客切身需求出发，为其提供全面的、优质的旅游信息和旅游咨询服务。景区的智慧服务是基于云计算技术、物联网技术等，通过景区收集到的旅游信息的实时交换、高效传递和景区服务的手段创新、模式创新以及内容创新，实现景区中的公共服务体系里的技术转型升级和内容全面更新，为游客提供全方位以及个性化的一站式旅游服务，提高景区旅游服务效率和游客对景区的满意度。提高智慧服务的水平可以从以下两方面着手。

（1）提供多样化的电子票务服务

推出智慧旅游"一卡通"，将旅游服务整合一体化，为游客提供更便捷周到的一条龙服务，树立景区的品牌效应。推进电子门票的使用，减少游客排队进入景区的时间，并便于对游客的流量进行监控并及时做好分流安排。

（2）健全景区自助服务系统

建立景区资讯呼叫中心，便于解决游客的咨询、投诉等问题。开发智能导游系统，便于游客获取语音讲解、旅游路线及游览位置等，以保证活动安全有序进行。丰富景区客户端软件，推广景区的各种信息，为游客带去更多的优惠与惊喜。

2.智慧管理

智慧管理就是提高云计算、物联网、移动通信技术等在景区常规的工作人员管理、安防管理、指挥应急管理等内容中的应用，并且及时准确地把握游客的旅游活动的相关信息，从而加强旅游景区的信息化建设，提高智慧化管理水平，整合景区旅游资源，实现旅游信息共享，创新景区管理模式，实现旅游景区运营过程中的有效的全程智慧化管理。

智慧管理的重点是建设智慧运营系统和决策支持系统：突出智慧景区信息化战略的设计和实施、核心运营业务流程的重组和再造、销售渠道的重新配置和组织架构的优化，积极应用供应链管理、客户关系管理、企业资源计划、知识管理等信息化系统实现网络化运营和数字化管理；发挥决策支持系统在旅游资源保护、客流预测疏导、项目开发建设等方面的作用，全面提升景区在信息化、新技术、新媒体条件下的管理效率、盈利能力、创新潜力。

3.智慧营销

智慧营销是在传统营销的基础上，通过渠道创新、方法创新和技术创新，全面提升旅游营销的效率和效果，更好地达到推广旅游资源、销售旅游产品的目的。同传统的旅游营销相比，智慧营销更多地借助新技术、新手段，抓住新兴媒体优势，引导游客消费习惯，并注重与游客充分互动，覆盖旅游整个过程，实现精准定向，关注营销效果。

智慧营销的效果可以通过完善景区资讯网站、建设虚拟旅游网站、构建3D虚拟游览中心、打造景区“微”营销品牌、利用B2C或O2O营销模式等方式实现。随着信息技术的发展，智慧营销的作用将越来越突出，景区在发展中应不断创新智慧营销的方式，促进景区可持续发展。

4.智慧保障体系

智慧景区的建设是一个长期的过程，智慧保障体系是智慧景区发展的坚强后盾。首先，政策保障是为智慧景区的发展提供良好的外部环境的强有力的保证。智慧景区建设是一个庞大的工程，需要大量的人力、物力的支持，资金投入是保障其发展的根本。政府应积极制定智慧景区建设相关的政策，设立专项引导和扶持资金，创造良好的营商环境，吸引更多的资金投入到智慧景区建设中。其次，人才保障是智慧景区建设的关键支撑。智慧景区的发展需要一大批的专项人才，目前，智慧旅游人才的缺乏成为制约智慧景区发展的障碍。因此，景区应加强与高校的合作，培养更多的专业智慧旅游人才。同时，应对景区现有的管理人员进行专项培训，提高其知识水平和执政能力。

5.5 旅游购物信息化

随着旅游业的发展、旅游的范围和消费形态的变化，旅游购物成为旅游活动中不可或缺的内容，并且成为旅游经济中新划分出来的独立的领域。从旅游目的地的角度来看，旅游购物是旅游经济的重要构成要素，而不是可有可无的附属品。在很多地方，旅游购物已经成为振兴旅游经济的新的增长点。

传统的旅游购物方式使得购物行为受到时空差异的影响，信息技术融合旅游产业逐步形成并完善的旅游电子商务平台，能够很好地消除这种时空影响，并满足消费者多样化、个性化的需求。游客在购物方面的需求主要是对地方性和独特性方面的需求。优质的旅游商品和智能化的营销手段，例如智慧旅游的特产购物平台的运用和旅游商品二维码使用，能使旅游者买到称心如意的旅游商品，获得对地方文化和地方特色的审美体验。

旅游购物的发展与旅游业及国民经济总体发展水平关系密切。一般来说，商品经济发展水平较高、旅游资源相对丰富和地理位置相对优越的地区，旅游购物发展较快。同时，旅游购物的发展又可以推动旅游业和当地经济的进一步发展。

旅游购物作为旅游业的一个要素市场，其发展离不开旅游业这个大背景，两者相辅相成。一方面，旅游购物是以旅游活动为条件的。旅游购物的发展要受到旅游业这个大环境的制约，旅游业的市场规模决定了旅游购物的市场规模。另一方面，旅游购物作为旅游业的一个重要组成要素，其发展状况又直接影响了旅游业的发展。因此，研究旅游购物离不开旅游业这个大背景，必须将两者结合起来考察。

5.5.1 旅游购物信息化的历程

近年来，随着中国经济发展，互联网购物飞速发展。对社会而言，增加了更多的就业岗位，实现了商品的优化配置，而且默默地改变着人们的生活方式。网上购物成为一种潮流趋势，货品种类应有尽有，发展势头极好。

从2013～2017年“双十一”的变化可以看出，网络购物规模在不断地扩大。越来越多购买者接受了网上购物的方式，旅游产品也越来越多样化、个性化。传统购物行为渐渐被网购取代，旅游购物也不外如是。

1.信息化技术推进旅游产品个性化

越来越多的旅游者希望根据自己的兴趣和爱好，选择有针对性、有主题、有重点的旅游方式。因此，旅行社可利用互联网向旅游者分类提供超大量的旅游信息，旅游者可以在网上查询自己感兴趣的相关旅游产品及各类要素的信息。旅行社提供必要的组装指导服务，就可以形成因团而异、因人而异的时尚旅游产品。如今互联网技术的广泛应用，可以实现涉及面广、随机因素多、组装操作复杂的个性化旅游产品，并逐步实现形成个性化旅游产品、个性化旅游服务、个性化旅游商品等一条龙体系。例如，新之旅国际有限公司开发推出的“量体裁衣”服务，根据客户要求，结合行程特色，利用新之旅全球城市服务网络，为客户“量身定制”提供有关签证、机票、酒店、接送、导游等一系列配套服务。人们可以通过网络预定客房，预定交通，还可以得到旅行社提供的个性化的程序优化，以及24小时不间断的一条龙服务。此外，旅行社利用电子邮件和电子订单进行网上采购和预定，不仅可以节省大量时间、人力和联络费用，而且由于网上联络频繁，修正容易，减少了由于计划采购量和实际采购量之间的差异而引起的纠纷。另外，旅游企业也可利用互联网建立内部管理信息系统，建立统一的顾客档案库，以便旅游企业所属各分店或营业点掌握即时的销售状况，做到信息资源共享；建立财务管理系统，更好控制所属各营业点的营业收入；建立网上培训课程，使分散在各地工作的员工随时随地学习；建立导游人员及各类人员资料库，以便为内部员工提供定制化服务等等。内部网络可使旅游企业内部管理信息畅通，管理透明度加大，必然带来经营管理水平的提高。

2.利用信息化网络促销更加广泛有效

为招徕旅游者，旅游企业需要进行大量的促销工作。传统的产品促销不得不使用各种媒体，参加许多旅游交易会，以及制作和散发大量宣传品来进行目的地的形象宣传和企业产品宣传。同时，促销对象又遍布全球，其工作量和费用之大是可想而知的。如今通过电子宣传册、数据库跟踪技术等网上营销方式的使用，减少了巨额的促销开支，且更具有针对性，还避免了传统促销方式的单向的灌输式信息交流的不足——当接受者不需要旅游时对广告不在意，当他需要旅游时又感到信息量不足。网上促销的宣传面广泛，网页设计图文并茂，表现手法灵活，内容即时更新，成本低廉，而且与上网者可进行双向信息交流，引人入胜，说服力强，因而促销效果好。网上促销逐渐成为旅游企业和旅游消费者之间进行信息沟通的桥梁，且旅游企业建立的动态网页可以不断充实，以满足不断变化的市场需求，介绍不断丰富的旅游产品，随时为用户提供最新的、实用信息，从而实现更广泛更有效的宣传促销。

5.5.2 旅游购物信息化的内容

“吃、住、行、游、购、娱”是旅游六大要素，缺一不可。但是，在移动互联网快速发展的今天，在机票、酒店、休闲度假等旅游产品的移动化正如火如荼进行时，作为“吃住行游购娱”的重要环节——旅游购物领域却相对沉默。一直以来，旅游六要素“购”的信息化一直是薄弱环节，游客对旅游中的“购”也始终存在矛盾心理和不同意见，当手机预订机票、酒店等旅游服务正在逐渐成为人们习惯的旅游方式的时候，各旅行服务商的移动产品中却迟迟没有出现旅游购物的身影。

与各大电商通过“红包”、“下单立减”种种手段抢占市场有所不同，对于还不是那么火热的在线旅游购物来说，培养游客在移动端旅游购物的习惯也许才是当前的首要任务。要让游客习惯于利用移动平台进行旅游购物，最基本的方式是将线下吸引游客购物的促销手段移动化。

在实时通信和移动支付技术迅速完善的背景下，解决购物的物流配送问题进一步解决了游客在旅途中购物与游览难以兼得的困扰，当然，随着多形态终端的研发、移动网络技术的继续完善，旅游购物在用户体验方面依然有很大的提升空间。

近年来，智慧旅游的概念反复被提起，其核心正是利用移动终端应用实现游客为本的高效旅游信息化服务。就旅游购物而言，无论线上折扣返现的推出还是线下机场或酒店提货，都是从服务平台的角度出发所做的尝试，但是，对于大部分平台来说，旅游购物各环节供应商利益矛盾的冲突使得彼此间无法真正做到优势资源共享，从而也使移动旅游信息的即时性、交互性、移动性等优点被弱化。

从大环境来看，从上游技术的开拓到下游资源的整合，旅游购物要形成移动端完善的产业链条，并非朝夕之事。除了通过移动互联技术升级、不断完善的旅行应用提升服务体验之外，还需要旅游商品供应商、政府、行业协会等更多环节的信息共享，实现购物资源的整合、销售管理的整合以及质量服务体系的整合，才能使旅游购物智慧化乃至智慧旅游不再是遥远的理想。

第6章

信息产业-旅游产业融合系统

产业融合是指开放产业系统中，新产业的出现与扩散引起不同产业构成要素之间相互竞争、协同与共同演进而形成一个新兴产业的过程。它是伴随着新经济时代而产生，其趋势越来越明显，已对世界各国经济、生活、社会等方面产生了深远的影响。旅游与信息具有共同的融合基因，旅游产业与信息产业融合的动力机制与融合路径是指导两者融合的重要理论基础，从产业融合的推力、拉力、支持力和阻力四个层面构建旅游产业与信息产业融合的动力模型，并依照旅游和文化双方经营主体在跨界资源重组中的角色与融合深度，提出旅游产业与信息产业融合的要素体系、融合模型、融合动力、融合机制。

6.1 信息产业-旅游产业融合系统概述

6.1.1 信息产业系统

关于信息产业的概念众说纷纭。从产业角度来说，知识产业和信息经济均可认为是信息产业。后来，“信息产业”这一术语被普遍接受。受国外不区分信息产业与情报产业的影响，国内学者借鉴之时并未对二者进行区分。有部分学者认为：在大多数情况之下，情报产业囊括在知识产业之内。据不完全统计，我国关于信息产业的定义有几十种之多，有的从狭义概念出发去定义，有的从广义概念出发去定义；有的从工作流程去考虑，还有的从实用技术角度去理解。从对信息产业定义的分析可发现，信息产业的外延随着社会的进步和信息技术的发展而不断扩大，最早人们把计算机产业（包括集成电路）、信息处理产业（包括软件开发）和信息媒介产业称之为信息产业，后来人们又把信息传播报道业、信息流通业、知识产业等列入信息产业。信息产业所包括的行业多、领域宽、涉及面广，给信息产业下一个确切定义是不切实际的，但为了便于理解和进一步研究的需要，不妨探讨一下其含义。本书认为信息产业就是利用现代科学技术对信息进行搜集、加工处理、分析研究提供信息产业和信息、服务的产业总称。

对某一事物结构的研究，首先要对这一事物进行分解然后研究其相互之间的关联。波拉特在《信息经济论》中将信息产业（第一次信息部门）划分为8个分支产业，即知识生产与发明性产业、信息交流和通信产业、风险经营产业、调查和协调性产业、信息处理和传递服务性产业、信息产品制造产业、信息市场有关的部分政府活动、信息基础设施产业。日本科学与经济协会提出，信息产业结构由两大产业群10个分支产业构成。此外，国内外许多学者对信息产业进行划分，有的将其分为4类，有的将其分为3类。通过专家调查法发现，大家比较趋向一致的是6个分支产业分类法。本书在总结专家意见的基础上得出的信息产业分类见表6.1。

表6.1　信息产业分类

类型	主要内容
信息产品开发经营业	研究开发和发明性产业
信息产品开发经营业	软件开发业
	数据库建设业
信息传播报道业	电影事业
	艺术事业
	出版事业
	新闻事业
	广播电视事业
	教育事业
信息流通分配业	邮政业
	电讯业
	邮电业
信息咨询服务业	咨询服务业
	信息中心
	图书馆事业
信息技术服务业	地理信息服务业
	通信设备修理业
	广播电视设备修理业
	电子计算机公司
	其他电子设备修理业
信息基础设施业	非电子消费或中间产品制造业
	非电子设备制造业
	电子及通信设备制造业

6.1.2　旅游产业系统

旅游业的研究范围一直是学术界研讨的热点问题之一，现有研究中常见的包括住宿业、交通运输业、餐饮业、娱乐业等七个主体，涵盖了“吃、住、行、游、购、娱”等六个旅游业要素。从发展的观点看，旅游产业范围仍有无限制地扩展延伸的空间，旅游业从其本质上来说属于第三产业，但与第一产业工业、第二产业农业均可结合进行研究，工业旅游、农业观光旅游等新兴旅游形式的出现预示着旅游业与第一产业和第二产业之间的关系不断加深。那么旅游产业的范围是否应无限扩大呢？答案无疑是否定的。将旅游产业的范畴无限扩大，纳入与旅游关联度低的行业组织或产业部门，将远离产业核心所在。

1.游览娱乐经营部门

旅游者出行原因在于游览美丽景观以达到身心娱乐的目的，旅游吸引物是吸引旅游者前去旅游的主要动力，没有旅游吸引物的出现就不会出现旅游活动。旅游吸引物包括景区、景点、纪念馆等。对于此种经营部门而言，其应当被圈定为旅游业的研究范围，但这并不是说所有的娱乐部门都可以被放置在旅游产业的部门之中，如KTV、酒吧等不是主要服务旅游者的部门就应当被排除。

2.住宿接待部门

酒店业是旅游产业中重要的部门之一，并已经得到了学术界的广泛认可，但除了星级酒店、宾馆外，还包括民宿、小旅社等，后者顾客来源往往比较广泛，不但可以接待游客也可以接待学生群体或者农民工群体，如果将其全部划定在旅游业研究范围中势必会夸大旅游范围。因此有必要剔除与旅游业联系不紧密的行业或部门，因此可将接待旅游者的占比作为是否为旅游产业的标准。

3.旅游购物企业

对于旅游目的地而言，购物场所是进行旅游活动的一个重要载体，定点购物和非定点购物是其两种重要的形式。定点购物场所的客源主要是与旅游活动密切相关的旅游者，故属于旅游产业；非定点购物场所主要分布在城市中心或者远离景区景点的区域，其空间分布范围较为广泛且主要面向本地居民，旅游者人数相较于本地居民的数量较少，因而不属于旅游产业范围，可设定旅游花费与购物企业收入的比值作为衡量是否将其纳入旅游业的标准，如果比值较小则其不属于旅游产业。

4.餐饮行业

旅游餐饮根据其服务对象的不同可划分为旅游定点餐馆和非定点餐馆两种类型，因为其客源过于复杂，因此在现实情况下难以清晰地对两种类型进行是否为旅游业的识别，难以界定其是否为旅游业范围，但实际操作中也可识别出明显不是以服务旅游者为主的餐馆，应该予以剔除，如高校周边服务于学生群体而非旅游者的餐馆；此外，应从旅游产业之中剔除缺乏饮食特色、餐厅规模不大、远离景区的餐馆。

5.交通运输行业

交通运输业是连接旅游客源地和目的地之间的桥梁，也是旅游活动顺利展开的基础。此类交通运输企业主要涉及航空公司、铁路企业、旅游巴士公司等。学者们大多将上述企业全盘归入到旅游产业之中，但依本书观点，此种划分有待商榷。旅游巴士公司的主要服务对象为旅游者，故而将其划分至旅游企业之中合乎情理；但航空公司、火车和公交公司等企业不仅为旅游者提供服务而且也为广大公众提供出行服务，旅游者仅是其顾客来源之一且所占比重较低，即便是忽略旅游者，这些企业仍可由服务大众获取的收入来维系企业的运营和生存，旅游者这一客源的流失并不会给企业的生存带来重创，因此，此类交通运输企业是否应划归为旅游业仍值得探讨。

此外，以旅游业为名而未行旅游之实的假旅游业也不应划分到旅游业之中，如某些借旅游之名行房地产销售之实的企业。相较于房地产业的静态、长期定居特征，旅游业特征则为动态、短期迁徙，在本质上两者具有差异，所谓旅游房地产在本质上并不是以服务旅游业为终极目标，而是借助旅游景区的知名度进行房地产的售卖，本质上仍是房地产业而非旅游产业。

6.1.3 支持与保障系统

1.制度与政策

在信息化与工业化（“两化”）融合过程中，除了市场机制，政府进行政策引导所发挥的作用是非常明显的。

（1）国家宏观政策

国家政策为促进“两化”发展以及融合发展指出了方向，政策是否具有连续性对发展的促进具有重要影响，并由其影响力发挥作用，推动各相关部门制定与之相适应的“两化”融合发展的具体办法。在产业融合发展的基础上建立积极、放松的外部环境，此外，还应在一定程度上放松经济的规范限制，为“两化”融合发展提供良好的政策、法律环境。同时，政府还需制定合理的产业技术政策，相关政策涵盖投资、税收、科技等多方面。在此基础上，注重人才培养，充分发挥社会培训机构的作用，或者是推动其与大专院校、骨干企业相互协作，培养社会急需的紧缺型和实用型信息技术人才。积极引导市场作用的发挥，促进信息资源的流动，形成信息技术创新和信息化发展的管理与运行模式，为“两化”融合建立制度保障。

（2）区域政策

区域政策的实施对于区域间“两化”的融合发展具有十分重要的作用。应坚持在各地区实际情况的基础上，制定出因地制宜、循序渐进的信息、科技、环保等方面的政策。此外，应发挥协调区域各方的作用，为推进“两化”融合发展提供基础设施、投资、服务体系等外部环境。

（3）行业、产业政策

应该根据自身实际因地制宜地制订行业、产业政策，因时制宜地推进“两化”深度融合发展；在产业发展需要的基础上，加大投入力度建设以信息技术为支撑的公共技术服务平台，为旅游企业的高效、便捷化办公提供重要的平台支撑，此外培养信息技术专业人才，以维护旅游企业的正常运营，推进电子商务在旅游业发展中的应用和作用，推动旅游业朝着更为健康、高效的方向发展。

2.信息技术开发与利用

在信息产业与旅游产业融合发展的进程中，应大力推进新老技术的集成与融合，对于新技术要将其引入进来，进行消化、吸收，并在此基础上不断推陈出新，进而推进管理、业务模式变革，发挥信息技术重点研究项目的带动示范作用；保持对关键信息技术领域的发展、创新以顺应不断变化的需要，重视生产过程中的安全管理，尤其是在生产过程中的人员安全的保障，最终达到实现“两化”融合发展的内、外部环境。

对行业和区域信息化标准、规范进行统一，在“两化”融合发展关键期，在实际调研基础上明晰标准化服务尚未发挥作用的部分。事实上，在供求市场中，各相关机构和主管部门由此而产生的问题也不断凸显，像信息孤岛、开发水平低等现象屡见不鲜。这就对实际操作提出了新的要求，应转变思想并不断改进创新传统发展模式，对标准化工作注重整体统筹协调发展，此外，加大投入力度，推进关键技术标准的建立与优化，并指导实践，对其经济、社会效益进行评价，促进标准化模式体系的形成，进而促进标准化信息库的改进与完善，并使之符合国际标准，进而规范和指导信息技术应用。

在现代化进程中，大数据重心的建设、完善和信息技术的推广、应用是信息产业与旅游产业融合关键性和前提。两者在实践中相互作用、融合、补充，使信息空间与物理空间形成为一个完整的有机体，进而成为社会经济发展的重要基础设施。此外，应加强基础服务体系建设与完善，有效发挥信息技术在旅游业应用中的技术优势，研发、推广各行业软件、程序和技术服务平台，建立信息产业和旅游产业融合发展的大数据公共服务信息平台。在运行与管理中注重信用服务、安全认证、网上支付、现代物流等要素，建立数字化旅游公共服务平台。

6.2 信息产业-旅游产业融合系统功能

旅游科技创新和市场普及是产业融合的推力，信息-旅游产品与新业态是产业融合的标志，信息-旅游企业与产业价值链是产业融合的载体，创新要素是产业融合发展的重要驱动力，旅游业与信息产业融合发展是其发展历程的汇总和收敛，信息产业与旅游产业相互影响，互为发展动力并为彼此的协调发展提供动力和切入点，使得产业间原本清晰的边界趋向模糊化，彼此相互依赖、影响、共生、共赢。随着科技创新能力的不断发展提升，产品服务选择的多样性、政府支持力度加强等因素共同驱动着旅游产业与信息产业由分立发展走向融合发展，进而形成新型的产业融合业态，这种产业融合的行进过程中亦包括两大产业系统内部各要素融合的形成和多层面边界的突破。

6.2.1 信息技术驱动价值创新

1.信息技术的旅游创造

旅游业发展受信息技术的扰动较大。在企业层面，电子商务作为信息技术应用的主要体现，企业管理信息化就是建立在信息技术应用的基础之上的。在行业层面上，旅游客源地与旅游目的地之间存在一定的物理距离，双方在信息交流方面存在滞后现象，因此，信息技术为两者之间的连接发挥了重大作用。在旅游业发展中，信息化技术已有了一定的应用基础，主要包括旅游咨询、企业管理系统、虚拟旅游等方面。

①信息技术产业化。信息技术产业化是产生独立于三大产业体系的产业体系，即信息生产业、信息服务业和电信业。谷歌、微软等国外企业以及国内的中国移动、中国联通等即是信息技术产业化典型代表。

②服务产业虚拟化。传统服务业也在信息化发展的大趋势下逐渐走向虚拟化。公众对生活品质的追求催生了各种虚拟化的服务。为满足个人交际需要，产生了众多的交流娱乐软件，如Facebook、微信、QQ或者新浪微博；在线上交易方面，支付宝、微信、Paypal等软件的开发与应用为人们提供了方便、安全的交易渠道；此外，还形成了网易、MSN和58同城等门户网站以满足人们对信息获取需求。

③产业运营"数字神经化"。ERP、CAD等软件的开发应用为旅游产业发展提供了专业的数字神经网络，也为各类信息化的应用提供了可能性。

2.信息技术背景下的价值整合

市场结构潜在的重组利润、增长的需求、消费行为的变化以及信息技术的优势是旅游产业链整合的动因，产业分工细化后的深化需求则是最后一个动因。

①产业结构价值。在互联网平台进入旅游服务市场之前，传统的旅游业中景区、

旅行社、酒店等与旅游业密切相关结构稳定存在着。旅游者选择自己需要的产品服务者，旅行社则是连接旅游者与旅游服务者的中间服务商，为大众提供全面旅游咨询、游览服务以满足旅游者的需求，为旅游产品提供了分销渠道。旅行社通过其连接作用，在组织旅游者进行旅游活动的同时获得差额利润。交通企业、旅行社和酒店是旅游服务的重要分销渠道，这些行业之中存在服务质量和价格不对等、不透明现象。此外，航空公司、酒店等相关行业领域同样面临着产业结构调整带来的压力。例如，它们得承受需求变动导致价格不确定的结果，通过给予折扣的方式换取客源。旅游行业中的价格不透明导致了获取暴利的可能，这些行业亟待变革，应通过高质量、高品质的旅游服务来重组行业资源。

②供需结构优化价值。随着中国经济的高速发展和居民收入水平的不断提高，人们对提升生活品质的需求不断提高，对散客旅游和商务旅行的需求不断增多。传统分销模式为旅游业带来了巨额利润的同时，也面临着消费模式转变所带来的挑战。旅游信息的传播日渐落后于快节奏下对旅游服务质量、数量的需求。此外，随着社会教育程度的提升以及网络化的传播和普及，新一代年轻人已经依赖于通过手机、ipad、电脑等更为便捷的方式获取大量信息。因此，在信息化背景下，旅游业面临着消费模式改变而带来的机遇。

③信息技术外溢价值。旅游信息化发展是未来重要的发展方向。互联网的发展使得游客对酒店、机票价格等信息了如指掌，并且由于信息获取便捷和容量巨大，信息使用规模不断扩大。此外，CRM、ERP等管理系统的使用能够使企业通过多渠道获取客户信息并时刻维系客户，使客户得到关怀而留住客户。

④产业分工深化价值。携程是旅游者获取旅游信息的重要途径之一，因此有更多的企业将目光放到了此类网站的建设、发展之中，信息的过度供给在给公众带来便捷之外也增加了由筛选信息而增加的时间成本。因此，产业链整合是未来面临的议题，对信息化处理而带来的行业岗位的调整，亦是信息产业整合的驱动力之一。

3.信息技术背景下的价值提升

（1）服务价值提升

信息技术的发展为旅游业增添了新的发展活力，改变了旅游业运作的内外环境。信息技术对服务业运作效率的提升有效提升了旅游行业的竞争力。在旅游服务方面，信息技术通过计算机技术带来的自动化、智能化，在服务市场细分、销售全球化和企业高效化等方面为旅游服务企业提供了技术支撑。

实现服务方式的现代化、自动化、智能化等是服务技术创新的目的。现代化服务技术主要是整合计算机、通信和信息等技术而为旅游业所用，提高旅游业与外界的联系、拓展业务范围从而提升旅游业的现代化和信息化水平。

①计算机预订系统。放眼全球，计算机技术和电子信息技术的发展驱动了旅游企业结构发生变化并成为销售的重要渠道、策略。国际联合宾馆和旅行商是计算机预订系统的应用前沿，被称为中央预订系统（CRS）。CRS是一个能够管理顾客资料的数据库。CRS具有拥有全国性（乃至全球性）客房预订的中央控制系统的优势，不仅可以为其下成员宾馆提供预定客房的服务，且可加强与其他酒店集团的合作，共用酒店预订系统资源，便于资源共享。

②网络营销。信息技术在旅游产品销售方面发挥着重要作用：一是加强旅游企业间的联合，实现企业间对信息资源的共享，继而发挥旅游企业间规模优势。二是积极扩展海外业务并接受海外散客的网上查询和预订。三是旅游企业职能的转换，从旅游产品的供给者转换为旅游产品的宣传者和信息提供者。游客可以通过移动设备和网络设备等便捷方式搜索国内外旅游信息，旅游企业可通过市场调研为旅游者提供更为全面、多维度的服务。

对旅游业的服务进行技术创新主要表现在酒店管理方面的自动化，即运用计算机技术开发酒店管理信息系统（MIT）。MIT是基于集成化人机系统利用电脑的硬件、软件、数据库等为酒店的管理提供信息技术的支持。以酒店为例，其前台管理、后台管理和扩展系统共同构成了MIT。

①面向智能化的服务技术创新。智能大厦的建设是面向智能化的服务技术创新的典型，是将数据、语言和图像等通信技术纳入酒店智能大厦的修建。这也预示着酒店计算机信息技术在新世纪的发展新趋势。随着信息技术的不断发展，方便顾客消费的各类充值卡和多种新型支付形式应运而生。上海作为信息技术发展和金融资本发展的前沿，首先实现了智能卡与通信技术相结合应用到酒店订房系统。又如智能门锁在酒店企业中的应用。酒店客房门锁打破了传统的实物锁模式，转向以信息技术为依托的智能门锁，使得顾客住宿更为方便安全，智能化发展趋势显著。从传统实体门锁到智能门锁的转变，说明信息化在旅游服务质量提升中的作用不断提升，也显示了信息技术提升在旅游业发展的作用。

②面向特色化的服务技术创新。特色化的服务技术更多地体现在影视娱乐服务的视频点播系统上。此种技术已成功应用到高星级酒店之中。

③面向产品化的服务技术创新。有些技术虽然可为旅游业服务质量的提升带来空前的优势，但是存在实际开发应用难题多、开发难的问题，因此在实践中从技术开发到产品的距离较短的产品就非常重要，如信息化在门锁技术中的应用转化为酒店服务业产品；有些技术转化为产品则要经过实验阶段，在综合顾客使用效果和意见反馈的基础上不断对技术进行改善，使其在技术成熟后应用到旅游产品之中，才能达到出乎意料的结果，如智能化技术在客房内温度、湿度控制、灯光亮度和VOD视频点播中的

应用。

④面向市场化的服务技术创新。由市场需求拉动的技术创新就是产品对市场需求的反映，因此此种技术创新是浑然天成的；除了市场需求型技术创新外还存在另一种形式的创新——科研驱动型技术创新。科研驱动型技术创新在创新阶段完成后，将会被推向市场接受市场的考验、以调整和适应市场的需求。综合市场需求型和科研驱动型技术创新，其终极目标还是要适应市场的需求、以市场为导向来进行创新技术的研发和调整。服务技术的社区市场化和教育市场化则是其市场化运作的主要体现。

（2）服务价值共享

信息共享是指企业与顾客间、企业与企业间以及企业内部各部门之间的信息和信息产品的交流与共用，达到成本节约和资源合理配置并创造更多的价值的目的。信息共享的效率取决于传输系统的发展和信息处理技术的提高，并且信息传输需要安全的通道，需要在保密的环境下进行。

产业链的整合有利于旅游企业信息沟通机制与平台的建设。旅游目的地的许多企业投入了大量的资金进行企业内部的信息化建设，但是，随着旅游企业规模的发展以及市场竞争的激烈化，仅从企业自身内部进行信息共享已经不能满足旅游企业发展的需要。为了获得更多的商机，也出于增强旅游企业核心竞争力的考虑，从旅游产业链的角度进行旅游企业之间的信息共享已经成为一种必然趋势。

当然，旅游企业耗费巨大的人力、物力和财力进行信息化建设也是有风险的，且信息共享对旅游企业尤其是单个旅游企业而言也意味着风险的增加。旅游企业之间对相关信息的共享，可以是自上而下的旅游企业间的共享，也可以是旅游企业间横向信息共享和优化。当单个旅游企业决定参与到与其他旅游企业集团之间的信息共享时，它也势必要承担与之相对应的风险。而旅游产业链之间的整合则可有效地避免此种风险的发生，进而达到更为高效、安全的信息共享。

（3）服务价值扩散

企业间形成规模经济是产业链整合的重要目的。规模经济不但能降低成本而且也是产业集中分布的重要动因。其是建立在有效分工、团结协作基础之上的。通过分工协作，旅游企业能够用更少的时间去完成更多的工作，还可致力于自己擅长的工作，创造更多的效益并为自身价值的实现提供更多的可能。

趋利避害是企业发展所依赖的本能。在市场经济大背景下，旅游企业为追求利益最大化，会将更多资金投入到产出最多的区位或部门，基于这样的驱动力，旅游产业内的各企业通过整合上下游产业链最终达到产业规模经济。产业链整合能够有效实现企业之间信息共享和资源互补，消除因信息不通而导致的重复研究和重复投资，进而实现规模经济。此外，产业链整合可以使产业链上的所有企业建立一个相互联系的网络，规模经济可以使企业能够大规模采购原材料而降低资金投入，增加自身的议价能力，从而能够降低交易成本而取得经济效益，主要表现在以下几个方面：

第一，增强自身的竞争力和规模实力是旅游企业得以发展的根本。因此，应该提升旅游企业的发展活力，提升其产品的竞争力，通过产品的改造升级来扩大客源市场；通过旅游产业融合发展路径，使旅游企业朝着集团化方向发展，最终形成集聚效益；降低由于企业松散分布而带来的经济成本，对旅游产业之间进行整合，使各企业类别之间形成互补优势，以产生超过松散发展、产业联系不紧密的企业的效益。

第二，优化旅游产业内部结构，提高旅游产业效益。旅游业发展起步阶段，旅游者关注的主要是初级旅游产品，随着生活水平和人们追求幸福意愿的提升，旅游者对高端旅游产品的追求所占比重越来越大。我国旅游业发展至今已经形成了较为齐全的产业结构，但产业结构之间的发展处于不合理状态，因此应通过整合以达到产业结构得到改善的结果。

第三，优化旅游企业结构，推进旅游企业集团化发展。国内旅游业发展势头良好，但是整体上旅游企业的规模较小，缺乏引导性龙头企业，结构较为松散，整体上的效益不佳。应采取联合、兼并和收购等形式加快大企业的发展，集团企业的发展有利于国内旅游企业在国际市场上的竞争。

第四，促进相关产业发展，增强旅游产业支撑体系。旅游业的综合性特征使得它与其他产业之间的关联性均呈现较强的趋势，旅游业对其他产业的发展具有较强的带动性，反过来，其发展也离不开其他企业的支撑，如农业采摘、观光旅游业等形式的发展，就是体现了产业融合的典范，此种形式的发展状态有效促进了产业结构的调整，利于有效地利用当地资源创造经济效益，最终达到产业均衡、协调发展的目的。

6.2.2 信息化转变旅游产业发展模式

1.产业结构更新升级

旅游业的发展离不开信息的流动和传播，信息在旅游客源地和目的地之间的传导为旅游者提供了更多信息，激发了他们的旅游动机和做好旅游攻略的兴致，这样充分的准备使旅游者在旅游之时更能提升自身满意度。信息化在旅游业发展之中的作用日渐突出，不但可以提升旅游活动的效率和旅游企业的运营水平，同时也能够推动旅游发展方式改变。

（1）提升旅游产业发展的可持续性

对旅游地进行粗放式的旅游开发模式，特别是重开发、轻保护等掠夺式的旅游目的地资源开发模式已经跟不上时代的发展和现实的需要。信息技术的应用可增加旅游经济中的科技含量，实现旅游业粗放化发展向集约化发展，进而实现旅游业的可持续发展。

（2）提升旅游产业形象

信息的传播速度快和辐射范围广，能够在一定程度上弥补旅游客源地与旅游目的地之间的时空限制，有利于旅游业的内联外引，能够扩大旅游企业的客源市场，并通过提供有效、高质量的服务来提升旅游企业的整体感知形象。在信息化发展基础上，构建旅游服务信息平台，能为旅游业的发展提供动力，也能够提升旅游接待服务质量。

（3）优化旅游产业交易过程

旅游产业与其他行业的关联度较高，旅游企业的发展对其他企业具有良好的带动作用和依托作用，信息产业的发展为旅游业发展带来技术支撑，能够提升企业与企业之间的交流，加深企业间合作的广度和深度。尤其是快捷支付方式的出现，更是为旅游出行带来了便利，对旅游者的消费行为和消费方式带来了重要影响。

（4）优化旅游产业体系

信息技术发展推动旅游业效率的提升，并对产业结构发生着潜移默化的影响。旅游产业的发展依托于信息的流动传播，有效促进了产业结构的调整，促使旅游业系统优化升级。旅游产业系统具有多元性和复杂性的特点，这使得旅游产业体系的优化更加依赖于信息技术所带来的流程优化和系统创新。

（5）增强旅游产业竞争力

信息化将极大地提高旅游产业的服务水平、经营水平和管理水平，增强旅游产业的竞争力。旅游信息化的发展弥补了旅游业效率低下的缺陷，使企业之间的联系更加方便、快速、通畅，不仅企业之间的联系得到加深，而且企业与顾客之间的交流也朝着无障碍化发展，顾客在足不出户的情况下而尽知旅游相关信息，便于依据旅游信息作出决策，提升满意度。信息技术的创新发展能够为旅游业发展提供源源不断的动力和源泉。

2.形成旅游竞争优势

从企业的角度来看，信息化与旅游业的结合促进了旅游企业新产品、新管理和新流程，必将提升旅游企业的核心竞争能力。

（1）优化旅游产品结构

信息技术为旅游企业的旅游者带来的便利的同时，也优化了旅游产品的结构，使企业在激烈的竞争中降低成本以提升自身的竞争力。信息技术的发展能够为每个旅游者量身打造个性化的产品，通过把旅游产品拆包供旅游者选择适合自己的服务产品，信息通信技术为旅游企业把握住每一个消费者的需求，利于旅游者选择最为满意的旅游产品或旅游服务；此外，信息化的快速发展为企业打造一对一精品旅游服务模式提供了可能，改变了旅游者传统观念中的旅游服务方式，推动旅游服务向高质量、增值化方向发展。

（2）提升企业管理效率

信息技术的发展为旅游业提供了先进的管理技术和管理经验，提升了旅游企业的管理效率和控制信息资源的能力。旅行社是人员流动性比较强的企业，在传统的旅行社管理中，客户资源一般掌握在少数能力较强的员工之中，为了避免由于人员调整、流失而带来的客户流失的风险，旅行社加大了对信息技术的重视和投入开发。信息化能够加深旅游相关服务间的联系，并对客户信息进行实时共享，最终达成高效管理的信息化旅游管理服务。

（3）提高经营效益

信息技术在旅游发展中的应用，体现在能使企业有效地控制成本和对旅游信息的获取、处理方面。信息化在旅游业流程管理中发挥作用，能有效降低旅游企业的重复劳动，从而降低人员成本并提升员工效率。此外，信息技术改变了旅游企业的部分功能，比如结算方式、客房预订、机票、火车票、打车等，在提升旅游效率的同时也达到了节省人力、物力、财力的效果。

（4）提升企业形象

信息化的广泛应用可有效收集、存储旅游目的地信息并为旅游感知形象的提升提供可能；旅游者可以通过出版物的异地发行了解旅游目的地的信息并筛选出自己喜欢的旅游目的地，也可以在旅游目的地游客中心、公共场所安置的旅游信息触摸屏幕直观地获取旅游相关信息；旅游企业也可通过旅行社对游客的游览感受和意见进行征集了解旅游者偏好，适度调整旅游产品来适应旅游者的偏好。通过网络对旅游产品进行促销是现代旅游宣传的重要方式和途径，此种方式不仅能有效降低成本，还可动态监测旅游投入与产出之间的关系。

3.优化旅游发展环境

旅游信息化是一个庞大的工程体系，贯穿于旅游业的方方面面，需要政府部门、企业之间的通力合作才能顺利进行。2001年启动的“金旅工程”是国家为推进旅游信息化进程的重大举措之一，“金旅工程”的建成在旅游企业信息化应用方面发挥了重要的作用并有效推进了电子政务的发展。旅游企业和政府部门的办公自动化发展为旅游企业和旅游部门的高效办公、数字化办公带来了新的机遇，同时，也为旅游业朝着信息化发展指明了方向。

第7章

信息产业与旅游产业融合的动因

借鉴相关研究可以发现，信息产业与旅游产业融合的动力机制通常可以从原动力、支撑力、推动力等三个方面来考虑。从系统论的角度看，产业系统的发展是不同子系统之间共同演进的结果，旅游产业与信息产融合的动力系统包括原动力子系统、支撑力子系统、推动力子系统。这三方面子系统相互作用、相互依赖，共同促进旅游产业与信息产业融合发展，并构建了旅游产业与信息产业融合的动力机制。

7.1 信息产业与旅游产业融合的障碍

胡金星（2007a）认为，产业融合是一种自组织行为，它的深层次发展离不开相关要素共同推动。只有在产业间达到这些条件时，融合才有可能发生。源于信息产业和旅游产业各自极强的开放性和包容性，两者都具备了产业融合的基本条件，但事实上两者的融合程度并没有达到理想的水平，存在着诸多阻碍两产业融合的障碍因素。徐虹等（2008）从系统自组织的视角和旅游产业的产业特征出发对旅游产业融合发展实践进行研究。他们认为旅游产业天然具有与其他产业融合的特征，但融合中存在的障碍因素却制约了旅游产业融合效果的更好发展。产业融合过程中的障碍分为制度障碍（产业政策管制、产业管理管制、市场垄断结构）、能力障碍（整合能力、核心能力刚性、知识学习与创新）、需求障碍（消费能力、消费行为惯性、消费者的学习能力）。何建明则通过对旅游产业融合障碍的研究指出，各相关产业部门和地区信息交流缺乏、行政部门分工管理以及行业壁垒、跨部门与跨地区融合困难等因素制约了旅游产业的融合发展。随着经济全球化程度的加深，信息产业与旅游产业已显示出融合的趋势，拥有了一定的融合基础，也产生了一些新的产品和业态，但在二者的产业融合上仍存在着诸多问题和制约因素，既有制度性的因素，也有非制度性因素，具体来说有以下四方面。

7.1.1 制度障碍

近年来，中国政府高度重视发展旅游产业的发展，特别是在旅游业发展的"瓶颈期"，信息产业与旅游产业的融合已经成为一个必然趋势。在两大产业融合的过程中，政府所作的重要制度安排，对二者的融合进程具有举足轻重的地位和作用，也仍存在着一些不足。

一是促进信息产业与旅游产业融合的制度不够完善。信息产业与旅游产业虽具有一定的耦合性，但二者融合是较为复杂的过程，涉及两大产业的诸多部门和层面。二者各自产业内的管理方式不一致，管理体制上呈现条块分割与行业壁垒并存的局面，因此在前期二者很难进行全面、充分地融合。

二是促进信息产业与旅游产业融合的政策和资金支持力度不够，一定程度上制约了二者的融合进程。信息产业与旅游产业同属于知识密集型行业，二者的融合需要大量的人才支持和技术支撑，国家虽已出台了一些指导性、激励性的政策，对二者的融合也进行了一定的资金奖励和支持，但具体的价格政策、税收政策、融资担保政策等尚未明朗，资金投入和利用的力度和强度不足，一定程度上制约了二者的融合进程。

三是面向信息产业与旅游产业融合中企业的技术服务、投资机制、激励机制等体系尚不完善，缺乏有效合理的信息沟通机制。在信息产业与旅游产业融合过程中，信息产业与旅游产业内各个部门间、两大产业之间、与政府部门之间以及企业主体之间都需要有畅通、高效的信息沟通机制，才能保证信息产业与旅游产业融合过程中各项合作的有序进行。但就目前而言，各产业内部、产业之间、企业与政府之间以及各企业主体之间沟通渠道不够通畅，不利于信息产业与旅游产业的融合。

7.1.2 市场障碍

随着体验经济时代的到来，消费者的需求更加多样化和个性化，这对旅游产业的发展既是一个机会，也是巨大的挑战。在信息产业与旅游产业融合中，市场环境的好坏直接影响二者的融合进程。

一是我国信息产业与旅游产业融合尚处于初级阶段，融合产生的新产品和业态都是刚起步，相对于大众市场来说，市场规模较小，市场潜力仍待开发，二者融合产生的新业态仍未得到市场的广泛认可。

二是融合市场化水平不高，商业环境不完善。我国的市场经济改革虽然已经进行了数年，但总体来说，仍存在着行业壁垒、市场分割、无序竞争等问题。在信息产业与旅游产业融合中，产业间的市场分割、行政垄断与进入限制问题比较突出，这些问题限制了产业间的信息、技术交流，弱化了竞合能力和创新能力，阻碍了信息产业与旅游产业的融合。

7.1.3　技术障碍

旅游产业未来发展的重要方向和内容就是旅游信息化，技术创新衍生、拓展了旅游产业链，影响着旅游产业的经营理念和营销模式。但就现有的技术环境来说，还存在着许多问题，仍需要进一步提高和改善。

一是旅游业信息技术化水平滞后，技术开发不足。旅游产业现有的文化创意较弱，旅游开发过程中技术不足，旅游产品仍然是以传统的观光、度假为主，娱乐型、创意型、体验型旅游产品较少，缺乏知识性及趣味性；旅游业信息化技术滞后，虽然在一些景区已经开始实行现代化的智慧管理手段，但就全国而言，实现旅游业经营决策的科学化、管理的数字化和信息化、营销的网络化仍需要较长的时日。

二是信息产业与旅游产业信息、技术的不对称。就产业本身而言，信息产业在技术、信息传播方面比之旅游产业有着天然的优势，二者在融合中，存在着信息交流不畅、技术不对等的问题，这就加剧了信息产业与旅游产业融合的产业壁垒，必然阻碍二者融合的长足发展。

7.1.4　能力障碍

除去制度、市场以及技术这些外在环境和因素的制约外，身为信息产业与旅游产业的融合主体——企业本身能力上，也存在着一些问题。

一是企业间的相互封闭竞争，企业间合作参与度低，市场合作有待深化。现有企业间的市场和商业环境较差，无序竞争现象较为严重，各方对合作利益的认识不同和片面追求各自利益最大化导致彼此间合作的障碍。在信息产业与旅游产业融合过程中，虽然也开展了一些合作，但企业间自发式合作较少，多是政府力量的推动，且大多处于行政层面。

二是信息产业与旅游产业融合虽已初具规模，但企业带动产业融合能力弱。在两大产业融合的过程中，影响二者发展的因素越来越多，也越来越复杂，但作为融合主体的企业在产权结构、经营方式、管理运作等方面仍然存在不同程度的缺陷。同时，由于企业管理者素质参差，企业仍存在生产经营方式粗放、企业效率低下、产权不明晰、机制改革慢等一系列问题，不少企业缺乏内部的竞争动力，未形成自身的核心竞争力，对外竞争能力弱，难以适应信息产业与旅游产业融合发展的要求。

三是信息产业与旅游产业的人力资本供给短缺，从业人员素质有待提高。信息产业与旅游产业的发展离不开人才的支持，从业人员的素质将直接影响二者融合的发展。我国以往的人才政策更着重于培育就业容量大的传统服务业，对于高层次的信息、技术、管理、服务等人才的培养及供给略显不足。

7.2 信息产业与旅游产业融合的动力

影响信息产业与旅游产业融合的动力因素既有外部的，也有内部的，既有制度性的，也有市场性的，两大产业的融合正是在这些动力因素的相互作用、影响下产生并发展。综合来看，有三种动力在促使着信息产业与旅游产业的融合、发展：一是原动力，二是推动力，三是支持力。

7.2.1 原动力

原动力是指产业（企业）本身主动创新、求变，研发新的产品（服务），创造新的组织模式和经营模式，开辟新的市场的动力要素。满足消费者效用最大化是旅游产业与信息产业融合的原动力，也是旅游者寻求旅游体验的最终目的。旅游不仅是一个消费过程，更是一个体验过程，由于消费需求的多样性，旅游者越来越注重旅游体验过程，如电子导游、彩信风景照、位置服务等旅游个人产品和服务：旅游者通过拨打专线号码，进入电子导游系统，系统就会自动对景区内的景点的介绍，旅游者可以欣赏风景的同时，收听到风景点的介绍，另外，旅游者在进入风景区前，可以下载景区的相片进行欣赏，以确定旅游线路，同时旅游者也可以发送自己的相片到信息平台，系统会根据用户的需求将风景照和用户的自拍照合成后下发给用户，使用户有到此一游的体验，为旅游者提供个性化、多样化的产品需求。

信息产业与旅游产业融合的原动力主要来源于企业自身内部，具体因素有以下几点。

（1）企业自身利益驱动

企业本身作为盈利性的经济组织，其根本目标就是实现自身利润的最大化。在信息产业与旅游产业融合的过程中，产生了一系列的重组活动，如技术融合、产品或服务的融合以及市场的融合等，这会为旅游企业带来新的技术和经济效益。同时，信息产业与旅游产业间的市场、产品融合能够拓展企业现有的消费市场，发掘新的消费潜力，为消费者提供更多的产品或服务；信息产业与旅游产业融合使得各区域和市场间的壁垒消除，企业可以在区域和空间上进行聚集，实现规模经济效益。总的来说，信息产业与旅游产业的融合，使得企业获取了更多的经济利益，也促使更多的企业加入二者融合的步伐中。同时，作为信息产业与旅游产业融合的主体力量，企业的改革和创新也推动着信息产业与旅游产业融合的实现和深入发展。

（2）企业竞争压力驱动

在产业融合发生之前，企业只需在同一产业或行业内进行生产、销售等活动，其所面临的竞争压力也主要来自行业内部，竞争对象主要集中在不同企业间的产品、价格、服务等方面。随着产业融合的出现，不同产业间的产业边界模糊，竞争的范围和程度不断增大、加深（表7.1）。对此，企业必须调整竞争策略，由个体竞争转向合作竞争，通过采用战略联盟实现资源的合理配置；加强技术创新，通过新技术的运用提升企业的产品和服务质量；进行企业自身的管理革新，对自身进行升级。也就是说，产业融合促进了市场竞争的激烈和企业的革新升级，企业对自身产品的创新和提升，一定程度上也促进了产业融合的进程。

表7.1　企业竞争压力来源

压力来源		释义
企业内在竞争压力	企业资本增值的内在驱动	企业作为营利组织，只是资本的存在形式和载体，企业之所以要发展和扩张，其根本原因就在于资本追求增值的本性。一般来说，对于更新速度极快的旅游企业而言，其发展结果有几种可能，一是破产，二是被其他企业吞并，三是分解为多个企业或将自身部分出售或委托出去。为了避免出现前两种情况，也为了达到自身资本的增值和扩张，企业会进行技术的创新和革新，寻求自身的长足发展
企业外部竞争压力	国内企业间竞争	竞争是市场经济的本质特征和核心内容，旅游企业在国内市场中面临的竞争表现为企业与企业进行市场较量、争夺消费者和市场份额的动态过程。随着我国旅游经济的发展，市场上存在的旅游企业越来越多，竞争对手也随之增加；企业间的相互排斥以及企业追逐自身经济利益过程中的排他性导致企业间的竞争压力增大。同时，我国现在的旅游市场早已由卖方市场转变为买方市场，产品和服务在某种程度上已经供过于求，尤其是近年来还存在着旅游企业间竞相压价等恶性竞争事件，市场竞争秩序混乱，在这种市场状态之下，小型企业的生存状态可谓举步维艰
	国际竞争压力	随着2001年中国加入WTO，旅游行业也全面开放，面对国际化的竞争，国内企业的处境更加的艰难。为了应对这一竞争挑战，企业需扩大自身规模，这就意味着其组织结构更加复杂、管理跨度更大、组织成本增加，企业自身的可控性和灵活性随之降低，这就需要引进技术，提高自身竞争优势
	新兴业态的冲击压力	随着旅游产业融合的进行，尤其是与信息产业的融合，大量新技术进入旅游行业，促生出一大批新型业态，例如OTA的出现，更加便捷快速的传播和营销渠道，使得传统的旅行社受到极大的冲击。同时，大型企业的跨界交融，例如携程、百度等也开始跨界做旅游产品，更加剧了旅游企业的竞争压力

（3）企业家（行业领袖）创新精神驱动

企业作为产业融合的主体力量和执行者，企业家（行业领袖）创新精神最根本的特质就是推动创新，这也构成了企业内部竞争驱力的核心要素。企业家（行业领袖）通过自我创新和突破，对企业进行决策和管理，通过把现存和潜在的技术及市场转化为可利用的商机的具体行为，实现企业的创新、持续发展。

（4）企业文化驱动

企业文化是指企业在长期生产经营过程中形成的、由企业全体员工共同认可的价值观及群体规范，也是整个企业的“共同语言”，具有导向功能、约束功能、凝聚功能和激励功能。企业家、企业竞争策略等发挥作用的保障就是企业内部创新的企业文化环境。优秀的企业文化会激发员工的工作热情和参与技术创新的积极性，促使企业的生产经营活动始终处于活跃的状态，为技术创新提供良好的行业环境，促进企业内部管理经营与产品更新的速度。

总的来说，信息产业与旅游产业融合的原动力就是企业行为的驱动，不管是企业间的竞争与合作、企业对效率和效益的持续追逐还是企业文化的影响，均来自企业内部。企业为了获得更高的生产效率和企业效益，会不断更新与学习新方法、新技术，积极应对市场竞争和挑战。同时，在互惠互利的基础上，企业为了突破和改变单纯通过竞争方式实现不了的收益状况，会考虑企业间的合作。在企业合作过程中，各企业间逐渐突破产业限制，开始寻求可以共赢的交叉平台、交叉产品和交叉技术，这也是产业融合的组织基础。在企业间跨产业融合取得较高经济效益时候，该产业内部与其他产业间的交流才会增加，实现跨产业企业间的多产品经营，该经营方式也会推动产业融合的实现。

7.2.2 推动力

企业追求利润最大化是旅游产业与信息产业融合的推动力，也是驱动企业从事生产活动的重要动力源。现代信息技术的发展与应用，特别是在旅游资源开发与利用中，信息技术已经渗透到旅游产业各个环节，旅游产业与信息产业通过融合延伸产业链业务范围，拓宽旅游企业利润空间，完善旅游产业链结构，进而实现旅游产业升级优化。随着信息资源观的改变，企业在互惠互利、共生共存的影响下，构建强大的企业产业联盟，拓宽旅游产业的业务边界，丰富旅游产品类型，合理开发旅游信息资源，最终实现两个产业的优势互补，促进两个产业融合发展。

1.市场需求的驱动

在市场经济中，所有企业的生产经营活动都是以市场消费需求为导向的。市场需求是企业活动的重要指标，也是两大产业融合的主要拉力。现代信息技术的发展让消费者、生产者、商品和服务紧密相连在一起，市场信息愈加透明。随着信息技术数字化的发展，各种商品在网上交易量逐步增加。信息产业的发展带来了市场需求结构的变化，同时，市场需求的变化也促进了信息产业的创新，为产业融合提供了可能性。

市场需求的驱动既包含市场方面的驱动，也包含消费者自身需求的驱动。市场需求的驱动是指由于市场偏好、个人收入、市场价格等变化后引起消费者消费总需求的变化。其影响因素包括：

①消费者偏好。消费者偏好是消费者在同一类商品中的不同选择。消费个体爱好和性格的不同决定了每个人的消费偏好不尽相同，这一消费偏好并不是一成不变的，消费者每天都在接收不同的消费信息，消费偏好会在多重因素影响下发生变化。

②消费者收入。消费者收入通常是指消费者的个人收入。消费者收入水平是影响消费需求的重要因素。一般情况下，消费者收入减少会降低消费需求，反之亦然。

③产品价格。价格是影响商品需求的最重要和最直接的因素。

④替代品的价格。替代品是指可以代替原商品满足消费者需要的产品，与原商品具有相同的使用价值，如石油和煤气。通常情况下，当某一商品价格提高后，消费者会将消费需求转移到替代品上，从而使替代品需求升高，原商品需求量降低。

⑤互补品的价格。互补品指的是需要互相配合，一起使用才能保证某商品的正常运行，如汽车和汽油、电车与电力。当某种商品价格下降，需求量增加，另一种商品价格不会下降或者说下降幅度会较小。

⑥预期。对某种商品未来一段时间的价格走势的判断称为预期。如果预期价格下跌，则人们不会购买，如果预期价格较高，消费者则倾向于进行消费。

信息产业的发展带来了市场需求结构的变化，对原来的产品或服务的需求水平有了新的要求，同时，市场需求的变化也促进了信息产业的创新，使得信息产业与旅游产业在更大范围内出现融合。消费观念是引起需求水平和需求结构变化的重要因素。产品是未消费的服务，服务才是产品的实际价值，只有既是产品又是服务的产品供应才能满足市场需求，就这一层面而言，正是需求水平和需求结构的变化助推了信息产业与旅游产业的融合发展。

2.旅游者自身需求的改变

伴随着我国经济社会的不断发展进步和人民生活水平的提升，人们已不再满足于传统的低层次消费需求，超越低层次生存需求的意愿直接改变了现有消费者的需求结构和需求水平。人们在生活富足后开始追求生活品质和生活质量，从物质追求转向精神满足，人们的消费方式开始向服务型消费和享受型消费转变，旅游正好可以满足人们的需要。与此同时，旅游者的消费需求的变化要求产业要不断地进行技术创新和升级，加快了旅游产业的转型升级，助推了信息产业与旅游产业的融合发展。

3.技术创新的驱动

科学技术是第一生产力，技术创新是产业融合产生的根本原因。创新是指把原有的生产条件和生产要素重新组合成新的生产体系以获得更大的利益的过程。约瑟夫·熊彼特（1990）认为有五种情况可以认定为创新：第一种是生产出新的产品；第二种是发明新技术、新工艺或新方法等；第三种是拓展新的市场；第四种是获得新的供给渠道；第五是变革原有的管理方法和企业组织方式。索罗在1951年首次为技术创新提出了两个成立的条件，第一要具备新的思想，第二是该产品或技术在以后会逐渐被实现。弗里曼用经济学上的定义，将技术创新认定为新系统、新过程、新产品和新装备等形式的技术首次转化为商业产品的过程，包含新工艺、新产品的引进和其中包含的设计、技术和管理等。

结合马健等（2002）学者的思路，按照技术创新与其他技术和产生的效应，技术创新可以分为扩散性和革命性两种类型，创新类型的不同对产业的发展产生的影响也有较大差别。

（1）技术创新加快技术融合

技术创新的大规模大面积被“模仿”被熊彼特称为技术创新的扩散；斯通曼认为新技术的推广和应用是技术创新扩散的表现；技术创新扩散被中国的学者于刃刚等（2003）认为是完成商业化的新技术的应用和传播的过程，具体指一项新技术从开始投入市场应用，到广泛推广而后被普遍接受或认可，直至落后被淘汰的过程。

由技术创新研发的产品、技术或者工艺，通过扩散和渗透等形式融合到其他产业中，可能使原有产业的经营形式和内容更加充实，也可能使原有产业的生产技术路线发生改变，进而在不同产业之间出现相同或相似的技术平台和技术基础，并逐渐出现技术融合现象。产业融合，尤其是不同产业的技术融合又会产生新的技术，新的技术应用后又会进一步推动新的技术融合。

技术创新扩散的过程，在一定程度上加速了技术融合，主要在以下三个方面有体现：第一，当某一产业的技术创新扩散到另一产业，则会对另一产业的技术进行相应改造并融合而形成新的技术，提高另一产业的技术水平，进而推动两产业间的新的融合。第二，当某一个产业的技术创新扩散到另一产业后，另一产业的技术水平会随之升级而对第一个产业产生反作用，在二者相互作用的过程中，产业融合是必然的。第三，当某一个产业的技术创新扩散到另一产业的同时，市场需求在不断变化，为满足新的市场需求状况，新技术会被孕育而出，在新技术培育过程中，其他产业会加入这一融合过程，从而加快不同产业间的技术融合。

（2）技术融合推进产业融合

技术融合改变了各个融合产业间的工艺程序、生产技术和成本结构，使技术基础变得相似，在互相磨合过程中各产业间的技术平台可以通用，相似的技术基础和通用的技术平台消除了各产业间的技术壁垒，各产业在公平、开放的环境下进行市场竞争，各产业的技术边界和生产方式向趋同方向发展。

在技术融合的基础上，各产业积极完善业务内容，整合人力、物力和财力资源，依托技术创新，大力发展新业务和新服务，保证持续供应新的服务和产品。这些新的服务和产品能够更多地满足大众消费需求，在技术融合的前提和基础上，推进产业间的融合。技术的创新和扩散以及形成的技术融合，为原有产业带来了服务和产品的更多市场需求，进而继续推动市场融合。

产业融合是在技术融合的基础上实现的，市场融合是产业融合形成的必要条件。技术融合和技术创新在产业融合过程中只是催化加速了产业融合，只有在二者的基础上先产生市场融合，才能逐步加快产业融合。

综上所述，产业融合是现代各个产业经济发展新的推动力，是对传统产业的革命性改变，是新产业革命的标志。

在信息产业与旅游产业融合中，信息技术的发展对旅游企业的组织管理、销售渠道等产生了巨大的影响，促使其进行产品和业态的创新，降低了经营成本、提高了产业效率，更好地满足了消费者的需求。由此可见，科技创新是旅游产业融合不可或缺的条件。

4.产业分工的驱动

产业分工指横向产业间交织分工与纵向产业内交织分工的经济状况，其特征是经济收益增加。产业分工深化的过程就是经济发展和市场开拓的过程，表现为产业价值链的延伸与生产延展状况。在该过程中，不仅会有固定资产投资和中间投入的增加，也会有物流量和销售量的增加。产业分工深化增加了产品生产的中间环节，成为新价值的直接增长点，为经济发展与技术创新和进步提供了空间和平台。

在满足经济收入增长的前提下，当某商品市场扩大时，该产业内部的产业分工会越来越细致，产业分工深化更加明显；在分工细化的过程中，各产业间彼此联系频繁，引起不同产业间的市场融合，进而实现产业融合。在消费品市场上，不仅产品种类多，中间产品或者某类产品的产业化分工也在深入。以餐饮业为例，需求使得餐饮行业分化为中餐餐饮业与西餐餐饮业。其中，中餐餐饮又可以分为鲁菜、川菜、粤菜、闽菜、苏菜、浙菜、湘菜、徽菜等八大菜系餐饮；西餐餐饮业也可分为西欧、美洲等不同餐饮风格。大部分餐饮业的发展道路和轨迹都较为相似，从最初的原材料生产到最终的消费者之间的每一个环节，专业化程度越来越明显，产业分工深化网络也越来越复杂。餐饮业是现代服务业的代表，其产值增幅远远高于第一产业和第二产业。随着产业分工的深化和信息技术的发展，保险业、金融业、咨询服务业、销售业、物流业等也逐步走向融合。

7.2.3 支持力

由于旅游业的对外关联性，其发展很容易受到外部因素的影响。除去不同产业间存在的进入壁垒外，政府的管制也是阻碍信息产业与旅游产业融合的主要原因之一。政府政策、制度、措施等的调整，对二者融合的产业大环境有优化提升作用。

简政放权为产业间的融合提供了外部条件，为企业产业结构变革提供了良好条件，企业可更好地参与市场竞争。同时，随着旅游业拉动经济能力的提升及与信息产业融合进程的加快，各级政府相继出台了一系列关于加快和促进二者融合发展的政策措施。旅游产业政策有很多类型，按照不同的划分标准，旅游产业政策有多种分类方法（表7.2）。

表7.2　旅游产业政策的类型

划分标准	政策类别	释义
按行政级别划分	国家旅游产业政策	国家旅游产业政策是一国政府制定和颁布的政策，它对下属各级政府制定相关旅游产业政策具有指导意义，如《旅游法》《旅游度假区等级评定标准》《旅游景区质量等级评定管理办法》《旅行社管理暂行规定》《旅游饭店涉外评定星级的规定》等
	地方旅游产业政策	地方旅游产业政策包括省级、市级、县级政府针对其管辖范围内旅游产业而制定和颁布的政策，如《河南省人民政府关于加快旅游产业转型升级的意见》《河南省人民政府关于建设高成长服务业大省的若干意见》《海南省旅游业管理暂行规定》等
	基层旅游产业政策	基层旅游产业政策是指乡镇以下级别的政府组织对当地具体范围内旅游产业发展做出的规范、协调、促进等政策
按政策作用划分	指导性旅游产业政策	指导性旅游产业政策是对旅游产业或旅游活动的发展方向、目标等起到指导和定位作用的政策，如《国务院关于加快发展旅游业的意见》《关于鼓励和引导民间资本投资旅游业的实施意见》《关于促进旅游业改革发展的若干意见》《关于金融支持旅游业加快发展的若干意见》《关于进一步促进旅游投资和消费的若干意见》等
	规范性旅游产业政策	规范性旅游产业政策主要指对旅游产业发展中可预见性不良行为、消极因素等设立的标准和规范，也包括对已产生不良后果的发展活动进行惩处的规范，如《国家绿色旅游示范基地》(LB/T 048-2016)、《国家蓝色旅游示范基地》(LB/T 049-2016)、《国家人文旅游示范基地》(LB/T 050-2016)、《国家康养旅游示范基地》(LB/T 051-2016)等
	激励性旅游产业政策	激励性旅游产业政策旨在对旅游产业发展中的积极因素进行激励和促进的政策，如《西安市旅游局关于对组织国际游客经西安咸阳国际机场出入境的旅行社实施奖励的办法(试行)》《西安市旅游局鼓励旅行社推广新景区奖励办法(试行)》《洛阳市旅游发展委员会关于加快洛阳旅游产业发展的若干奖励扶持意见》等

续表

划分标准	政策类别	释义
按政策内容划分	旅游产业发展政策	旅游产业定位政策，是对于旅游产业发展方向及在国民经济发展中地位和作用的确定政策
		旅游产业技术政策，主要是指政府根据市场经济规律制定的产业政策，体现在旅游开发的方向、路径、模式等方面
		旅游产业市场政策，主要指政府对旅游市场采取的一定激励性或限制性的产业政策和措施，如1997年实施的《中国公民自费出国旅游管理暂行办法》
		旅游产品开发政策，是根据旅游市场的需求变化及供给方的市场竞争态势所制定的合理的旅游产品开发政策，如《国民旅游休闲纲要（2013—2020）》
		旅游产业融合发展政策，如《关于促进文化与旅游结合发展的指导意见》《关于进一步加快发展旅游业促进社会主义文化大发展大繁荣的指导意见》《国务院关于推进文化创意和设计服务与相关产业融合发展的若干意见》等
	旅游产业结构政策	旅游产业结构政策是指针对旅游产业的资源配置方式、产业部门间比例关系而制定的政策，其目的在于促进旅游产业向着协调化和高度化方向发展
	旅游产业组织政策	旅游企业进入政策，是针对旅游企业在旅游产业中的发展制定的相关行为准则和规范，如《旅行社条例》《旅行社条例实施细则》等
		旅游资源管理政策，是政府针对旅游资源不合理开发、不文明旅行为等破坏旅游资源的行为所制定的旅游资源保护政策及处罚规范，如《中华人民共和国自然保护区条例》《中华人民共和国文物保护法》等
		旅游产业危机应对政策，是各级政府机构根据本地自然、社会文化环境和资源特征，预判可能产生的旅游危机类型，并从旅游危机的预防、监测、沟通、反应、恢复等方面制定的防治与应对旅游危机的政策
		旅游产业环境政策，是为确保旅游产业和旅游活动发展处于安全、良好的自然环境、社会文化环境当中所制定的政策
	旅游产业配套政策	旅游产业投资政策，如《关于金融支持旅游业加快发展的若干意见》
		旅游产业土地政策，如《国务院办公厅关于支持旅游业发展用地政策的意见》
		旅游人力资源开发政策，如《旅行社经理资格认证管理规定》《导游人员管理条例》等
		旅游产业法律法规政策，如新《旅游法》《中华人民共和国旅游行业对客人服务的基本标准（试行）》《旅游发展规划管理办法》等
		旅游产业安全政策，如《旅游安全管理暂行办法》《重大旅游安全事故报告制度试行办法》《漂流安全管理暂行办法》等

7.3 信息产业与旅游产业融合的动力系统

促进信息产业与旅游产业融合的驱动力因素，包括市场需求的推动力、旅游者需求的改变、技术创新的推动力、企业和政府行为的驱使和产业分工的深化等方面。就信息产业和旅游产业的产业特性而言，主要是在体验经济兴起的潮流下，随着信息技术在两大产业间的交叉，二者产生了相似的社会经济属性，加之市场及消费者的跨产业需求、多种产品联合使用的互补性、政府经济性规制的放松等因素，信息产业与旅游产业由分立走向融合。具体融合模型如图7.1所示。

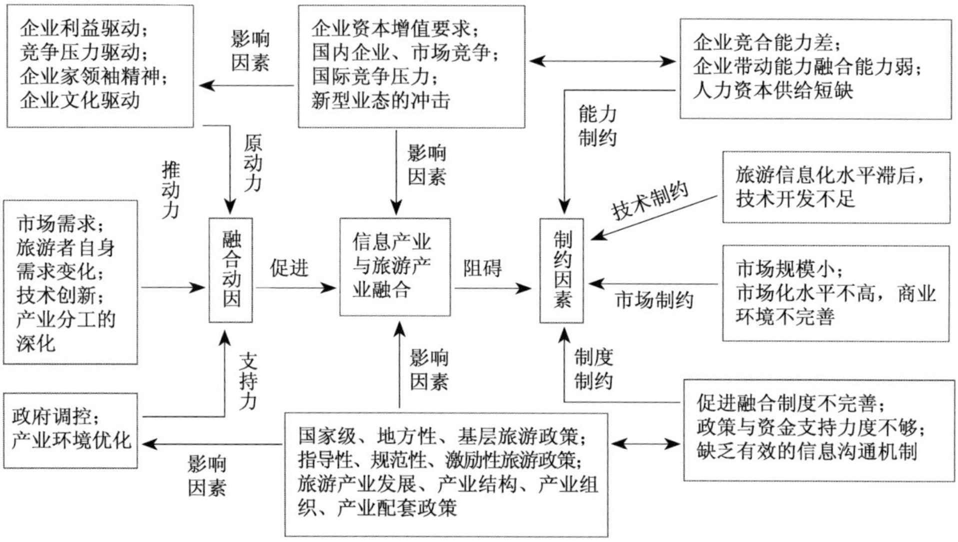

图7.1　信息产业与旅游产业融合动力系统

可以发现，信息产业与旅游产业融合的动力机制是原动力、推动力和支持力这三种力相互依赖、共同作用，持续进行演化。这样的动力机制，促进了信息产业与旅游产业的融合发展。

第8章

信息产业与旅游产业融合的路径

在旅游市场需求的拉动以及先进科学技术的推动下，旅游业发展呈现出许多新型业态，构成了旅游融合的多种类型。各种产业在自身基础特色、功能作用、技术优势等方面存在差别，以及它们与旅游产业关联方式的不同，形成了它们与旅游产业融合途径的差异。

8.1 资源融合路径

张斌（2014）研究认为，当数据和信息以资源的形式呈现出来时，就形成了数字信息资源。数据与信息作为新兴战略资源，其内容组织和服务能力的水平构成了数字环境下一国综合竞争力的重要组成部分，美国、日本、韩国以及欧洲多国都将数字信息资源管理和服务能力作为国家战略予以推进。罗成奎（2013）认为，旅游业是信息密集型和信息依托性产业，旅游产业在运营过程中生产出大规模的数据，这为信息资源与旅游资源的融合开辟广阔前景。

8.1.1 大数据信息资源与旅游行业市场定位

成功的品牌离不开精准的市场定位，基于大数据的市场数据分析和调研是企业进行品牌定位的第一步。旅游行业企业要想在看不见硝烟的市场中分得一杯羹，需要架构大数据战略，拓宽旅游行业调研数据的广度和深度，从大数据中了解旅游行业市场构成、细分市场特征、消费者需求和竞争者状况等众多因素，在科学系统的信息数据收集、管理、分析的基础上，提出更好地解决问题的方案和建议，保证企业品牌市场定位独具个性化，提高企业品牌市场定位的行业接受度。

企业想进入或开拓某一区域旅游行业市场，首先要进行项目评估和可行性分析。这个区域人口是多少？消费水平怎么样？客户的消费习惯是什么？市场对产品的认知度怎么样？当前的市场供需情况怎么样？公众的消费喜好是什么？……这些问题背后包含的海量信息构成了旅游行业市场调研的大数据，对这些大数据的分析就是市场定位过程。

企业开拓新市场，需要动用巨大的人力、物力和精力，市场定位不精准或者出现偏差，给投资商和企业自身带来的后期损失是巨大甚至有时是毁灭性的。要想做到定位准确乃至精确，就必须有足够的信息数据供旅游行业研究人员分析和判断。在传统情况下，数据主要来源于统计年鉴、行业管理部门数据、相关行业报告、行业专家意见及属地市场调查等，这些数据多存在样本量不足、时间滞后和准确度低等缺陷，这使准确定位的过程存在着数据瓶颈。随着大数据时代的来临，借助数据挖掘和信息采集技术，研究人员不仅能得到足够的样本量和数据信息，还能够基于大数据建立数学模型对未来市场进行预测。

8.1.2 大数据信息资源与旅游行业市场营销

今天，从搜索引擎、社交网络的普及到智能移动设备的人手一机，互联网上的信息总量正以极快的速度不断暴涨。每天在Facebook、Twitter、微博、微信、论坛、新闻评论、电商平台上分享的各种文本、照片、视频、音频、数据等信息高达几百亿甚至几千亿条，这些信息涵盖着、商家信息、个人信息、行业资讯、产品使用体验、商品浏览记录、商品成交记录、产品价格动态等等海量信息。这些数据通过聚类可以形成旅游行业大数据，其背后隐藏的是旅游行业的市场需求、竞争情报，闪现着巨大的财富价值。

在旅游行业市场营销工作中，无论是对于产品、渠道、价格还是顾客，可以说每一项工作都与大数据的采集和分析息息相关，而以下两个方面又是旅游行业市场营销工作中的重中之重：一是通过获取数据并加以统计分析来充分了解市场信息，掌握竞争者的商情和动态，知晓产品在竞争群中所处的市场地位，以达到“知彼知己，百战不殆”的目的；二是企业通过积累和挖掘旅游行业消费者档案数据来分析顾客的消费行为和趣向，以便于更好地为消费者服务和发展忠诚顾客。

倪凡（2015）对旅游行业顾客的消费行为和趣向分析的研究认为，如果企业善于积累、收集和整理消费者的消费行为方面的信息数据，如消费者购买产品的花费、选择的产品渠道、偏好产品的类型、产品使用周期、购买产品的目的、消费者家庭背景、工作和生活环境、个人消费观和价值观等，建立消费者大数据库，便可通过统计和分析来掌握消费者的消费行为、兴趣偏好和产品的市场口碑现状，再据此制定有针对性的营销方案和营销战略，投消费者所好，那么其带来的营销效果是可观的。可以说，大数据中蕴含着出奇制胜的力量，如果善于在市场营销中对其加以运用，其将成为旅游行业市场竞争中立于不败之地的利器。

8.1.3 大数据信息资源与旅游行业收益管理

收益管理作为关于实现收益最大化理论的学科，近年来受到旅游行业人士的普遍关注和推广运用。收益管理意在把合适的产品或服务在合适的时间，以合适的价格，通过合适的销售渠道，出售给合适的顾客，最终实现企业收益最大化目标。要达到收益管理的目标，需求预测、细分市场和敏感度分析是此项工作的三个重要环节，这三个的环节推进的基础就是大数据。

需求预测是通过对建构的大数据进行统计与分析，采取科学的预测方法，通过建立数学模型，使企业管理者掌握和了解旅游行业潜在的市场需求、未来一段时间每个细分市场的产品销售量和产品价格走势等，从而使企业能够针对不同的细分市场来实行动态定价和差别定价。需求预测的好处在于可提高企业管理者对旅游行业市场判断的前瞻性，并在不同的市场波动周期以合适的产品和价格投放市场，获得潜在的收益。细分市场为企业预测销售量和实行差别定价提供了条件，其科学性体现在通过旅游行业市场需求预测来制定和更新价格，最大化各个细分市场收益。敏感度分析是通过需求价格弹性分析技术，对不同细分市场的价格进行优化，最大限度地挖掘市场潜力。

大数据时代的来临为企业收益管理工作的开展提供了更加广阔的空间。需求预测、细分市场和敏感度分析对数据需求量很大，而传统的数据分析大多是采集的是企业自身的历史数据来进行预测和分析，容易忽视整个旅游行业信息数据，因此难免使预测结果存在偏差。企业在实施收益管理过程中如果能在自有数据的基础上，依靠一些自动化信息采集软件来收集更多的旅游行业数据，了解更多的旅游行业市场信息，将会对制订准确的收益策略、赢得更高的收益起到推进作用。

8.1.4 大数据信息资源与智慧服务

利用旅游行业数据库进行分析，需要以旅游者旅游活动的六要素吃、住、行、游、购、娱为数据模型，根据实际情况建立横向维度和纵向维度的分析模型，依托行业数据库进行分析推演。大力建设数据中心、服务端平台、使用端平台，将IT构架引入旅游业，将分散、海量的旅游信息更友好地呈现出来，方便游客计划和安排行程，并有效指导各地或者各景区的公共服务体系建设，真正提高旅游公共服务满意度。携程上线的国际机票预订平台是通过强大的技术系统来实现的，每一条查询都会牵涉到百万级的数据量和复杂的算法。携程还自主研发一系列有线预定系统，将线上平台优势与地面服务系统无缝融合，如在三亚、丽江、桂林等重要休闲旅游目的地构建完善的地面服务体系，并与在线预订系统对接。这样，消费者通过网络平台预订当地酒店、门票和租车等，到了目的地后享受周到的地面服务。携程还创新酒店预订新模式，如惠选酒店，在不透露酒店名称的前提下，消费者根据位置、价格、点评、星级等多个角度挑选酒店，预订成功后获知酒店名称，可获得4～7折优惠，使模糊预订成为一种聪明、安心、实惠。

8.2 技术融合路径

旅游产业与信息产业融合互动主要表现为信息技术对旅游产业的渗透。旅游行业的整个流程涉及大量的信息处理，因而大部分旅游服务都能够依靠信息技术而提高效率。

8.2.1 信息技术在旅游酒店中的应用

首先是客房的在线预订。随着旅游电子商务迅猛发展，网上预订以及购买旅游服务变得日益流行，通过互联网技术的运用，一些信息提供商（ISP）建立了旅游资源网站，为游客提供旅游信息查询以及电子商务活动条件。游客不仅能够在线预定客房，还能够给在线完成支付，方便快捷地在网上完成交易流程。其次是酒店通信服务。利用信息技术，酒店将语音通信、数据通信以及图像通信整合到布线系统，确保各个楼层都有数据接口接入网络。除此之外，客房电视机通过连接服务器而成为智能电视，便于游客在休息的过程中浏览信息或者收看娱乐节目。酒店业通过运用信息技术，极大地方便并丰富了旅游酒店的预订以及其他各项服务。

8.2.2 信息技术在旅游交通中的应用

互联网以及GPS定位技术的发展，使得信息技术在旅游交通中的应用更加深入。一方面是机票预订。航空公司依托信息技术，将纸质机票转化为电子机票，并将信息存储到订票系统当中，执行出票、退票、改转签以及作废等操作，对于旅客来说，电子机票的使用与传统纸质机票没有任何差别。另一方面是GPS定位系统的应用。GPS即全球定位系统，能够连续地、全天候地为游客提供定位导航功能，为游客提供精确的三维坐标。无论游客是步行还是驾车出游，都可以使用GPS导航仪来进行导航。旅游行业中GPS在汽车导航、个人探险以及导游助理等活动中应用广泛，为游客以及旅游服务人员提供道路导航、路线选择、位置提示以及设施查询等各种服务，手持型GPS设备也成为徒步旅行以及野外探险游客视的必备工具。

8.2.3 信息技术在旅游餐饮中的应用

随着信息技术的发展和普及，光电账单扫描仪以及无线点菜系统等在旅游餐饮当中的应用已经非常普遍，既简化了服务的程序，还提高了服务效率，也创造了良好的就餐环境，提高了游客的满意度。例如在无线点菜方面，通过综合使用电子技术、计算机技术以及无线技术等取代传统纸笔来点菜并进行远距离的信息传递。

8.2.4　信息技术在旅游景区中的应用

信息技术从促进景区精准营销、提高管理效率和完善游客服务等多方面协助旅游景区企业提升经营管理水平、吸引新客源、做大游客增量市场。以下以银旅通为例作说明。

第一，实现“智慧营销”：景区采用银旅通智慧旅游快速通道服务，对于有预订记录的游客，可以获得第一手的游客数据资料，这对于景区经营状况分析有重要参考意义。景区经营者可以根据市场的实时反馈及时调整经营策略，同时可通过与银行、银联、通信业等多种营销渠道的对接，以很低的投入获得这些渠道引来的高质量客户，如此精准的客户导入效果是传统广告模式即使不计成本去投入也不能达到的。

第二，实现“智慧管理”：银旅通智慧旅游服务系统根据景区管理的实际需求进行独立研发，能够充分保障景区票务的日常运作，提高产品销售、财务结算及统计监控等相关工作的效率，同时有效帮助景区建立高峰预警机制。景区经营者只需通过电脑或者手机上网即可获得经营管理的实时数据，实现轻松管理，节省管理者的时间，减少人力投入，提升工作效率。

第三，实现“智慧服务”：银旅通智慧旅游服务通道为游客提供更便利快捷的服务，创新性地系统解决了游客订票、支付、结算、验证等各方面的问题。游客不再需要经过订票、支付再到景区票房换票等烦琐的环节，只需持电子钱包在闸机直接刷码入园。智慧服务可极大地方便游客，提升游客对景区服务的体验认可度和美誉度，为景区提供良好的口碑宣传效应。

8.3　业务融合路径

旅游业是信息密集型和信息依托型产业，其对信息技术有天然的适应性。旅游信息化衍生出旅游信息产业，而旅游信息产业的发展正是旅游业“新经济”的体现，旅游信息产业的提升是发展低碳旅游的必然选择。

8.3.1　旅游信息产业发展

旅游信息化衍生出旅游信息产业，旅游信息化与产业化的融合发展已成为现代旅游产业发展的新趋势，并对世界旅游业发展产生了重大而深远的影响。旅游信息产业以信息技术的发展为基础，而信息化则是信息技术的普及和应用。通过旅游信息产业的发展，旅游业各要素日益高度整合，形成无缝对接的网络化产业链，发挥其知识联盟效应，使旅游成为一种知识型产品。新经济是以高科技及其产业为支撑，以知识经济、信息经济、网络经济为主要内容，以经济全球化和创新为主要特征的经济；旅游信息产业的发展为旅游业带来了新的资源观、新的产品生产方式和营销方式，从这个意义上，旅游信息产业正是旅游业“新经济”的体现，已成为旅游业体制创新、管理创新和市场创新的有效保障，是发展低碳旅游的必然选择。

旅游信息产业将旅游的吃、住、行、游、购、娱六大要素通过信息化高度整合在一个平台上，形成网络化产业链，进行横向扩张和纵向延伸，从而实现区域资源整合与优势互补。李慧（2011）认为，旅游信息产业系统平台以行业管理为基础需求点，从产业链各参与者的业务需求入手，整合产业资源，借助新技术和信息化手段，不断创新，全面推进行业信息化，逐步构建集辅助行业管理、旅游产品分销、品牌营销为一体的，全方位、多渠道、统一的综合信息应用平台。通过该平台，行业管理部门将实时掌握行业动态数据，为行政决策提供科学依据；产业链上的各企业可以借助平台优化业务流程，减少运营成本，扩展销售渠道；公众将因行业间信息流的无缝衔接而提升满意度；整个行业的综合竞争力得以提升。

总体来看，我国旅游信息产业系统平台的建设还处于初级阶段，主要存在以下问题：信息分散，共享性不充分；网络交易存在安全问题；法律保障体系不完善；旅游信息化复合型人才缺乏；地区差异明显，等等。崔恺媛（2011）认为，要发挥信息化在旅游业中的作用必须解决以上问题，这些问题同样也是影响旅游市场主体参与信息化建设热情的主要因素。政府应在旅游信息产业建设中发挥主导作用，制定旅游信息产业发展的整体战略目标和发展规划，加快旅游信息基础设施建设，构筑有助于旅游信息产业发展的软环境，鼓励各市场主体踊跃参与到旅游信息产业系统建设中。

8.3.2 国内智慧旅游供应商

据艾瑞咨询（2014a,b）的研究报告，智慧旅游对于游客而言是更及时和便捷的服务，但构建智慧旅游生态的却是众多参与者共同努力的结果。从智慧旅游项目的规划到技术方案的制定，再到具体软硬件系统的提供、集成，在多方参与者的分工合作下，国内智慧旅游的开展正渐趋规模。

1.旅游类互联网服务供应商

市场环境是事物发展的动因，技术的逐步完善也伴随着政策水到渠成。在旅游行业，除了服务提供商面向消费者之外，智慧旅游城市、景区、传统旅行社企业的建设更从智慧服务、智慧管理和智慧营销三个方面加强资源的开发与整合。

智慧旅游在中国还是一个新概念，很多人对于它的发展前景和实际应用还仅停留在手机App和网上查询等功能上。比如，人们只看到携程的性价比，看不到背后是其此前投资的慧评网、中软好泰公司重组成立的众荟信息技术有限公司，将客栈通系统并入众荟基础软件事业部，融合酒店行业大数据以及云计算技术，通过基础软件、信息通道以及数据智能相融合，才得以打通酒店行业的信息通道和行业数据链生态的建设。

2.旅游云解决方案提供商

旅游行业的特点之一是地区分散，尤其是我国地大物博的特点和国情，越是秀美的景观就越远离城市。这种现象造成智慧旅游信息孤岛问题，分散的数据直接导致信息化水平提升的困难。而云计算的出现形成了跨平台、跨网络、跨终端的旅游综合服务提供商。正是云服务耦合了旅游产业链上中下游的资源，云服务商在各个细分领域的信息化进程中都扮演了绝对重要的角色，将原本分散的资源聚集起来，再以服务的形式提供给受众。

3.交通云解决方案提供商

在旅游智慧化总体规划的统领下，城市道路交通基本建设和交通基础设施已经得到了进一步完善。在路况中最亟待解决的问题是突发事件和日益增大的交通需求。

我国大多数城市的交通信息服务系统的基础建设已初步形成，普遍面临着利用交通信息服务于交通管理和出行者的问题。交通云将对海量的交通信息进行处理、分析、挖掘和利用，解决交通信息服务的关键问题。利用云计算技术可以有效地调配系统资源，配合智慧旅游出行中最重要的部分。

4.旅游出行App供应商

从传统到互联网再到移动互联网，可以清楚地看到旅游业的发展对人们的生活带来的改变。“互联网+”打通了BAT（百度、阿里巴巴和腾讯）闭环全天下的计划：百度战略投资去哪儿、艺龙和同程进入了腾讯系的麾下；阿里系的“去啊”直接从淘宝旅行划分出去，B端的“未来酒店”成了酒店的供应商，绕开了其他在线旅游公司针对C端消费者进行的营销大战，打开了旅游界另一种思维的天空：当游客来到山清水秀的景区，入住客栈，卸下行李，找到免费Wi-Fi，就能看到附近地道的美食，并有地图路线指引。

5.地图App供应商

移动互联网逐渐成为在线旅游市场竞争的主战场，尤其体现在出行和住宿上。游客在选择出行路线时，往往更愿意选择一个涵盖吃、住、游等全方位信息及服务的应用，这都离不开基于LBS的O2O服务。居排行榜首位的百度地图也因此成功转型为庞大的本地生活服务平台，各大地图App均有相似功能时，规划的路线更合理、更省时则是地图App衡量的重要标准。

6.智慧城市解决方案提供商

智慧旅游是未来旅游发展的趋势。一旦智慧旅游全面融入现代旅游产业中，那就意味着每个游客都是终端的“阿拉丁”，“一盏神灯”便可点亮任何一个想去的地方。智慧旅游的概念并不源于互联网本身，而是由旅游业提出，引入了信息通信技术，提升了产业发展。智慧景区所在的智慧城市在除了接待游客之外，也使本地人宜居。在互联网时代，智慧城市的建设依然离不开云计算的加入，使城市平台层统一高效能地进行基础软硬件资源的调度管理、旅游安全控制管理、节能降耗管理。

7.商用Wi-Fi解决方案提供商

对于智慧旅游带动的智慧城市以及智慧景区等公众场所，最重要的前提是网络，在没有网络的条件下何谈“智慧”二字。遍地的Wi-Fi早已不是吸引消费的理由，商用Wi-Fi是对商家、方案提供商都有利好的产业。

8.IT转型服务商

在大数据、云计算以及智能硬件都部署完整后，智慧旅游产业还需完备的信息管理体系。各种移动设备改善旅游体验同时，产品也需要做到服务化。如华胜天成引进IBM技术平台及其产业链技术，浪潮、华为等也加入联合团队，加速实现以客户为核心的具有影响力的IT集成服务和运维服务的“混合型”服务商，在智慧旅游中采用物联网架构和软件架构将IT行业的软件与旅游行业的硬件相融合，面对客户和厂商，将IT行业转型为智慧旅游的提供商，挖掘更大的商业机会。

9.IT商用办公综合服务提供商

很多人认为商用办公IT已经落伍，做商用办公设备的企业也都归于落伍者的行列。其实标志着现代IT系统的云计算、大数据分析等技术的实现依靠的仍是IT设备商提供的设备、软件商提供的解决方案。事实上，推动IT系统不断进步的很大一部分力量是来自人们印象中的“传统”IT厂商，在智慧旅游中，大量的设备、解决方案和服务都来自这些厂商。

8.4 空间融合路径

1.旅游地理信息系统（GIS）

GIS的工作原理是，采集景区的地形图进行矢量化，基于GIS平台软件建立景区的GIS空间数据库，利用Super Map实现系统，将地理学和旅游资源评价的理论融入系统中，为用户提供各种旅游空间数据及其他数据的浏览、查询和分析功能。系统利用智能客户端进行数据更新维护，通过对数据库的分析，定位区域内旅游资源属性，规划开发景区景点。

2.目的地信息系统（DIS）

DIS的主要功能是向游客提供旅游目的地的直接信息，研发机构和中介机构可以通过信息的查询来了解相关配套设施和产品的使用情况，借助信息的反馈，及时规划生产相关旅游产品。在信息化的旅游产业链中，DIS信息系统包括景区景点的三维虚拟系统、门票信息、饭店旅馆信息、机票信息等。

3.全球分销系统（GDS）

GDS主要是提供一个网络平台，相当于实际的虚拟集贸中心，由中介服务机构或企业自身通过后台设定产品销售信息，让各地的旅游中间机构或旅客可以利用此平台直接进行交易，它将是产业链中服务平台的主要构成部分。GDS营销的特色主要是庞大的全球范围酒店销售服务信息。加入该系统销售的旅游网站超过2000家；其中帮助其客人预订房间的旅游代理同业就超过60万；全球四大航空订位系统（Sabre、Amadeus、Galileo、Worldspan）互连销售；最重要的是，各酒店企业通过GDS入网后，企业面向的是全球的客源，可以有效开发国际市场、吸收国外客源；通过后台可以编辑自己的特色优势，起到全球性的宣传作用，增加国际曝光率、提升酒店形象。

4.导航与热线服务系统（GPS）

GPS是具有强大导航、定位和定时功能的无线电导航定位系统。它的应用能为旅客提供准确的位置、速度和时间信息，提升旅客的安全感及美好体验；服务热线的建立，为旅客的一些急切需求和投诉提供了渠道，同样是提升旅客满意度的有效系统。

8.5　组织融合路径

在旅游市场需求和科技的推动下，信息技术逐渐渗透到旅游产业，产生新业态，同时，旅游产业的快速发展也会带动信息产业的发展。信息产业通过将自身单个化及模块化的信息要素嵌入到旅游产业的价值链条中去，影响、改变旅游产业的发展方向和发展方式，令两个产业的不同层次和行业间发生交叉、渗透，使二者原本清晰的产业边界出现模糊，甚至消除，最终产生新型业态。由于两大产业在产业功能、优势、产业关联方式等方面的差异，使得二者组织融合方式有所不同。李慧（2011）研究认为，信息产业与旅游产业融合主要有三个层面的融合，一是纵向融合，二是横向融合，三是介于前两者之间时间维度的融合，即阶段性融合。

8.5.1　纵向融合

信息产业与旅游产业的融合，通过二者价值链的纵向延伸来实现（图8.1），从产业单个要素融合到模块单元融合，再到产业网格嵌入式的全面融合，从而实现各自产业价值的提升。信息产业与旅游产业的纵向融合一般发生在融合主体——企业之间，是上下游产业中供应企业或生产企业与销售企业之间的融合。信息产业与旅游产业纵向融合过程中，两大产业的上下游企业之间可以进行资源整合。就旅游企业而言，两大产业企业间不同技术要素的交流、互换，通过信息技术的发展以及在旅游企业中的传播与利用，为信息产业与旅游产业的融合奠定技术基础，并逐步促进两大产业间的技术融合，电子商务、OTA等开始出现，慢慢消除两大产业间的技术边界和壁垒。

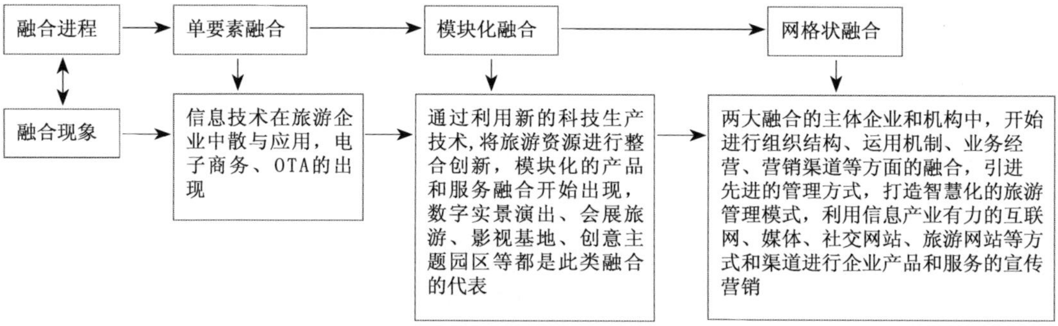

图8.1　信息产业与旅游产业纵向融合

随着社会经济的发展、消费者需求的不断改变与多样化、生产技术的升级创新，信息产业与旅游产业融合中单一的技术元素融合已经无法促进两大产业的融合步伐，模块化的产品和服务融合开始出现。数字实景演出、会展旅游、影视基地、创意主题园区等都是信息产业与旅游产业产品融合发展的典型代表，通过利用新的科技生产技术，将旅游资源进行整合创新，开发打造成可以满足当代人需要的特色旅游产品和服务，充分利用旅游资源来吸引更多的消费者，赋予信息产业以新的功能，促进两大产业的融合发展。

经历过单要素和模块化的融合后，信息产业与旅游产业融合进入到中高层次的阶段，也需要出现更为有效的融合路径，两大产业间网格状的融合路径开始出现。信息产业与旅游产业融合的主体企业和机构中，开始进行组织结构、运营机制、业务经营、营销渠道等方面的融合，不断促进企业组织结构和功能的创新。旅游企业开始引进先进的管理方式，打造智慧化的旅游管理模式，电子门禁、监控系统逐步完善，同时利用信息产业有力的互联网、媒体、社交网站、旅游网站等方式和渠道进行企业产品和服务的宣传营销，提高旅游企业的产品销售量和知名度，两大产业间企业的融合程度得到提高，二者的融合进程得到促进。

8.5.2　横向融合

横向融合即通过产业间的互补和延伸实现产业间的融合，往往发生在高科技产业的产业链自然延伸的部分（图8.2）。这类融合通过赋予原有产业新的附加功能和更强的竞争力，形成融合型的产业新体系。这种融合更多地表现为服务业向第一产业和第二产业的延伸和渗透，第三产业中相关的服务业加速向第二产业的生产前期研究、生产中期设计和生产后期的信息反馈过程展开全方位的渗透，金融、法律、管理、培训、研发、设计、客户服务、技术创新、贮存、运输、批发、广告等服务在第一产业和第二产业中的比重和作用日趋加大，相互之间融合成不分彼此的新型产业体系，如现代农业生产服务体系、工业服务体系、工业旅游、农业旅游等。

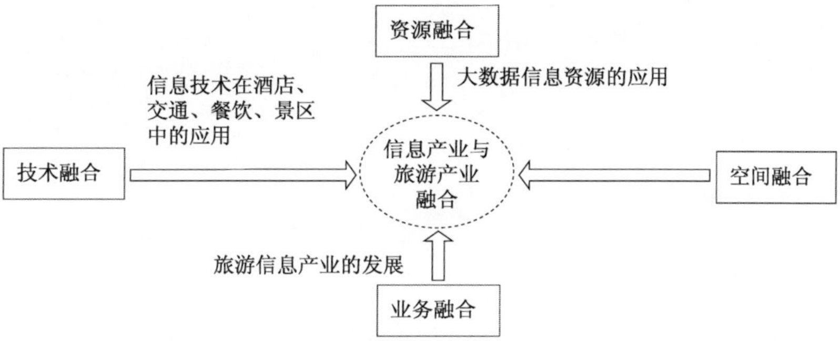

图8.2　信息产业与旅游产业横向融合

横向边界的打破更好理解。产品、服务形态的数字化降低了生产和分发的边际成本甚至边际成本趋于零，同时网络效应使得越来越多的产品具备边际效用递增效应。比如一个杯子，传统条件下它的边际效用是递减或不增的，但是如果这个杯子具备数据采集和联网功能，可能会让用户觉得“贴心”。其实这个过程的边际成本仅仅是利用Wi-Fi把数据传送到云端进行简单的分析而已。这样，边际收益曲线向上，边际成本向下，两者南辕北辙，交汇点恐怕遥遥无期，横向边界因而不存在了。

按照产业边界的分类，产业的融合发展必然伴随技术边界、产品边界、企业边界和市场边界四个层次的模糊或消失。因此，在资金面支持、政策管制、消费者需求、技术变革等内、外动因的推动下，产业边界将在上述四个层面发生改变，产生不同性质的融合。

8.5.3　阶段性融合

胡霞（2013）认为，产业融合是一个动态化发展的过程，从时间维度上来讲，任何产业融合都要经历初级、中级和高级三个阶段，信息产业与旅游产业融合也不例外（图8.3）。初级阶段，信息产业与旅游产业属于两大不同的产业范畴，处于各自分立的状态，产业内所提供的产品和服务也具有完全不一样的功能和特征，分别为了满足各自产业内的消费需求，信息产业与旅游产业的产业边界清晰。中级阶段，随着信息技术的发展及扩散，为两大产业打造了技术基础，信息产业与旅游产业行业内生产的产品和服务开始进行了功能特征的互换，竞争关系增多，两大产业开始进行产品、服务的融合。高级阶段，随着两大产业内部组织结构的变化，跨产业的市场需求出现，再加上政府管制放松、政策支持等因素，信息产业与旅游产业由最开始的分立状态走向全面融合阶段，二者产业价值链进行不断地渗透、扩散、延伸和融合，完全打破原有的产业壁垒，二者的产业边界开始模糊直至逐渐消失并实现全面融合。

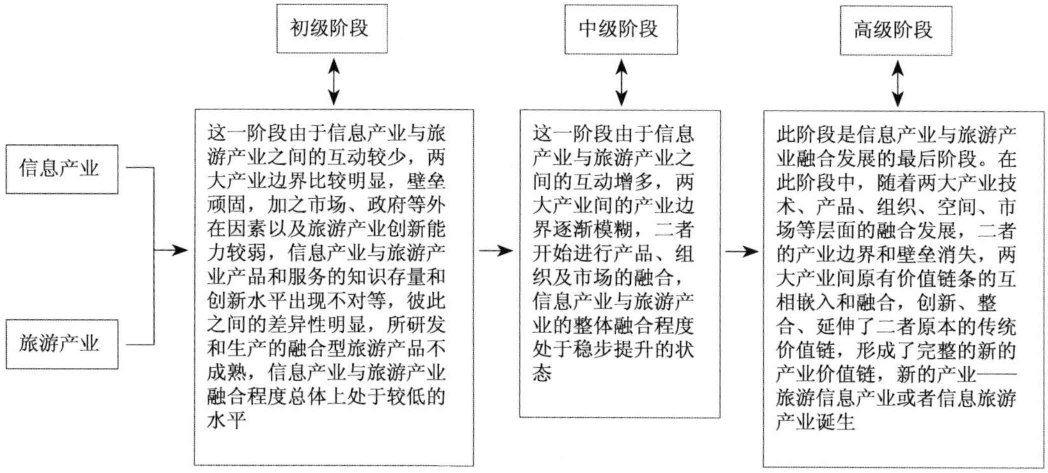

图8.3　信息产业与旅游产业阶段性融合

1.信息产业与旅游产业融合的初级阶段

此阶段明显特征表现为：信息产业与旅游产业互不相干，产业边界明确清晰，二者完全处于分立状态，产业间无交叉现象，也不存在竞争合作关系。这一时期，由于各自产业的薄弱点，例如，旅游产业技术创新水平低，对传统的自然资源和历史文化旅游资源过于依赖，旅游企业知识存量低，技术创新和模仿能力差，与信息产业的互动和互补能力相对较低；同时，由于市场需求较低、政府管制、企业间竞争压力尚小等原因，信息产业与旅游产业内部融合需求低。

总之，这一阶段由于信息产业与旅游产业之间的互动较少，两大产业边界比较明显，壁垒顽固，加之市场、政府等外在因素以及旅游产业创新能力较弱，信息产业与旅游产业产品和服务的知识存量和创新水平出现不对等，彼此之间的差异性明显，所研发和生产的融合型旅游产品不成熟，信息产业与旅游产业融合程度总体上处于较低的水平。

2.信息产业与旅游产业融合中级阶段

随着社会经济的发展和科技水平的提高，市场需求也越来越多样化，这要求两大产业融合加快。由于信息技术的提升，它在旅游产业中的扩散和渗透能力也随之提高，促进了旅游产业的创新能力和学习能力。信息产业与旅游产业的交叉、渗透活动开始增多，特别是旅游企业，开始主动探索融合型新产品的开发，之后通过推广、扩散效应引发信息产业企业的产品创新，使得信息产业与旅游产业处于循环的创新、扩散中。同时，在这一阶段，政府开始逐步放松体制约束，市场竞争也越来越激烈、需求越来越多样化，外部环境对于信息产业与旅游产业融合的制约因素减少，两大产业加快融合进度。这一时期的信息产业与旅游产业正向互动较为明显。

随着信息产业与旅游产业的融合，企业开始进行组织结构、运营体制、营销渠道等方面的融合，管理体制趋向智慧化，企业自身竞争能力和创新能力得到提升。与此同时，市场趋向成熟，两大产业间跨产业融合发展的现象明显，市场出现多样化的融合型新产品和业态，然而，在市场中占主导地位的新型产品或业态还尚未出现。

总之，这一阶段由于信息产业与旅游产业之间的互动增多，两大产业间的产业边界逐渐模糊，二者开始进行产品、组织及市场的融合，信息产业与旅游产业的整体融合程度处于稳步提升的状态。

3.信息产业与旅游产业融合的高级阶段

进入该阶段以后，两大产业经过前两个阶段融合的积累，产业间相互渗透、扩散、交叉，跨产业融合发展已成为常态，跨产业的市场发展趋向成熟，市场上出现了丰富多样、层次鲜明的个性化新产品和服务。

此阶段是信息产业与旅游产业融合发展的最后阶段。在此阶段中，随着两大产业技术、产品、组织、空间、市场等层面的融合发展，二者的产业边界和壁垒消失，两大产业间原有价值链条互相嵌入和融合，通过创新、整合、延伸而形成了完整的新的产业价值链，新的产业——旅游信息产业或者信息旅游产业诞生。

综上所述，二者的融合在时间维度上经历了初级、中级和高级三个发展阶段，在信息产业与旅游产业发展的不同阶段，两大产业融合发展的水平是有差异的，但总体来说，信息产业与旅游产业融合的程度是在逐渐提高的。

第9章

信息产业与旅游产业融合的模式

“模式”一词所涉范围甚广，它标志着物件之间隐藏的规律关系，而这些物件并不必然是图像、图案，也可以是数字、抽象的关系，甚至思维的方式。模式强调的是形式上的规律，而非实质上的规律。只要是一再重复出现的事物，就可能存在某种模式。产业融合模式是在产业融合的过程中从不断重复出现的事件中发现和抽象出的规律，是解决问题的经验的总结。它是对产业间内外部机制的直观简洁的描述，是理论的简化形式，可以向人们提供产业间融合的整体内容。

旅游产业与信息产业在我国经济发展中均具有重要的战略地位，随着现代服务业的高速发展，二者的融合方式逐渐趋向多元化，其融合程度也在不断加深，融合形成多种多样的新业态。旅游产业和信息产业高度开放性、综合体验化等特点，成为两大产业的天然融合基础。

信息产业与旅游产业是相互依存、相互融合和相互促进的关系，二者的融合过程中，前期的任务主要是价值活动的识别，中期的任务是两大产业核心价值活动的重组、整合，后期的任务是新的产业价值链和业务流程，最终形成信息旅游业或旅游信息业。旅游产业融合发展的过程，实际上就是新的融合产业价值链形成的过程，也是原有产业价值链的解构与重构的过程。在这一过程中，新的产业价值链综合了原来产业价值链的优势，具有更丰富的内涵和更多样的价值增值环节，因而具有更强大的竞争优势。总体来看，信息产业与旅游产业融合的模式可以分为产业渗透融合发展模式、产业边界交叉融合发展模式、产业内重组融合发展模式、基于合作与竞争的融合发展模式四大类（表9.1）。

表9.1　信息产业与旅游产业融合模式

融合模式类型	信息产业与旅游产业融合结果	融合产品代表
产业渗透融合发展模式	旅游景点虚拟化融合发展	飞石岭虚拟景区
	旅游信息化融合发展	旅游电子商务、电子政务等
	科技类主题公园式融合发展	方特欢乐世界

续表

融合模式类型	信息产业与旅游产业融合结果	融合产品代表
产业边界交叉融合发展模式	数字媒体产业园区景点化发展	韩国首尔数字媒体城
	创意产品生产基地发展	游戏、影视、动漫、音乐等产业基地
	主题酒店餐吧融合发展	主要有影视类、动漫类、科幻类、音乐类等
	数字实景演出式融合发展	《大宋·东京梦华》
产业内重组融合发展模式	影视节事旅游化	渥太华国际动画节
基于合作与竞争的融合发展模式	酒店智能化	
	景区智能化	
	旅行社信息化	
	交通信息化	
	旅游餐饮智慧化	

9.1　产业渗透融合发展模式

这一模式主要是在技术创新或管理创新的推动下，通过技术的渗透融合，将原属于信息产业的价值链活动环节，全部或部分无摩擦地渗透到旅游产业中，相互交融，形成新型的产业。

9.1.1　旅游景点虚拟化融合发展模式

旅游景点虚拟化是建立在虚拟旅游的基础上，通过产业渗透的方式实现旅游和信息两大产业的融合。虚拟旅游的实现是利用现代计算机多种科技手段，模拟真实景区，再现景区真实场景。该类景区区别于现实的旅游，拥有截然不同的特征，即交互性、沉浸性和自主性。交互性主要包括两大方面，即游客与虚拟旅游景点的交互、游客间彼此旅游体验的交互；沉浸性是指通过各种现代技术的综合运用，让游客在打造出来的虚拟世界中能够身临其境地感受目的地场景；自主性是指游客在虚拟旅游的过程中能够获得最大限度的自由，即游客在制定自己的旅游目的地、旅游线路、旅游时间、旅游项目等时，不必考虑各种现实因素和束缚，能够完全根据自身自由选择。

旅游景点虚拟化融合发展模式的主体是旅游景点和旅游企业，该模式主要是指旅游业的旅游景区和信息业内的技术企业以虚拟现实技术为依托，以互联网为平台，借助动漫、影视等表现手法和制作手段，通过模拟或超越现实景观，将真实存在的旅游景点及产品服务虚拟化，构建一个虚拟旅游环境，使两大产业边界内的产业价值链相互渗透，形成新业态，即景点的虚拟化。通过此类发展模式，旅游产业内的景区通过借助信息产业的网络技术优势，提升自身内容和知名度，获得更好的市场和经济效益；同时，信息产业也因为旅游业的注入而丰富了产业内容，为虚拟的网络世界增加了真实性。

根据百度2018年的数据统计，“虚拟景区”在中国的日平均搜索量是12200次。也就是说，旅游景点的虚拟化在我国已得到较大的发展。例如，2006年浙江凯恩旅游集团与杭州天畅网络科技有限公司合作开发的飞石岭虚拟景区，通过网络游戏与旅游的有效结合，实现了以虚拟景点换取真实景点；宋城景区在已有的虚拟旅游基础上，在2015年又提出科技宋城概念并推出VR重点项目；2016年“五一”上线的“数字敦煌”资源库，将敦煌莫高窟各个经典洞窟实现了数字化保护。除此之外，数字技术的发展让各类线上虚拟景点层出不穷，故宫、武当山、阳澄湖等多个景区都实现了全景游览模式，如故宫博物院的“超越时空”、“数字圆明园”、中国非物质文化遗产数字博物馆等。

9.1.2 旅游信息化融合发展模式

这一模式主要是以信息技术为依托，以网络平台为基础，通过旅游资源的全面整合来提升旅游业的发展水平。旅游信息化可分为三大阶段，即初接触信息化的起步阶段、可熟练运用信息技术的普及阶段、旅游信息化的集成阶段。从广义的角度来说，旅游信息化的具体建设内容有三大部分，即旅游企业信息化、旅游电子商务、旅游电子政务。

旅游企业信息化侧重于信息技术在企业内部的应用，即通过采用信息技术、网络技术等改变企业内部传统的信息网络和管理机制，整合各项旅游信息资源，重新构建企业的营销模式和业务渠道，从而提高企业的创新学习能力，增强企业的市场竞争力。例如，企业进行自身智慧管理体系的打造，联合建立虚拟企业管理模式，通过技术共享和对市场信息的整合搜集、监控预测，快速把握复杂多变的市场环境，为企业决策提供支撑，促进企业快速高效发展。

相较于旅游企业信息化，旅游电子商务则更侧重于企业外部活动，它是指企业对外的一系列电子商务活动。旅游企业利用现代信息技术打造企业自身的销售平台，通过对“吃、住、行、游、购、娱”等信息的整合、发布，对旅游企业或目的地的产品和服务进行宣传促销。互联网技术的支撑使得电子商务具有低成本、高效率、宣传广等优势，在宣传期、体验期和反馈期拉近了旅游企业或旅游目的地与消费者之间的联系，既便利了消费者，也提升了市场的服务水平。例如景区自有App包含旅社信息、游览须知、景点欣赏等内容，大大便利了游客，提高了景区的运作效率。

旅游电子政务，是基于互联网技术针对各级旅游行政管理机关的信息化。各级旅游机关利用现代信息技术构建全新的管理模式，具有共享的管理网络和业务数据库。通过各地区间信息的互联互通和公布，提升各级机构间的办公效率和业务处理能力，提高旅游机构办公的公平化和透明度，优化政府服务质量。例如，国务院有关部门和省（区、市）政府公布的加快推进“互联网+政务服务”工作方案，各级政府的旅游局均建有自己的电子网站，通过该平台及时发布政策信息。

在“互联网+”时代，旅游管理信息化改变了传统的旅游业接待模式，为我国旅游业的发展注入了活力，促进了旅游业的进一步发展。

9.1.3 科技类主题公园式融合发展模式

这一发展模式主要是信息产业内的部分企业，借助其服务产品的技术优势以及市场优势，突破产业边界，利用技术创新手段，将原有的产业活动扩散到旅游业内，打破二者的技术边界壁垒，推动两大产业的产品融合，形成新型的融合业态——具科技主题的景点产品，即科技类主题公园。

此类主题公园有着鲜明的特征，即科技含量高、文创性强、项目个性化和交互性强。该类型公园大部分都形成了自己独具特色的“创、研、产、销”的一体化产业链，从园区内部的团队管理，到整个产业链上的旅游产品开发、旅游服务的制定等，均领先于业界平均水平。与此同时，此类园区内的旅游产品相较于其他类型的主题公园而言，具有更高的项目个性化和交互性，与游客的互动性极强，极大地满足了游客的体验需求。例如，方特欢乐世界的恐龙危机、飞跃极限，六旗主题公园的“银河攻击”VR云霄飞车等，利用戏剧表演、服装、艺术效果和特技等，通过科技和艺术的完美结合给游客以身临其境的震撼体验。

除了较高的科技含量和独具特色的建筑风格外，此类主题公园还可以同信息产业中的动漫、游戏相结合，将文化与科技相结合，赋予其园区浓厚的文化内容。例如，迪士尼乐园、方特欢乐世界等动漫主题公园，将自己旗下所开发的影片角色加入到乐园中去，打造出一种休闲产业经营形态的模式。常州环球动漫嬉戏谷利用动漫IP和游戏场景进行实景还原，例如“星际传说”、“摩尔庄园”等主题区。嬉戏谷内的游乐设施、巡游演出等也都以《星际争霸》、《摩尔庄园》等游戏动漫为设计蓝本，这种模式为该园区带来了极大的门票收入以及系列动漫游戏周边产品的销售收入。

9.2 产业边界交叉融合发展模式

此类模式主要通过产业之间的功能互补或市场延伸来实现，融合往往发生在信息产业与旅游产业的产业边界处或是产业链末端。原有产业通过附加新的功能和内涵，市场竞争力得以提升和加强，继而形成新的产业体系。

9.2.1 数字媒体产业园区景点化发展模式

此类发展模式是通过产业延伸的方式来实现二者的融合，通过信息产业内部分产业价值链的延伸，同旅游产业相融合重组，经过产业互补，赋予数字媒体产业园区以旅游功能。数字媒体产业园区是集“产、学、研”于一体的产业集聚区，是信息产业重要的承载平台和空间载体。数字媒体产业园区大多以“互联网+”或“+互联网”为核心特征，通过创新生产，不断催生新技术、新业态、新模式。较为成功的数字媒体产业园区主要有韩国的首尔数字媒体城（DMC）、英国曼彻斯特科学园（MSP），该类园区通过信息媒体和娱乐的有机结合，整合以知识、创意、高科技为发展动力的各类产业，例如游戏、动漫、电影、音乐和网上教育等，打造成产学研完美结合的数字园区。

我国各地大量兴建数字媒体产业园区，但由于其产品生产周期长、研发成本高、收益期无法预估等多方面问题，这类园区前期投入较大，投资回报期长，给政府和企业带来很大的财务负担。采用这种融合化发展模式，通过旅游景点功能的导入，可带来大量的玩家和游客，有利于前期人气的聚集和品牌效应的形成，能够有效地弥补动漫产业短期盈利不足的缺陷，逐步实现核心产品，如卡通片、动漫读物、影视作品、网络游戏等的直接盈利，大大提升其进入市场的速度和力度，有助于解决数字媒体产业园区发展的瓶颈。

9.2.2 创意产品生产基地发展模式

相较于传统旅游业，文化创意旅游被认为是21世纪全球最有前途的产业之一，具有巨大经济效益和社会效益，创意产品生产基地是在就是在创意产业基础上发展起来的、更高层次的旅游形式。

创意产品生产基地就是通过技术创新来提升游客的旅游体验。相较于向旅游者提供单方面的服务，此类模式中的旅游产品具有更强的交互性和吸引力，它以创意为卖点，利用高科技手段为依托，融入一定文化内涵，将游客内心的创意和想法变为现实；同时，借助技术开发和创新，此类基地会逐渐增强自身竞争能力，形成良性循环互动，逐渐减少对传统旅游资源的依赖性，降低自身的经营成本，从而获得更高的经济和社会效益。

该类基地主要包括网络游戏、音乐、动漫、影视、娱乐等产业基地，利用自身技术优势打造独具创新的创意产品，吸引游客前来。游客在创意基地游览的过程中，可以了解到网络游戏开发或动漫人物的制作过程，亲身参与体验网络游戏开发、音乐、动漫、影视后期制作等整个生产过程；同时，基地内独具创意的特色纪念品，例如最新的影视、动漫、游戏等周边产品，也使得游客流连忘返。

需说明的是，创意产品生产基地跟旅游景点在地域空间上是可以重合的，以现有的创意产业集聚地为基础进行规划和整合，通过增设一系列具有旅游功能的片区，将信息产业的产业活动延伸到旅游产业，建立功能定位合理、具有明显特色的创意旅游产业园区。例如湖南华强文化科技产业基地，一期主要包括方特欢乐世界、方特梦幻王国两个主题公园，一个旅游商业小镇，创意、动漫、数字电影、游戏软件基地等四个文化科技产业基地，属于具有综合性能的动漫基地。

9.2.3 主题酒店餐吧发展模式

这一发展模式主要是将科技产品的文化内容延伸附加到旅游业的住宿和餐饮之中，利用信息产业快速广泛传播的市场优势，开发出具有科技主题的主题酒店或餐吧，实现二者的产业融合的。

此类酒店或者餐吧包括影视类主题、动漫类主题、音乐类主题、科幻类主题等，内部装饰装修风格以主题为主，通过设计、建造、装饰、生产和提供服务的酒店，赋予酒店或餐吧某种主题，并围绕这种主题建设具有全方位差异性的酒店氛围和经营体系，从而营造出无法模仿和复制的独特魅力与个性特征，实现提升酒店产品质量和品位的目的，并吸引各类消费者前来。例如，印尼巴厘岛的摇滚音乐主题酒店，占地3公顷，有418间客房，所有房间都提供互动式影音娱乐系统，酒店内展出音乐文物、音乐家手稿、老唱片封面以及歌唱家用过的服饰；在香港，为配合迪士尼乐园的建设，兴建了迪士尼乐园酒店和迪士尼好莱坞酒店，它们都是以迪士尼为主题的主题酒店；香港的柏丽酒店则是一家以科技为主题的酒店。

9.2.4 数字实景演出式融合发展模式

关于实景演艺定义的研究文献相对较少，比较广为接受的观点是：实景演出是指以自然景观或人文景观为场地和背景，有鲜明的情景主题、固定的场所和演出时间的露天或半露天的文艺演出。也就是说，实景演出是一种以自然山水等真实景观为演出背景，以当地历史或传统文化、民风民俗等为演出内容，融合商业界和演艺界为创作团队的独特文化模式，是区别于传统旅游业的一种新型文化创意产业。而数字实景演出，则是在实景演出的基础上衍生出的新业态。

该模式主要是旅游企业、景点或当地政府通过借助各种信息技术，结合文化创意的制作手段，将科技创意元素运用到传统的旅游产品（即传统实景演出）中，以当地的旅游资源为载体，打造创意、梦幻的世界。同时，此类演出还能延长旅游产业的产业链条，衍生出一些相关产品。国内知名的数字实景演出如清明上河园的《大宋·东京梦华》、少林寺的《禅宗音乐大典》以及桂林的《印象·刘三姐》等，均需借助现代化的高科技手段，通过布景、灯光、服装、音响、舞蹈、道具等来展现，因此其周边产品基本涵盖了音乐制品业、灯光制造业、酒店住宿、餐饮、旅游交通、旅游工艺品、服装制造业、影视制作业、新闻出版业、艺术教育业等多个产业链条。

此类演出具有准备周期长、投入资金大、季节性强等特点，采用此类融合发展模式的旅游景点本身就具有一定的知名度和吸引力，再通过此类融合模式将信息产业链条进行延伸融合，延长游客的逗留时间，同时也增加相关酒店住宿、餐饮、旅游交通、旅游工艺品等产品的销量。

9.3 产业内重组融合发展模式

重组型融合一般发生在同一产业内部的相关行业之间或紧密联系的相关产业之间。重组型融合常常会产生新的产品或服务，继而形成新的业态。信息产业和旅游产业的产业重组融合是通过两大产业相关活动重组的方式进行的，该类发展模式主要是借助各种节庆、会展旅游平台，通过旅游景点和影视业等相关产业活动的重组实现的。

例如法国的昂西国际动画电影节、加拿大的渥太华国际动画节以及日本东京的国际动漫博览会，每年都会吸引无数的动漫迷和游客参加，是世界上最具影响的几大动漫节会。在这一模式下，依托节庆或会展这一平台，借助举办地的各种旅游景点资源，通过两大产业资源的整合、产业活动的重组，以各种互动式的动漫体验旅游活动或项目为融合产品的表现形式，打造出全新的动漫旅游产业形态，既可提升举办地的旅游形象吸引游客，又可有效地销售、传播动漫产品，推动两大产业的快速发展。

9.4 基于合作与竞争的融合发展模式

该模式是指旅游产业和信息产业内的各类企业以结构合并、项目合作等形式达成融合发展方式，通过资源共享等方式获得共同效益的双赢发展模式。

9.4.1 酒店智能化融合发展模式

在该模式下的产业融合发展是通过产业延伸的方式进行实现的，主要是旅游业与信息产业相融合，促使酒店业向智能化、科技化的方向发展，通过功能互补来实现两大产业的融合。"智能化酒店"作为一个集合概念，其内涵不是一次形成的，而是信息产业的智能技术不断发展，渗透到酒店领域，渐渐形成的较完整的技术体系，以计算机智能化信息处理、宽带交互式多媒体网络技术为核心的信息网络时代技术为背景和支撑，才逐步形成了“智能化酒店”这一集合概念。此外，智能化酒店相对而言还是一个新型领域，其内涵还处在不断发展和逐渐成熟的阶段。

智能化酒店更加强调对客人的个性化服务和信息化服务。在进入信息时代的今天，无线网络技术的飞速发展为中高档星级酒店在信息时代重新打造自我形象带来新的亮点，装备先进的网络设施已经成为酒店服务水平的标志，同时为信息化建设在酒店业的发展和服务带来前所未有的机遇和挑战。

酒店的智能化就是要让智慧落地。未来的酒店是一个全连接的社区，基于互联技术，酒店大楼、大系统云平台、会员、收益管理、数据等事物都关联在一起。未来酒店要从贴合客人生活方式的角度来设计酒店产品，用科学手段来定位客人需求，同时，为客人私人定制地设计服务产品，在客人体验过程中做个性化服务。总之，通过精准定位和互联网加工提高服务品质与口碑，用服务、口碑营销法来提高投资收益率，是未来酒店的智慧之路。

9.4.2　景区智能化融合发展模式

景区智能化也可称为智慧景区，是将信息产业内的科技手段嵌入到旅游景区内，提升景区质量，拉长产业链条。景区智能化有广义和狭义之分，广义的智慧景区是指科学管理理论同现代信息技术高度集成，实现人与自然和谐发展的低碳智能运营景区。这样的景区能够更有效地保护生态环境，为游客提供更优质的服务，为社会创造更大的价值。狭义的智慧景区是数字景区的完善和升级，指能够实现可视化管理和智能化运营，能对环境、社会、经济三大方面实现更透彻的感知、更广泛的互联互通和更深入的智能化的景区。狭义的智慧景区强调技术因素，广义的智慧景区不仅强调技术因素，还强调管理因素。景区的智能化，能够改善优化景点的生态环境，提高景区管理运营水平，促进景区持续发展。例如洛阳龙门石窟景区进行的“智慧龙门”建设工程，通过智慧旅游App，转变了传统的景区发展模式，极大地便利了游客的出游，提升了景区的运营管理能力，实现景区的更好发展。

9.4.3　旅行社信息化融合发展模式

随着旅游需求稳步增长，以及旅游业相关政策的出台，传统旅行社日渐式微、盈利能力低下，旅游电子商务异军突起。Priceline、携程、去哪儿等在线旅游平台迅速发展，甚至出现同程、艺龙等在线旅游企业“强强联合”的局势，此时，传统旅行社的“出路”和在线旅行社转型的问题备受关注，旅行社信息化方式研究不能再简单地停留在网站、游客、供应商等方面。

传统旅行社普遍存在经营方法落后、管理模式混乱、缺乏科技技术的运用等诸多问题，由于旅行社是以游客载体和出行媒介的形式存在，传统旅行社信息化水平的提升就显得十分必要而迫切。同时，低本高效的旅游电商平台，也需要运用信息技术，拓展内涵、丰富"智慧"。

9.4.4 交通信息化融合发展模式

近年来交通作为国民经济和社会发展的基础得到了快速发展，交通运输网的形成大大改善了我国的交通现状，解决了货物和旅客的流动。旅游产业属于交通关联产业，便利的交通使得旅游业得到了快速发展，同时随着信息技术的发展和旅游人次的增加，加强了交通业的信息交流、共享，改善了传统交通方式，一定程度上也优化了交通业。

随着散客时代的到来，游客自由行得到了的快速发展，节假日等旅游高峰期易出现拥堵现象，极大地影响了游客的旅游体验。因此，优化旅游交通，加强其信息化程度，成为现代旅游业发展的重要方向之一。通过信息技术在旅游交通中的应用，实现旅游交通信息化，是将不同空间、地域间的交通信息进行共享，利用智能旅游交通数据库对信息进行系统整合、分析和管理，让游客随时随地都能获取旅游目的地的道路、天气、事故等情况，选择最优游览路线。

9.4.5 旅游餐饮智慧化融合发展模式

餐饮业与旅游业是紧密相连的关联产业，二者是互利互惠的关系。随着旅游业的发展，游客数量的增加和旅游需求的提高，传统的餐饮模式已经难以满足新时期旅游餐饮的发展需求，这就要求餐饮业进行转型升级，进行智慧化发展。

旅游餐饮智慧化是将信息产业中的技术手段运用到餐饮业中，为传统餐饮业附加智慧内涵，建设一批不同指向的餐饮订购平台，为消费者提供全新的餐饮服务，带来不同的就餐体验。例如，游客可以在客户端上通过订购平台浏览旅游目的地的商家信息，根据个人需求和偏好选择就餐地点，也可以通过该平台对所选餐饮店进行远程的排号、订座、点餐和支付；旅游餐饮店建设有自身的智慧化管理系统，在店内设置人性化的等餐制度，凡是进店消费的旅游者都可通过智慧餐饮系统进行自助排号、点餐和收银终端排号，店内的管理系统还会显示店内等餐人数，按序叫号，让游客在等餐时可以合理安排自己的时间；系统的后期反馈机制设有即时评价，可以及时获得游客的意见和建议、极大地便利游客、提升自身的服务质量，也有助于获取更多的经济利益。

第10章

信息产业与旅游产业融合的机制

信息产业与旅游产业的结合被誉为“朝阳产业的结合”，信息技术是旅游业发展和转型升级的重要支持力量。旅游业经过多年的高速发展，出现了环境污染、资源破坏、发展后劲不足等问题，正经历由数量到质量、由粗放到精细的产业提升阶段。要实现旅游业从传统到现代、从粗放向集约的转变，就必须利用先进技术，实现旅游业的科学发展、全面发展和可持续发展。因而，对信息产业与旅游产业的互融共生机制进行探讨是很有必要的。信息产业与旅游产业的互融共生机制大致有四种：科技创新效应、产业支撑效应、经济贡献效应和社会拉动效应。

10.1 科技创新效应

10.1.1 科技创新内涵

科技创新这一概念在我国被引用的频率较高，然而对于科技创新的内涵定义没有给出较为充分阐述，因而有必要对“科技创新”一词的内涵意义进行界定。

总体来讲，我国学者对于科技创新的概念说法不一，既有共同点，又有不同之处。相同点是：普遍认为科技创新最核心的特性是科技创新者拥有科技知识产权；科技创新者在创新过程中起主导作用。不同之处大致有四方面：一是对科技创新的定位认知有差异。有的认为科技创新是创新主体具有主导性的具体的创新活动，有的认为科技创新是一种战略取向的选择。二是对科技创新的主体认知有差异。有的认为企业是科技创新的主体，有的认为主体是有层次性的。三是对科技创新的外延认知有差异。大多数学者认为科技创新是指技术创新，有的认为还要包括制度创新。四是对科技创新中“科技”的认识有差异。虽然都认可科技的创新者具有主导性，但对主导性的认识不一致。

本书认为，科技创新在学术研究领域是一个不断发展的概念，其内涵与外延与国家在一定时期的经济和社会发展背景密切相关。理解科技创新的内涵，首先要正确理解科技创新概念提出的时代背景，其次要考虑我国基本国情、技术发展水平现状和战略目标，再次要把握不同层级政府的职责定位、产业特点和企业规模及企业现有创新能力的不同。

科技创新可做如下定义：科技创新是创新主体（国家、科研院所、高等院校、本土企业）为维护和保障国家或企业整体利益，从提升自身利益和竞争力出发，根据创新主体的利益需要，实现拥有完整科技知识产权的技术突破、科学发现、工艺改进和变革相应制度的有组织行为。

由此，科技创新的要素主要有四个方面：第一，科技创新主体可以从宏观和微观两个角度分为国家科技创新和公司科技创新两个层次，国家科技创新更多体现政策方针、战略取向、路径选择；公司科技创新更多地体现着具体技术创新活动。第二，科技创新从广义看，既包括科技制度创新，也包括科技技术创新，国家或政府是科技制度创新的主体，企业是科技技术创新的主体。第三，科技创新的“科技性”主要体现在以自身为主导进行创新，这种主导性，从国家或政府的科技创新角度来看，更多表现在主动发现原有制度上的不足并加以修正，创造更好的创新环境的能力；从企业或公司的科技创新角度看，更多表现为企业通过主动努力主导创新过程产生具有科技知识产权的创新成果，并形成创新能力和对技术的控制力。第四，无论是国家科技创新还是企业科技创新，共同的特点就是维护和增强国家在全球范围内的整体利益和整体竞争力，他们是国家利益的保障者和创造者，这是判断科技创新主体的重要标准。

10.1.2 科技创新促进信息产业与旅游产业融合

现今，全球技术创新的速度显著加快，科技革命的巨大能量正在爆发，以新技术突破为基础的产业变革趋势加快。因而，这就要求把科技创新放在优化旅游产业结构、加快信息产业与旅游产业融合的核心位置，要抓住新一轮世界科技革命带来的巨大战略机遇，进一步完善科学技术支撑和引领产业发展的机制。

旅游产业是一个综合性产业，随着旅游演艺、旅游地产、工业旅游和体育旅游等不断出现，旅游产业融合领域拓展较大，融合深度也有所加强。更重要的是，可以通过科技创新来引导旅游产业与信息产业的升级融合。由于我国的旅游产业仍属劳动密集型产业，更需产业的转型升级，更需借鉴先进服务业的方法和流程。随着信息技术的广泛应用，需要将信息产业与旅游产业进行有效融合，需要把信息技术应用于旅游业，通过融合高新技术来改造旅游业，促进我国旅游业由传统服务业向现代服务业升级。

10.1.3 信息产业与旅游产业融合促进技术创新与服务创新

1.技术创新

技术创新是产业创新发展的源泉，产业创新建立在技术创新之上。技术创新通常表现在创新过程中，技术创新过程中往往带动生产效率的提高，进而降低企业的生产成本，比如通过研发新的设备，改善了产出过程，降低了人员成本，减少了对资源和能源的浪费，提高了运行效率。技术创新往往引起产品的变革。

产业结构优化是指优势产业部门取代劣势产业部门的过程。由劳动密集型产业过渡到资本密集型产业再到技术密集型产业的升级，是传统经济学理论的观点。然而新的产业创新形式的产业融合正在逐渐改变着传统的产业结构。产业融合过程中形成的新技术在广泛应用的过程中，促使了新产品、新服务、新技术取代原有的产品、服务和技术，促使了产业创新，产业创新又加速了产业结构的优化。

产业融合不仅让产业间的边界变得模糊，也让产业间的技术融合为一体，不同产业间形成了共同的市场基础和技术基础，促使一些有转型需求的产业开始向另一产业转型过渡，新的产业的出现会对新的产品和技术提出新要求，进而促进新技术的实现。在信息产业基础上的产业融合，会具有技术创新效应，因而，会促进技术创新。

技术进步的关键是在形成竞争性环境后推进创新。产业融合与产业技术创新之间具有动态的一致性，各个产业之间的渗透以及不同产业间企业的横向和纵向发展加快了产业融合进程，促进了技术的创新进步，提高了原有产业的竞争力，开拓并占据市场能力增加，进而获得丰厚的企业效益。无论是电子行业还是新材料和新能源产业，产业融合使产业边界模糊，甚至消失，可以使其他产业转型到新的产业中去，形成新的技术或者改进原有技术，形成技术创新，技术创新后，新的产业开始与其他产业相互融合，该过程又会促进新的技术创新和新的产业融合，从而推动经济社会的持续发展。

2. 服务创新

服务创新是指用新的理念、技术手段来创造或改进新的服务内容和方式。服务创新是社会组织创新、业务创新、技术创新、用户创新等的综合。服务创新的途径有4种：第一，全面创新。借助技术的变革，开发出新的服务内容。第二，局部创新。借助技术的更新或小创新，改变原有的服务内容。第三，形象再造。通过改善服务环境等方式重新塑造的新的服务形象。第四，外部引入。通过购买设备、聘请专业人员或加盟经营服务等方式引入企业现成的服务体系。

服务并不是一成不变的，产业融合的动态性决定了服务的动态变化。旅游产业与信息产业的融合是旅游产业与信息产业之间通过互相交叉、互相渗透等改造成的新业态过程。产业融合对服务业的创新主要体现在以下几个方面：第一，对顾客的服务创新。产业融合要求提高服务质量，要求员工更多关注消费者的消费兴趣点，认真解答消费者疑问及做好消费者建议记录。第二，处理对顾客沟通的创新。把每次顾客的抱怨当做一次难得的自我服务提高与自我服务创新的机会。用耐心和关心解答抱怨顾客的每一个问题。第三，弹性服务创新。良好的服务是一种弹性服务，要求服务人员在服务顾客的同时要把握好服务的度，过度追求精确，有时候非但达不到目标，反而弄巧成拙。第四，用超前眼光推测创新。随着社会的发展进步，人们的消费需求会不断变化，要用超前的眼光或者变化的眼光去看待消费者的服务需求。第五，产品设计中要体现服务创新。服务创新从商品设计时候开始，在产品设计时候要体现服务的重要性，是一种超前的创新策略。第六，服务创新要求主动服务与“有求必应”结合起来。企业要在竞争中取胜，仅仅做到“有求必应”还远远不够，应与主动创新服务结合起来，主动探寻顾客的需求。第七，服务创新与企业文化结合。科学技术在现代服务业中的应用，不仅可以增强服务效率还可以凸显竞争优势。

10.1.4 国内外信息产业与旅游产业融合历程

1.发达国家信息产业与旅游产业融合历程

在国外，信息产业与旅游产业融合历程可以追溯到20世纪60年代，其从航空业开始，并进而向酒店业、旅行社等领域渗透；经过几次大的信息技术革命，最终实现了旅游业的互联、互通。

（1）机票预订系统与全球分销系统

1953年，美国航空公司与IBM合作开发出世界上第一个电脑机票预订系统。1959年，该公司投资四千万美元建成了美国第一个机票预订平台——半自动商务研究平台，大大提高了机票预订效率，这普遍被认为信息产业与旅游产业融合的标志。1978年，美国推出《航空管制取消法案》，航空公司竞争非常激烈，旅行者购买机票的可选择性也大为增加。此后，美国又出现很多以航空公司为依托对象的电脑预订系统，如Apollo、System One。这些预订系统绝大多数是相对独立的购票数据处理中心，为旅行服务商、小型航空公司、代理商提供数据和预定交易平台，以从每笔预定中收取相应费用。20世纪80年代，电脑预订系统逐渐扩散到旅行代理商，并得到美国官方的认可。从此后，电脑预订系统进一步拓展业务，房间、机票、火车票、出租车、船票等都可以进行销售，逐步形成横跨旅游、航空等多个产业的分销系统（GDS）。90年代，分销系统经过兼并和集中，形成了功能更为强大的超大系统。

（2）酒店预订与管理信息系统

酒店业信息化始于连锁酒店的中央预订办公室（GRO），主要负责酒店的预订。20世纪60年代初，美国大型酒店企业开始利用与航空公司共用的计算机设施。此后，酒店业开始了独立的酒店信息系统发展过程。1965年，假日集团率先推出了HOLIDEX电脑预订系统。1969年，美国ECI计算机公司开始研制酒店管理信息系统，该系统称为EECO系统。1970年，夏威夷喜来登酒店装设了世界第一个EECO系统。美国ECI公司最早使酒店前台业务实现了计算机管理，主要包括预订、排房、结账、查询、夜间作业及市场分析等。到80年代，发达国家已经出现了较为成熟的酒店管理系统，功能比较完备，技术相对成熟，如Lodgistix、FIDELIO、HIS等。这些系统从最初的替代人工逐步过渡到与自动化设备连接，并实现了局域网、广域网、互联网的综合应用。

（3）旅游网站与旅游电子商务

在信息产业与旅游产业融合的过程中，旅游电子商务是最受关注的一个板块。20世纪90年代初，旅游电子商务开始在欧美国家出现，有一批探索性的早期旅游网站。90年代末，大量资金投入到旅游电子商务领域，旅游电子商务出现了很多创新形式，并成为最受关注的电子商务形式之一。2000年以后，在线旅游市场发展迅速，影响力和业务量都大为增加。近几年来，旅游电子商务更强调个性化服务，关注旅行者体验，努力增加用户黏度，网上团购、移动电子商务、垂直搜索发展迅速。

2.我国信息产业与旅游产业融合历程

（1）旅游企业信息化

信息产业与旅游产业的融合，正是从旅游企业管理信息系统的升级开始的。1981年，中国国际旅行社总社引进了美国的PRIME550型超级小型计算机系统，将其用于旅游团的数据统计、数据处理和财务管理。1984年，上海锦江饭店引进美国公司较为先进的计算机管理系统，应用于排房、饭店预订、结账和查账。2000年，中国民航计算机信息中心与东方航空、南方航空、中国国际航空等20家航空公司正式签署协议，共建中国民航信息网络股份有限公司（简称“中国航信”），中国航信成为服务于中国航空的具有垄断地位的专业信息技术供应商，我国开始建设全球分销系统。我国的旅游企业信息化建设开始于20世纪80年代，经过多年的发展，现已在旅行社管理信息系统、机票预订系统、酒店管理信息系统、景区智慧化等方面取得了显著成效。如今，大型的旅游企业集团大多数已经应用先进的信息技术，不仅用于处理企业内的基本业务，而且用于办公自动化和决策支持。除专业的旅游信息技术公司外，用友、金蝶、微软、浪潮等国际大公司也在推进旅游业信息化。来自旅游产业以外的信息化的发展和应用也对旅游产业产生了较大的影响，尤其是IBM公司提出的“智慧地球”的设想，促使“智慧旅游”和“智慧景区”等设想的应用。

（2）在线服务市场

1996年，我国第一个旅游电子商务网站出现，当时多数网站是营销的窗口。21世纪以来，酒店、航空公司、景区、旅行社等旅游相关企业积极利用自己的网站或呼叫中心开展旅游电子商务。经过了十几年的发展，我国专业旅游网站已有数千家，形成以艺龙、携程、去哪儿等为代表的一批知名旅游电子商务公司，创造了不同的利润来源和商业模式，而且在旅行者中形成很大的影响力。2010年以后，旅游垂直搜索引擎、旅游团购网站、旅游移动电子商务、旅游点评网站等新业态引起广泛关注，在线旅游服务市场进入多元化发展时期。

（3）旅游产业信息化

2014年8月，《国务院关于促进旅游业改革发展的若干意见》颁布，明确提出加快旅游基础设施建设，包括加快智慧景区、智慧旅游企业建设，以及完善旅游服务体系，制定旅游信息化标准等内容，并指出旅游业是现代服务业的重要组成部分，带动作用大，对于扩就业、增收入，推动中西部发展和贫困地区脱贫致富，促进经济平稳增长和生态环境改善意义重大，对于提高人民生活质量、培育和践行社会主义核心价值观也具有重要作用。

智慧旅游作为"互联网+"背景下旅游业的新变革，具有以下新功能：

第一，对游客而言，智慧旅游可以让其获取泛在化的旅游信息，实现全程（出游前、出游途中、游玩后）任何时间、任何地点接受全面的高品质的服务，如出游前的信息查询、线路设计、门票预订等。

第二，对企业而言，智慧旅游可以让企业获得更丰富的营销手段和更宽阔的传播路径，可以将旅游目的地的各种文字、图片、视频信息，以及旅游企业的各种产品通过各种媒介如旅游网站、手机App等推送给旅游者，同时也可以获取旅游电子商务、营销、满意度调查、行为追踪、数据统计及挖掘等价值。

第三，对政府而言，智慧旅游可以让政府获得极大丰富的数据资源，政府通过对数据资源的开发和利用，可以实现对旅游市场的监管，实现旅游信息与其他公共服务信息共享与协同运作，实现对景区的指挥决策、实时反应、协调运作，可以更合理地利用资源形成产业发展与社会管理的新模式。

第四，对居民而言，智慧旅游可以让居民获得交通、游憩、休闲等多种系统信息共享带来的地区经济发展水平的提高与生活质量的提升。

10.1.5 科技创新效应打造旅游产业融合新业态

信息产业的先行企业借助其科技产品的文化内容优势以及广泛传播所获得的市场优势，突破其原有的产业活动边界，通过技术创新将其产业活动扩散到旅游业，打破原来两大产业的技术边界，进而开发出具科技主题的景点产品，推动两大产业的产品融合，最终形成新型的融合产业，实现两大产业的融合发展。

例如，科技类主题公园这一融合产业形态既突出了旅游功效，又可以让旅游者暂时远离喧哗的现实，进入到梦幻般的虚拟世界，完成一次非同以往的旅游体验，因而较之于其他的主题公园具有更广阔的市场空间、更强的产业增值能力。同时，此类主题公园也可与信息产业中的动漫、游戏相结合，形成休闲产业形态模式。例如，迪士尼乐园就是迪士尼公司拍摄了许多受欢迎的动画影片捧红了米老鼠、唐老鸭等卡通明星之后开创出的动漫主题公园；杭州宋城集团旗下宋城景区的主体按照盛大网络《传奇世界》游戏内的中州皇城进行改造，将游戏中的铁匠铺、药店、杂货铺等真实再现，并动用50多位骑士表演《传奇世界》中经典的行会“沙城”攻城战，盛大则携旗下的十多款网游产品全面登陆宋城，短短的七天“黄金周”期间，就为宋城景区创造了35万客流和1800万元门票收入，更是带动了盛大网游产品及其衍生的文化T恤、玩偶、卡通饰品、纪念邮票、游戏攻略书籍等系列动漫游戏周边产品销售的多轮收益。在这一融合模式下，盛大网络发展有限公司找到了一个可以承载其自身文化内容的载体，宋城集团则为自己找到了一个很好的文化内容，让接近两亿的网络用户在极短的时间内认可了自身的品牌，并使其门票经济得到了充分的保障。这一融合发展模式无疑为中国的主题公园业和动漫业提供了一个很好的产业发展范式。

10.2 产业支撑效应

10.2.1 旅游产业对经济的支柱作用

旅游产业已经成为我国乃至世界经济发展的一部分，成为经济发动机之一的重要角色，并将为世界经济发展提供持续的动力。在我国，旅游产业以其所具有的调结构、扩内需、满足人民群众的日益增长的消费需求的突出功能成为一个战略性产业。“旅游业作为战略性支柱产业”就是指，旅游业在未来相当长的一段时期内，在更深层次和更广领域，在产业发展中居于战略性支柱产业的位置。具体来说，是依托我国国内经济产业发展基础，继续充分发挥旅游业高附加值、高收入需求弹性特性、高关联带动性和处于三次产业中消费的高端的综合优势，以满足国家经济增长和人民群众需求为主线，为我国旅游业的长期可持续发展而做的一次深度产业定位。旅游业作为我国战略性支柱产业具有综合性、基础性和长期性的特点。

1.旅游业作为支柱产业的外部环境因素

经过几十年的发展，特别是经历了2008年以来的世界性金融危机的冲击后，我国经济发展的战略逐渐转变成扩内需、保增长、促就业、调结构、降低能耗、保护环境和实现可持续发展。与此同时，旅游产业作为第三产业，影响力不断提升、规模不断扩大、贡献度不断增加，已经成为第三产业的当之无愧的龙头行业。由于旅游产业自身独有高效益、高增长、高产出、高关联带动性、终端消费型、低投入、吸纳就业能力强、低污染、增长的持续性等特征，它已经成为中国保增长、扩内需、调结构、促就业、降低能耗、保护环境和实现可持续发展的首选战略产业之一。我国国民经济发展的客观需要成为了旅游业作为战略性支柱产业的环境背景条件。

2.旅游业作为支柱产业的居民需求因素

随着我国经济发展规模和速度的不断提升，国民收入水平不断提高。据统计，在2002年，人均国民收入突破了1000美元；在2015年，人均国民收入接近8000美元。我国旅游进入了休闲旅游时代。随着人民群众收入的增加，居民享受性消费在其总消费中所占的比重不断攀升。经过多年黄金周旅游市场的培育，旅游已经成为我国国民休闲消费的首选之一。国民需求的持续扩大和增长是旅游业作为战略性支柱产业的需求动力基础。

3.旅游业作为支柱产业的科技进步因素

现代科技信息技术的运用，即大数据、互联网和个人终端网络在终端消费者网络交易领域的爆炸性普及，特别是中国高铁技术的突破和低成本航空推动下，高速铁路网的建设所带来的全国性区域交通可达性极大提高，为我国旅游市场上旅游经营者的促销、旅游需求空间的扩展、旅行的通达性和旅游意识传播等方面带来很大的便利。科技条件将为国民需求规模的持续扩大、增长和满足的实现奠定信息和物质技术基础。

4.旅游业作为支柱产业的社会分工因素

随着中国城市化的发展和现代化进程的推进，居民旅游需求呈现出一定程度的刚性。与此同时，生活节奏的加快，以及旅游过程的连贯性，都会给潜在游客带来比较高的时间上的体力精力成本、机会成本、信息查询上的搜索成本和出行上的风险成本。从基于分工的成本比较优势和产业演变来看，必然要求社会上有专门的人从事专门的工作来为游客的旅游活动提供服务供给和策划，总而言之，旅游产业存在扩大的必然性。这也会促进旅游产业内的分工更加专业化，并进一步推动更加高效化的旅游服务运营体系的建成，进而推动整个旅游产业转型和升级。分工基础是我国国民旅游需求的产业基础，也是旅游产业作为我国战略性支柱产业的产业基础。

10.2.2　信息产业与旅游产业融合的产业动力与需求

1.信息产业与旅游产业融合的产业动力

（1）旅游体验

国内旅游市场经过多年的发展，游客逐渐理性，更加倾向于完美的旅游品质和独特的旅游体验。在以前的旅游产业中，旅游企业掌握着相对更充分的旅游信息，游客往往处于被动的地位。为了更好地提升游客旅游体验，就必须在旅游行程、旅游决策、旅游反馈与评价等环节实现充分的信息共享与提供，使游客能够全面掌控自己的旅游活动，实现游客主体地位的建立。在信息搜索的过程中，旅游者希望能够迅速找到精准的旅游信息；在旅游活动过程中，旅游者需要实时转播、记录、分享自己的旅游体验，需要实时的网络技术和通信技术的支持；在旅游活动结束后，旅游者更需要借助信息技术的手段，对旅游企业和旅游活动进行点评、反馈和记录，将真实的口碑和感受进行传播。

（2）交易成本与效率

在信息化的过程中，旅游企业具有较强的动机，这源于信息技术对于交易成本的节约和交易频率的改进。信息产业与旅游产业融合的初衷就是实现旅游业的互联互通，实现企业之间、企业与顾客之间、企业与政府部门之间的无缝连接，实现数据的充分传播与共享。无论是企业内部的局域网、广域网，还是互联网，各种应用的目标功能都是解决信息的分割问题，打破信息传播的壁垒，这些都有助于企业经营绩效的提升。

（3）产业管理与服务

对于旅游行政管理机构而言，信息化可以大大加强旅游业的监管和服务水平。引入信息技术以后，对于旅游企业、旅游从业人员、旅游资源保护和开发等问题，旅游行政管理的有效性大大提升。例如，通过利用目的地营销系统（DMS）可以更好地提升目的地的营销效果；通过GIS、GPS、RS等，可以真正有效地管理各种景区、自然保护区、森林公园等；通过电子政务系统，可以实现导游年审、旅行社年检、酒店等级评定等行政管理工作。

2.信息产业与旅游产业融合的产业需求

（1）旅游企业对信息的需求

旅游业很长一段时间被认为是脆弱的、敏感的。事实上，具有这样特点的产业并不局限于旅游业。在全球化的背景下，很多产业都被多种因素所左右，对经济、社会等环境的变化反应很敏感。旅游业的波动在很大程度上源于对旅游信息尤其是旅游者的信息和相关旅游企业的信息缺乏预测和管理，这导致需求与供给常常出现不匹配。如果旅游信息能够更充分，旅游企业的经济绩效就会大幅度提升。例如，对于酒店企业而言，如果能够知道未来一段时间的客房、餐饮、会议的预订信息，就能更好地安排人员和接待，业务量和经营收入等都会更可预测；对于旅行社而言，如果可以更准确地预测旅行需求，并且能更及时地了解航空公司、饭店、景区等处的信息变化，就能更准确地进行报价，旅游者的满意度也会提升。

（2）旅游行政管理对信息的需求

中国旅游业已经达到较大的规模，酒店、旅行社、景区、旅游购物点等数量庞大、从业人员众多，游客更是数以亿计。在这样的背景下，对旅游企业实施有效监管、对旅游者进行有效服务等问题为旅游行政管理带来巨大压力。尤其是旅游统计方面，现有的旅游统计还有较大的提升空间，旅游统计的方法、项目等还不够完善，旅游管理决策面临困难。国家旅游局电子政务的十大业务系统，即假日旅游预报系统、旅行社业务管理系统、星级酒店评定管理系统、全国导游网络管理系统、旅游投诉系统、旅游统计系统、旅游财务指标管理系统、旅游项目的投资管理系统、旅游景区信息管理系统、导游等级考核系统，使旅游信息的统计效率大大提高，有助于更好地进行决策。

10.2.3 产业融合催生经营模式创新和新的产业链拓展

1.经营模式创新

企业进行市场活动的行为的标准样式称为经营模式。经营模式的创新是指企业进行市场活动时改变传统的标准样式，采用新的标准样式的方式。经营模式的创新能促进企业取得更大成功。

随着信息产业的发展，我国的互联网业也得到了较快发展。CNNIC 的数据显示，截至2014 年底上网人数接近6.5亿，位居全球第一，其中网上购物人数达3.61亿。庞大的上网群体为许多产业带来了商机。在发达国家，几乎每个企业都拥有自己的网站，无论是寻找客户还是产品都借助网络搜索，并成为一种常态，企业或者商家的经营模式网络化的转变已屡见不鲜。在信息产业快速发展的今天，我国进入了电子商务时代，一对一营销、数据库营销、网络营销等经营模式越来越被大家接收和认可。企业的销售方式与经营方式、企业与消费者和企业的关系均发生了较大的改变。对于许多产业而言，网络营销量几乎占据了企业销售量的一半或更多，成为企业整体营销的重要组成部分，众多企业依托互联网营销来实现总体营销目标。

经营模式的创新主要体现在以下方面：

第一，个性化定制产品越来越多。在社会中发展进步过程中，客户对个性化产品的需求越来越多。可利用互联网平台的即时性特点，为客户提供“私人订制”产品服务。这种经营模式在传统销售中很难实现。

第二，价格弹性明显。在传统营销中，产品价格的变动往往比较难或者较为滞后，而网络营销的产品报价可实时更新，在最短时间内将价格信息告知消费者，相关的促销信息也可及时告知消费者，价格有伸缩的弹性空间。

第三，交互性。传统的销售客服多受限于地域和时间，互联网销售可以有效避免这些弊端，最大限度满足消费者，及时对消费者意见进行处理。

第四，提高经营效率，降低经营成本。传统经营方式的营销人员数量较多，营销链也较复杂，营销成本高。现代经营方式降低了销售成本，不必缴纳高昂的地租，不用租用昂贵的仓库。现代互联网的发展使网络营销成为主要手段，提高了营销效率，同时，一对一的服务过程提高了服务水平。

第五，营销针对性强。可以快速锁定客户群，精准营销，降低企业营销成本。网络营销是营销的发展方向，却并不代表营销的全部，是企业整体营销的重要组成部分。为了增强市场竞争力，网络营销与传统营销应并肩作战，各取所需。

2.新的产业链拓展

产业链是指一种生产链条，是一个产业从最初的原材料供应到最后的商品实现价值的完整过程中所涉及的各个环节所组成的完整生产链条。以旅游产业链为例，是指以旅游企业为核心，以资本、技术、服务、产品为内容，以酒店、景区、旅行社、交通、餐饮等行业为纽带组成的产业链条。产业链是包含企业链、价值链、空间链和供需链在内的四个方面的概念综合体，在这四个方面内容基础上形成了产业链，其本质是一个企业群的结构方式。

旅游产业与信息产业的融合发展会增加融合产业元素，扩大旅游产业外延边界，拓展产业链。产业价值链每个环节竞争的总和代表了产业间的竞争，产业融合过程中将不同产业的独立产业链整合在一起，融合为新的产业链，新产业链的形成产生的利益和附加值将远远高出融合前各个产业的产业链之和。三网融合的实现让原有产业链价值纵向、横向拓展，增加了传递规模与传递环节，为三网融合后的产业链带来了巨大的价值和机遇。依靠新的产业链的功能进行链接，整合三网融合后的价值链，新的价值链吸纳能力更强。

融合后的新价值链融合了原有产业的最新技术、最强业务、最优网络和最佳服务等，由各个环节无缝拼接组成。在新的价值链中，不仅包括网络设备供应商、系统集成商、软件供应商，也包括中间商品供应商，为新的产业提供源源不断的物质、资金和价值等，实现价值的增值和转移。三网整合实现了产业链条的拓展，同时也优化了资源配置，拓宽了业务范围，降低了交易成本，提高了服务质量和服务效率，体现了产业融合带来的价值增值。

产业融合过程中培养了一批又一批的复合型人才，在对人力资本进行投资的同时，会收获一批产业融合需要的高级人才，人才的培养不仅可以提高就业率，也可以提高劳动生产效率，提升居民收入和培养新的消费模式，有力拉动经济增长和生产增长。

10.3 经济贡献效应

信息产业与旅游产业的融合固然有着产业本身无边界、强关联，以及产业自身迫于竞争合作压力等内在因素，但是旅游产业是以“知识资本”为主导的信息经济和以“消费”为中心的服务经济，受时代、社会、区域经济发展等因素的驱动和影响，消费需求的升级、信息技术的进步等外在因素都将促进旅游产业与信息产业发生融合。

10.3.1 知识经济时代对旅游业发展提出更高要求

随着人类社会从工业经济转型为知识经济，旅游产业的发展发生着非常大的变化，旅游产业的存在方式、体系结构、旅游活动内容和形式都与从前大不一样，信息产业与旅游产业的融合成为旅游产业发展的重要推动力量。

首先，以高科技为主的知识产业成为知识经济的主体，带动经济的增长，增强了人们旅游的支付能力；高科技又提高了工作效率，加大了工作组织的柔性化，使得人们闲暇时光增多，旅游动机得以催化、旅游交通得以改善、旅游时间更加充分。这为信息产业与旅游产业的融合创造了条件。

其次，知识经济推动下的旅游需求发展将呈现出更加个性化、多样化的特征，既包括吃、住、行、游、购、娱六要素的综合需求，也可以是其一项或几项的组合，而每一项需求又是特定的，产品需要通过不同的形态和内容来满足这种个性化需求。这是信息产业与旅游产业融合的又一动力。

再次，知识经济不但提高了旅游需求的广度和深度，同时也提高了旅游供给的质量。这个时代，计算机信息技术的飞速发展引起了货币形式的变化，既改变了商品交易的形式，又加快了货币的传输速度。游客在旅游过程中只需要凭借手中的由密码控制的智能卡即可进行网络支付结算，相当便捷；旅游网络销售成为普遍行为，开发商可以在网上发布详尽信息，旅游者则可以通过网络更加全面更加直观地了解信息并参与购买，降低交易成本。网络化和信息化的普及，使旅游企业更重视知识与技术的创新，注重新产品的开发和市场的细分，实现从价格竞争向产品竞争、服务竞争的转型。随着知识经济的发展和人们对知识需求的迫切渴望，信息产业与旅游产业融合更加深化，旅游行业的传统智能发生改变，旅行社由供应商角色转向消费者利益角色；旅游资源的利用方式也与传统不同，各种新的资源通过信息产业与旅游产业的融合被开发出来或传统资源被赋予新的价值和意义，一些诸如民俗旅游、考古旅游、科技旅游、工农业旅游等旅游项目将进入新的发展阶段。

最后，随着经济的发展和科学技术的进步，科技成果转化为产品的速度大大加快，人类可以更加科学、合理、有效地利用资源，改变传统的以消耗资源和资本来创造财富的低经济增长模式，取而代之以高增长、高消费的模式；随着可持续发展理念深入旅游业，传统的掠夺式的开发模式转变为开发、利用保护兼顾模式，人们越来越自觉地将经济目标、社会目标和环境目标三者统一起来，旅游开发也越来越成为全社会关注的事业，上升到整个城市规划和社会发展的长远目标体系之中。由此可见，知识经济推动着旅游业的发展，不断深化着旅游业与信息产业的融合，随着互联网的普及和经济全球化的发展，旅游业将逾越空间和领域的限制，走向全球一体化和立体化。我国经济经过几十年的高速发展，正面临产业的转型升级，服务业成为未来大力发展的产业。政府不断出台的各项推动服务业发展的政策也为旅游服务创新提供了宽松的环境，加速了信息产业与旅游产业融合的步伐。

10.3.2 区域经济发展推动旅游产业融合

旅游产业的吃、住、行、游、购、娱六大要素既可以单个要素分别与信息产业融合，又可以多个要素与信息产业交叉融合，它们相互联系、相互渗透，带动多个产业联动，促进区域经济发展。旅游产业是一个强关联的产业，对融合化发展具有较为强大的推动力，文化产业、房地产业、农业、工业一旦与信息产业一起融合到旅游产业中，便形成了文化旅游、旅游景观房地产、农业旅游、工业旅游等与旅游产业相互渗透、相互融合的新型产业形态，成为区域经济发展的新的增长点。信息产业与旅游产业的融合具有很强的经济带动效应，是优化区域经济结构，提高区域经济增长质量的重要途径，许多旅游发达国家和地区的发展经验证明，信息产业与旅游产业融合的作用巨大，它能渗透到区域经济发展的各个环节，成为区域经济发展的重要支撑。旅游产业与其他产业的融合不仅在一定程度上实现了区域之间的资源互补，还可以增强区域中心的扩散作用，因为旅游产业与信息产业一旦和其他产业融合，就可以在一定程度上减少空间距离感，形成一个以旅游中心地为核心，带动周边地区发展的旅游产业圈，从而改变落后地区的基础设施现状，实现区域的协调发展。因此，许多地区都围绕旅游产业与信息产业融合做文章，以“旅游来搭台”唱“经济之大戏”，这是在政府层面上把旅游产业与信息产业融合推向高速发展之路。在高新技术创新引导下的旅游产业融合发展，完全改变了我国旅游业的传统产业的特点，促使以劳动密集型为特征的传统旅游业向现代服务业转型升级。

10.3.3 产业融合催生新的合作形态和形成无边界旅游企业

1.催生新的合作业态

伴随着信息产业、大数据、物联网、云计算等的发展，网络平台的支撑服务也随之提升，许多规模不大的小企业与互联网商等合作创新出了新的合作形态，互联网的发展进入了新的发展时期，拓宽了互联网的领域。“双十一”当天，一位消费者在十五分钟内收到了自己购买的奥马电冰箱。该品牌电冰箱的知名度其实并不高，正是借助与物流业和互联网商的合作提供送货上门服务，才得以与国内外一线品牌在同一经济合作模式下向市场和客户推出产品。互联网在中国的发展推进了我国社会的变革，加快了传统产业的重组与更新，改变了人们的生活方式和生活习惯，成为国家重要的经济发展引擎。

我国当前经济社会环境下，信息产业与其他传统产业相互渗透、融合发展，中国面临着良好的发展机遇，催生了新市场和新业态，是新的经济增长点。与此同时，旅游产业与信息产业也在积极融合，包容合作、横向纵向渗透融合，旅游产业与信息产业融合发展的新模式、新产业在不断扩展。产业融合是大势所趋，新的融合会促进信息产业与旅游产业的共赢，推进我国社会经济稳步健康发展。

虚拟企业的出现就是在产业融合的基础上获得的新的企业合作形态的表现，它是产业融合得到推广的重要载体，同时也是重要的微观组织基础。虚拟企业依托了网络技术和互联网平台，将多个企业拢合进来，促使资源的整合与再利用，协同开发某服务或者产品的一种网络价值创造共同体。虚拟企业的出现一改以往金字塔式管理模式，实行了效率快的横向管理方式，比以往企业的优越性在于整合资源速度快，并能快速响应市场，更好地为消费者和市场提供不同的服务和产品。

2.形成无边界旅游企业

"边界"在某种场合也可理解为界限，是两种异质系统区分的分界。在信息技术发展的同时，知识交易效率也在下降，企业组织间的边界在逐渐模糊，企业间也在构建依托核心能力建设的无边界组织。无边界企业没有固定的框架约束，像是一个个独立的生命有机体，能较快地破除原有企业的地理边界、外部边界等对企业的影响。依托网络平台，注重弹性、速度和创新，能适应内外部环境变化的组织形态。无边界企业往往形成无边界企业—供应商—客户的价值链条，以客户需求为指引方向，以无边界企业为龙头发展，依托新技术、新产品等赢得市场占有率，以信誉和服务求生存，扩大自身市场竞争力，以获得最大企业效益为追求目标。

（1）无边界旅游产业形成

在经历由观光旅游到休闲度假旅游的过渡过程中，我国旅游业发展越来越成熟，旅游规模也越来越大。旅游产业与信息产业的融合发展，将信息产业中的高新技术融入旅游产业中去，拓宽了旅游产业链范围，也使旅游资源开发的办法得到了更新，促进了旅游资源的开发。旅游资源范围在不断增加，改变了传统认为旅游资源包含自然资源和人文资源的认识，新的经济产业活动、民俗风情、社会发展等也成为旅游资源，乡村旅游、科技旅游、工业旅游、会展旅游、太空旅游等纷纷出现，表现出新的生命力，不仅拓宽了产业链，旅游者的个性化旅游追求也拓展了旅游产业链。随着旅游产业链的拓宽以及旅游企业间的兼并重组或者合作，旅游规模逐渐扩大，与其他产业间出现的外包、业务合作等形式的发展使旅游业的边界越来越模糊，旅游产业的边界长期处于动态变化中。

（2）无边界旅游产业的发展模式

旅游业的无边界性特征要求旅游产业的发展应具有灵活变化的发展模式，需要随着消费者、供应商、销售者、生产者等各个产业链的主体变化而进行调整。旅游企业应以消费者需求为核心，积极有效地与合作伙伴、各类消费群体进行合作，在旅游业行业管理、资源配置、产品开发及相关配套设施方面做好对接与合作。

10.4　政府推动效应

10.4.1　政府推动信息产业与旅游产业融合的必要性

1.信息产业与旅游产业自发融合较为困难

信息产业与旅游产业融合需要较大的投资，市场在两者融合方面所起到的作用有限，因而信息产业与旅游产业融合进程和发展较为缓慢。因此，信息产业与旅游产业之间的融合也是最需要政府帮助的领域，政府在促进信息产业与旅游产业融合方面也需付出较大的努力。信息产业与旅游产业之间的融合需要在更高的政府层面上采取措施，比如市一级的政府比县一级的政府在促进信息产业与旅游产业之间的融合方面更加有效。

2.政府对产业融合的介入非常必要

信息产业与旅游产业的融合不仅具有微观经济效益，能够给旅游企业带来直接的经济利益，同时信息产业与旅游产业融合也具有间接的宏观经济效益，产业融合可以提升产业结构的层次，可以创造新的知识、新的产业和新的产品，信息产业与旅游产业融合具有明显的经济效应。如果只依靠市场力量促进信息产业与旅游产业之间的融合，那么市场刺激下出现的信息产业与旅游产业之间的融合数量和质量会少于社会所需的信息产业与旅游产业之间的融合数量和质量，政府对于信息产业与旅游产业之间的融合的介入非常必要。政府对于信息产业与旅游产业之间的融合干预可以让市场出现的产业融合数量尽量等于社会所需要的产业融合数量。

3.政府对于产业融合的干预有效果

由于信息沟通成本高等原因，旅游企业与信息企业之间进行产业融合障碍重重。产业融合是个非常缓慢的过程，相关企业和公司要想从产业融合中获取相应收益一般须等待较长时间。由于一般企业和公司更看重短期利益，相关企业或公司对于信息产业和旅游产业融合的积极性较低。政府通过信息平台建设等措施则可降低旅游企业与信息企业之间产业融合成本，通过税收优惠、补贴等措施可增加旅游企业与信息企业之间进行产业融合的短期收益，可以有效地促进产业融合。

10.4.2 政府推动信息产业与旅游产业融合的思路

1.以市场引导的方式介入产业融合

虽然政府非常有必要介入信息产业与旅游产业之间的融合，政府介入产业融合也会非常有效果，但是这不意味着政府对信息产业与旅游产业之间融合可以随心所欲地进行干预。企业或公司最清楚自身的目标和走向，政府的强行干预只会得到相反的效果。政府只能通过市场来间接引导信息产业与旅游产业融合，通过降低信息企业和旅游企业之间产业融合的成本、增加相关企业之间产业融合的收益来引导产业融合的出现，信息产业与旅游产业融合的主体仍然而且必须是旅游企业或信息企业，当地政府只是为它们信息产业与旅游产业融合提供各种支持和便利。

2.打破地区行政分割

地方行政分割使企业与企业、行业与行业之间信息交流困难，要素无法有效流动。各个地方各自为政，不同行政地区之间的信息产业与旅游产业融合困难重重。要想较好地进行信息产业与旅游融合，就必须要打破地方市与市之间、县与县之间和镇与镇之间的行政分割。

3.鼓励兼并收购

政府促进信息产业与旅游产业融合的措施可以有很多，但是很多措施在操作上都具有相当的难度，鼓励企业之间的兼并收购是促进信息产业与旅游产业融合最简单易行的方法。兼并收购是很传统和很成熟的一种企业间市场行为，各个企业或公司对于兼并收购都很了解，易于接受，当地政府可以通过提供信息和资金扶持等方式帮助企业尤其是民企进行合理的兼并收购。

10.4.3 政府推动信息产业与旅游产业融合的具体措施

1.组建研发工业园

把具有技术关联的一些企业的技术研发部搬迁到一起，组建技术研发工业园。这些技术研发部既可以为自己的企业提供技术服务，也可以为其他企业提供技术服务。不同行业的技术研发人员聚合在一起，经常交流沟通，有利于产生新思想，对突破性创新有非常大的帮助。在技术研发工业园里，各个行业的技术信息汇集在一起，实现技术共享，有产业融合意向的企业可以经常到这里了解技术信息，进行咨询。

2.引导中介组织牵线搭桥

信息产业与旅游产业融合的障碍是信息不对称和信息不完全，多数企业只知道自己所处行业的技术情况，不知道其他行业有什么技术可以为自己的产品创新服务，也不知道自己的技术可以为其他什么行业服务。因此，政府可以引进或者组建一些为信息产业与旅游产业融合服务的中介组织，为有产业融合意向的企业牵线搭桥，这对于信息产业与旅游产业融合有巨大的促进作用。

3.制定产业融合指导意见

政府制定指导信息产业与旅游产业融合5～10年的规划，计划好信息产业与旅游产业融合的步骤、各个阶段产业融合的重点和目标，提出产业融合的方法措施，出台鼓励和引导旅游企业和信息企业进行产业融合的奖励措施和优惠政策。

4.组建产业融合协会

政府出面组建民间性质的信息产业与旅游产业融合协会，引导信息产业与旅游产业融合企业加入协会成为协会会员，企业有关信息产业与旅游产业融合的供给和需求的各种信息都在协会登记，使协会成为产业融合信息汇集、信息交流的平台。协会可以定期和不定期地组织一些有关信息产业与旅游产业融合的论坛或者座谈，组织不同产业和不同行业的企业技术人员和管理人员交流和走访活动。

5.大力发展创意产业

创意产业具有极强的渗透力，它可以和多种产业融合发展。创意和产业融合本质都是创新，很多创意产业本身就是通过产业融合发展起来的，创意产业的发展又可以推动产业融合的发展。

6.培养和引进产业融合人才

信息产业与旅游产业融合需要大量同时熟悉两类产业技术技能和产品知识的复合型人才，政府要鼓励企业对员工培训，使员工了解交叉行业的相关技能和知识，引导科研单位培养跨行业的复合型人才。

7.创造良好的产业融合环境

相对来说，良好的外部环境对信息产业与旅游产业融合有利，比如鼓励创新精神和保护知识产权等的外部环境。好的信息产业与旅游产业融合环境使市场竞争更公平，交易费用相对更低，市场主体的合法权益得到更为完善的保护。

8.建立技术和产品展示中心

政府应该推动建立一个展示平台，把旅游企业和信息企业的技术和产品的融合成果进行集中展示，使用电子屏幕对这些技术和产品加以说明介绍。所有相关企业的员工随时可以来这个技术与产品展示中心参观，寻找可以借为己用的其他企业的产品和技术，在参观的过程中，各个相关企业之间也容易出现灵感，找到和其他企业进行信息产业与旅游产业融合发展的方法。

9.鼓励不同行业企业之间的兼并收购

各个相关企业之间的收购兼并是目前推动信息产业与旅游产业融合最可行和最有效的措施，政府应该出台一些鼓励不同行业的企业之间进行兼并收购的有利政策。现在，国际经济形势以及我国国民经济走向正是各个相关企业之间兼并收购的好机遇，可以在这个良好的背景下出台各种鼓励民营企业之间的收购兼并的政策，政府应该鼓励经营好的企业去兼并收购经营相对差的企业，有项目的企业兼并有闲置土地和厂房的企业。

第11章

信息产业与旅游产业的协同创新机制

伴随着信息技术的快速发展，信息产业也正在以从未有过的速度向前推进，在区域经济的发展中，信息产业的飞升式发展对其他产业的带动变得更加重要。前文阐述的协同创新概念，其内涵是从技术到产品的一种高效生产平台，本质上是一种非常强劲的生产力。“协同创新”概念的提出不仅为信息产业与其他产业相互融合提供了方法和平台，也对我国的产业结构调整和新兴产业的发展指明了方向，特别是对于正在快速发展的旅游业。旅游产业在我国已被大多数城市定性为支柱产业，而传统的旅游业发展却遇到了瓶颈，出现了旅游主体与客体互联性较低、旅游服务水平不高、旅游产业创新层次有待提升等关键问题。在此背景下，以信息产业与旅游产业的高度融合为基础的两大产业的协同创新已经是大势所趋，信息产业与旅游产业的协同创新发展势必成为旅游产业持续有活力发展的主要动力。

11.1 协同创新机制的概念

“协同创新”是指创新资源和要素有效汇聚，通过突破创新主体间的壁垒，充分释放彼此间人才、资本、信息、技术等创新要素活力而实现深度合作。机制，指有机体的构造、功能及其相互关系；协同创新的机制，指协同创新各要素的有机构造和各个功能以及相互之间关系的总和。

11.2 协同创新机制的体系

协同创新机制体系主要包括协同创新氛围、协同创新网络、协同创新绩效、协同创新的保障体系四大方面。本章所研究的信息产业与旅游产业的协同创新主要是从产品供给和需求这个融合的基本点和关键点出发，结合两大产业融合的现实和趋势，从这四个方面探讨信息产业与旅游产业的协同创新机制。协同创新机制可以促进创新网络的密度、规模、强度和创新速度，最终提升协同创新的创新绩效。信息产业与旅游产业的协同创新本质是信息产业与旅游产业的合作与融合，是更好地利用信息产业优化旅游资源、发展旅游产业。

11.2.1 协同创新氛围

协同创新氛围是协同创新发展的整体气氛和支撑框架，主要包括协同创新的理念、协同创新的人才和协同创新的环境等，在信息产业和旅游产业的协同创新发展中，协同创新氛围的内涵主要涵盖了信息产业与旅游产业的融合发展理念和融合发展的环境。

1.协同创新理念

协同创新的理念是协同创新氛围的思想指导，随着经济社会的不断发展，创新已经成为促进生产力发展的重要动力，协同创新的理念也决定了协同创新的氛围，在信息产业与旅游产业不断融合发展的背景下，协同创新应当在开放共享和合作互通的理念下有序发展。开放共享的协同创新理念主要是在信息化发展迅速的当今，更加注重信息和其他资源的开放共享。只有信息资源的开放共享才能够促进协同创新的大幅发展。合作互通的创新理念主要是指高校、政府、企业、研究机构之间的相互合作，也可以是在高校与高校之间、企业与企业之间，特别是在企业与企业之间，在市场的背景下，企业之间并非单一的竞争关系，在协同创新成为发展的重大动力之后，合作更能够为企业带来双赢。2015年在西安召开的欧亚经济论坛旅游合作分会，以"创新合作模式，促进丝绸之路旅游发展"为主题，众多城市组成的景区旅游合作联盟，本着互利互惠、资源共享、优势互补、共同发展的原则积极开展客源互换、市场共建、联合促销活动，不仅能够促进协同创新的发展，而且能够带动丝绸之路经济带区域旅游业共同发展。

2.协同创新人才

人才是协同创新的关键，提高人才培养质量也是全面推进协同创新、建设高水平行业特色大学的重要途径。经济社会的不断发展，对人才培养的规格提出了更高的要求，促使学校对校企合作联合培养人才的模式进行深刻变革。旅游业的发展，特别是当今信息产业与旅游产业的协同创新发展，催生了信息技术的旅游应用需求，信息技术的发展又使其不断渗透到旅游业的各个方面，双方持续的相互作用，促进了培养旅游与信息技术复合型人才的旅游信息化教育的发展，以旅游信息化人才为主的新型旅游产业人才培养也是对信息产业与旅游产业的协同创新发展有力的支持。在市场和政府的推动和主导下，我国也采取了一列措施加强对旅游信息化人才的培养，在调查和统计中发现，目前已有近50%的高校开展了旅游信息化相关的课程，但是这个数据并不是很乐观，需要不断优化课程，使所培养的人才能够适应时代的需求。

在信息产业与旅游产业协同创新发展的背景下，相关的人才培养也应从高校和企业两方面入手。

（1）企业对人才的培养

高校对旅游相关人才的培养起着核心的作用，但是企业对于人才的培养也起到比较重要的作用。企业不仅生产产品，更生产人才，企业的竞争说到底是人才的竞争，在出校门之后，多数人才都会进入企业之中，这时候企业环境以及相关因素都会对人才的发展产生非常大的影响。企业对于创新型人才的培养，首先要有浓厚的创新氛围，要有一个有利于创新型人才成长的舆论环境。要在全社会和企业内树立和提倡人人都要创新、人人都能创新的理念，大力弘扬敢为人先的创新精神，鼓励创新，用创新去推动工作，去开创新局面。其次，建立创新型人才培养机制。要采取强化培养与鼓励探索相结合、岗位锻炼与对外交流相结合、梯队建设与团队建设相结合的方式，把继续教育与培训作为人才队伍建设的重要一环。一方面，要建立继续教育与培养机制，与开设有企业所需专业的大专院校联姻，建立继续教育培训基地，依托培训基地，提高人才的理论水平；另一方面，企业要实行“实践锻炼—成长提高—继续教育”的培训模式，让人才把理论知识应用于实践，在实践中得到锻炼。

（2）高校对人才的培养

高校是培养旅游人才的核心之地，特别是在当今对于旅游信息人才的培养。旅游信息化教育的发展有很大的进步和突破，但与社会经济和旅游业发展的要求相比还有很多的不足，这些不足主要表现在：

①高校对旅游人才培养的教育错位。在最初的旅游信息化教学中存在错位现象，客观上需要对其进行一定的改革。旅游信息化教学需要技术和业务两方面的知识，但是在最初的旅游信息化教学中，由于业务背景不同，不同学校和不同教师往往过多强调某一方面的知识传授，忽略了对两方面的有效结合。

②教学内容的安排不尽合理。新型的旅游信息化教学缺乏有关旅游行业业务的教育和协同创新的课程内容，培养人才过程中学生难以在学习期间深入理解和掌握现有的旅游信息系统以及在协同创新过程中找到切入点。

③针对于这些问题，首先需要加强对旅游信息课程的重视，在旅游知识和信息技术知识两方面进行高效的知识传输。在课程设置中除了要对旅游行业业务教育有所重视外，还要加强协同创新相关课程，促进学生把信息资源和旅游资源应用于协同创新支持，发挥课程的作用。

高校应当按照《国家中长期教育改革和发展规划纲要（2010—2020年）》和《关

于深化高等学校创新创业教育改革的实施意见》要求，在旅游高等教育领域开拓创新，在创新旅游人才培养模式、强化旅游创新创业实践、创新旅游课程体系等方面进行大胆的尝试，培养大学生的创新意识和创业精神，促进大学生应用新技术和新方法，尤其是新的信息技术以及数据处理技术，将信息与旅游创意有机结合，形成具有实际应用意义的智能手机旅游应用程序，进一步提高整个旅游产业的产品设计层次和水平。2016年5月18日，首届世界旅游发展大会在北京召开，这次大会对高校提出了很高的期待，希望高校把脉产业发展培养国际型旅游人才，不仅要求人才要有信息、旅游、服务等各方面的专业知识，更要求人才要有国际视野。

3.协同创新环境

协同创新的环境是协同创新氛围的重要体现，一个良好的协同创新环境对协同创新顺利发展起到至关重要的作用，只有良好的创新环境才能更好地促进协同创新的发展。信息产业与旅游产业的融合发展是其协同创新的基础，协同创新也是两种产业相互融合和带动的过程。

协同创新的服务支撑体系是能够为协同创新提供支持和服务的一系列物质和关系的总和，目的是创造良好的协同创新环境，更好地发挥协同创新的效用，使协同创新绩效达到最大值。协同创新的大环境主要包括政策支持、公共服务及平台建设的环境等。

（1）政策环境

信息产业与旅游产业的协同创新发展离不开政策的支持，无论是宏观对旅游产业发展的政策支持还是具体对相关企业、高校、研究机构提出的要求，都是为旅游信息化的发展而服务的。特别是对智慧旅游发展的政策，最能够体现国家出对信息产业与旅游产业的协同创新发展的支持。政策的支持能够为协同创新创造一个适宜的环境。协同创新的环境主要包括政府支持的大环境和企业、高校的小环境。

在大环境中，政府的法规政策是协同创新发展的重要保障，比如国务院的政策文件《2011协同创新中心建设发展规划》《2011协同创新中心政策支持意见》《2011协同创新中心认定暂行办法》为协同创新的发展提供了积极向上的环境氛围，《江西省人民政府关于进一步加强协同创新提升企业创新能力的实施意见》对于江西省的各个行业的协同创新发展都有很好的指示作用。

河南省教育厅为进一步激发高校科技创新活力，加速提高其支撑经济转型、产业升级和社会发展的能力，根据《河南省人民政府关于深化高等教育综合改革全面提升服务经济社会发展能力的意见》，对河南省内的协同创新发展提出了实施意见，把“立足全局建好协同创新中心，探索产学研合作新模式”作为首要任务。

高校、企业以及研究机构的协同创新小环境同样对于旅游信息产业的协同创新有着非常重大的意义，高校和企业可以对协同创新进行激励，建设成市场导向的技术创新依赖企业、大学、研究机构之间的横向协同创新。

2014年3月发布的《国家新型城镇化规划（2014—2020年）》指出，我国智慧城市建设将整合现有国家智能化资源，大力推进智能化落地建设，并在智慧城市建设速度上争取提升。国家坚实的政策支持必定为智慧城市的发展带来重大的推动。不仅仅是在宏观方面，国家对旅游产业相关的协同创新中心的建设、对旅游相关企业的财政支持，都是信息旅游产业大力发展的基础。在新疆、海南、福建等省（自治区），当地政府为了能够为更多创新型、成长型旅游企业提供金融支持与服务，出台了相应的优惠政策和措施。例如，2014年12月福建省人民政府印发了《关于研究我省智慧旅游发展规划的纪要》，对福建省智慧旅游建设工作进行了部署，在《福建省人民政府关于进一步深化旅游业改革发展的实施意见》中明确要求制定“互联网+旅游”行动计划；2015年9月福建省智慧旅游云集群项目在福州启动，引入PPP模式进行运作，促成多家旅游相关企业参与，为企业实现旅游服务智慧化、旅游管理智能化、旅游营销精准化提供精准分析数据和决策支持。

（2）公共服务基础平台

公共服务体系是驱动旅游产业与信息产业协同创新发展的基本动力，应当从不同的服务对象的不同需求出发，梳理服务需求和服务方式，建设面向不同服务群体（游客、业务人员、企业等）的综合服务平台。公共服务平台形式的主要体现有协同创新机构等。

正是为了满足协同创新发展过程中不同对象在不同层次的需求，我国也在不同的产业发展和融合范围建立了相应的协同创新中心以服务于协同创新的发展。以智慧旅游为典型和核心的协同创新中心的建设便是为了更好服务于信息产业与旅游产业的协同创新发展。

以中原经济区智慧旅游协同创新中心为例可以说明服务平台的建设对于信息旅游产业的发展意义重大。对于中原旅游产业和经济的发展来说，中原经济区智慧旅游协同创新中心的获批是一件极具里程碑意义的大事，不仅拓展了旅游产业与信息产业协同创新发展的内涵，搭建了区域内高校间、高校与政府间、高校与企业间科技攻关的产学研结合的高层次合作平台，还提供了旅游和信息双面高端人才和优质资源竞相集聚的载体，丰富和发展了中原经济区智慧旅游科技创新体系，完善了创新机制。该中心的成立，对学科平台建设、社会服务能力提升、旅游智库效应、智慧旅游研究成果等多方面都带来了重大的成效；同时，该中心也需要进一步发挥协同创新作用，推动高等教育与地方经济社会发展的结合，为中原经济区旅游产业的发展提供有力支撑。

（3）信息化下服务系统的广泛应用

基于信息化的公共服务系统是协同创新服务体系的重要组成，信息产业与旅游产业协同创新的发展要求加快建设旅游相关公共信息服务系统。包括建立健全线上、线下旅游公共信息发布系统。线上包括多语言（中、英、日、韩）政府门户网站集群（集政务、信息、资源、资讯、体验、自助、微博、微信于一体）、旅游产业运行监测平台、LBS位置服务网站、手机App客户端、新媒体信息发布屏、入境短信、官方微博、官方微信、呼叫中心（12301旅游服务热线）等，线下有旅游咨询服务中心、游客集散中心、传统媒体、宣传资料等。

旅游景区是信息产业与旅游产业协同创新最直接的应用平台，也是智慧服务的最终落脚点，无论信息产业与旅游产业最终的融合会怎样、发展会怎样，景区作为旅游信息产业融合的核心是不会改变的，智慧系统在景区内的应用情况直接体现了信息产业与旅游产业的融合强度和协同创新的效果。

以信息的处理和传输为基础的服务系统已经在旅游景区有着相当广泛的应用，主要应用方式包括景区的电子门票系统、导游讲解软件、景区的动态信息平台、自助虚拟实景的旅游应用、虚拟旅游的体验式营销、基于无线位置服务的应用、电子地图、景区对外智能化管理系统，以及景区内部的智能化管理系统等。信息化的大环境也确实在不断地改变旅游的模式，如2016年“十一”期间，龙门石窟微信购票总数超过了五万张，占到了总游客数的26.6%。这些应用不仅是智慧旅游发展的体现也支撑着信息产业与旅游产业的协同创新发展。

11.2.2 协同创新网络

信息产业与旅游产业的协同创新发展的关键是信息产业与旅游产业的资源整合，信息资源与旅游资源的相互利用效率直接决定了协同创新的结果。协同创新网络体系是一个以政府、企业、高校、研究机构以及服务机构等为主体的，为协同创新提供支持、保障创新环境和创新机制顺利运行的综合平台。

1．政府

政府对于信息产业与旅游产业的协同创新应当有着战略性的支持。对协同创新发展的支持是政府义不容辞的责任和义务，在协同创新网络中政府的主要作用如下。

（1）协同创新相关机构的建设和发展

以协同创新中心为核心的协同创新机构是国家实施协同创新计划的重要平台，协同创新中心的建设是推动协同创新的助推力。在信息产业与旅游产业的协同创新网络中，政府对以智慧旅游为典型与核心的协同创新机构的建设，对于信息产业与旅游产业的融合有着极大的影响，在信息旅游产业逐步走入市场促进经济发展的阶段，智慧旅游协同创新中心不仅拓展了旅游产业与信息产业协同创新发展的内涵，也是高效配置和利用信息与旅游资源的关键载体。

（2）促进培养更多的信息旅游产业方面的人才

人才是社会发展和进步的关键，更是协同创新的关键。在信息产业与旅游产业的协同创新环节中，政府应当配合市场促进社会所需人才的培养，在市场经济中，市场主导着产业的发展，信息产业和旅游产业的飞速发展也促进了政府加大对适应此产业发展的人才培养，特别是对更具有生产效率的信息产业与旅游产业的协同创新型人才的培养。

（3）协助市场、维护良好的经济环境以推动旅游信息产业的发展

十八届三中全会明确了市场在资源配置中的决定性作用，这意味着政府在经济和社会发展中逐渐减弱对资源的直接控制分配的作用，但并不能忽略政府的作用。旅游产业和信息产业的发展是需要更多的资源支持的，从旅游产业信息化的强度越来越高、旅游产业和信息产业的融合范围越来越广、旅游信息化带来的经济效益越来越大可以看出，信息产业与旅游产业的协同发展确实通过市场吸收了较多的资源，良好的经济环境是信息旅游产业能够走上更高层次的保障。

协同创新归根到底是生产力发展的需要和要求，以产学研为基础的协同创新机制是促进生产力发展的新概念，这种新动力的运行需要政府政策支持。政府作为公共部门，能够通过制定相应的政策措施和战略项目，促进企业与高校、研究机构与中介机构的联结，以此对企业创新产生积极的影响，推动整个网络协调运转。

2.高校

高校是产学研协同创新模式非常关键的组成要素，高校在学和研两个阶段的作用直接关系到协同创新成果能否顺利产出，甚至有些高校也会通过一些方式直接参与到生产这一环节，比如清华大学通过控股“清华同方”的方式直接在清华大学体系内完成了产学研的整个过程。

在协同创新的网络中高校的主要作用有如下两点：

（1）协同创新人才

高校最主要的作用就是培养人才，协同创新模式的提出对于高校培养人才战略也有了更高的要求。传统的高校培养人才模式和课程设置大多是在固定的专业领域内培养本专业的高级人才，而随着经济全球化推动的产业融合发展的大趋势，对人才的需求层次也有很大的提高。信息产业与旅游产业已经进入大幅融合的阶段，在这样的背景下，对于旅游业人才的培养势必不能够再依照着传统的培养模式。当前国内许多高校如华东师范大学、河南大学等都调整了旅游管理等旅游相关专业的课程，加入了与信息产业相关的课程，使培养出的人才更能适应旅游产业的发展，更能够在信息产业

和旅游产业的协同创新中发挥更重要的作用。

（2）信息产业和旅游产业融合的理论研究

高校在一定程度上有着智库的作用，承担着推动科技理论研究的责任。信息产业和旅游产业的协同创新发展离不开高校对相关理论的研究，这是经济发展的需求和趋势，高校储备了推动协同创新的顶尖人才，应当高效利用这些资源，使协同创新产生客观的绩效。近些年来，我国高校对旅游信息化的教学和理论研究非常重视，旅游信息相关专著和教材的数量也都有显著的增加，但是对于信息产业和旅游产业的协同创新仍然需要有更多的理论研究。

3.研究机构

科研不仅是推动旅游业不断发展的动力，也是推动整个社会经济发展的动力。研究机构和高校应当在“研”这一层次上相互协调、相互促进。研究机构是知识创造、技术产生和人才培养的重要载体，是协同创新网络中最重要的创新源。在信息产业与旅游产业的协同创新中，研究机构应当起到创新的带头作用，为产业更好地融合、新产业的出现和企业创新提供较为关键的知识和技术支持。

4.企业

（1）企业在协同创新中的主要作用

企业是技术创新的主体。在协同创新网络中，企业是最为核心的一环，是协同创新的终端，既是高校和研究机构的支持者，又是协同创新成果的验证者。在协同创新网络中，企业的主要作用有如下两点。

①在市场机制下，企业为高校和研究机构提供物质支持。高校和研究机构是协同创新网络知识链的重要环节，是以创新理论推动协同创新的动力点。对高校和研究机构的支持不可能完全来自政府，在市场机制下，企业是对高校和研究机构从事协同创新研究的有力保障因素。德国是世界上企业与高校联系效率最高的国家之一，作为高科技强国，德国在科研成果转化和世界创新指数排名中优势都非常明显，高校与企业的研发合作是德国创新体系的重要特点和优势所在，其促进了协同创新成果的市场化与社会进步，解决了高校应用研究的经费问题，提高了企业的创新动力和国际竞争力。

②企业是协同创新终端任务的完成者。企业应当运用高校和研究机构的研究成果，与市场需求相融合，量产协同创新产品，完成协同创新的终端任务。信息产业和旅游产业的协同创新更多的是在信息技术广泛应用下的理念创新，这更要求旅游相关企业能够理解市场需求、敢于突破，使信息与旅游产业的协同创新绩效达到更高层次的水平。

近年来，许多企业所开发的旅游或者与旅游相关的产品都能够被人们普遍接受，游客是从事旅游活动的主体，旅游业的本质是众多旅游活动及其相关联事物和行为的综合，企业的出发点是盈利，游客作为旅游信息产业和协同创新产品应用的中心，也是最终被服务的对象，产品被游客认同和接受是盈利过程不能被跨越的条件和环节。

调查研究发现，在所有800个被调查的对象中，超过95%的手机中都装有旅游相关的App（图11.1）；有94%的人使用过旅游软件。企业无法强行要求游客接受新产品与新理念，但可以通过更优质的服务和更先进的理念让游客转变传统观念，体验新的旅游模式，在实践中实现信息产业与旅游产业的融合。

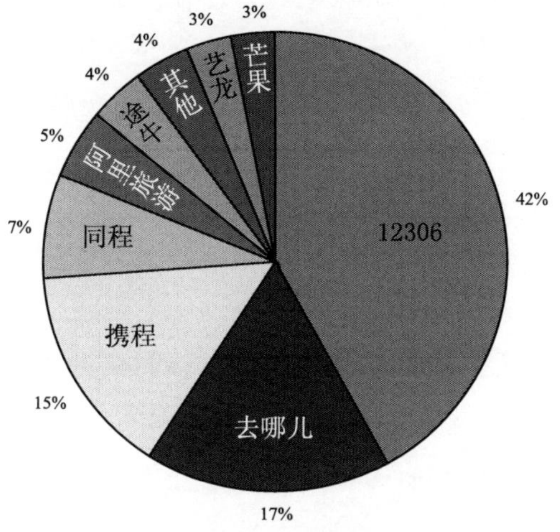

图11.1　旅游相关App使用比例

（2）河南省旅游、互联网相关企业的发展

旅游相关企业的创新与发展是旅游产业发展的重要动力，尤其是酒店、旅行社这些实体性企业。互联网的快速发展过程中，“互联网+旅游”主要是围绕酒店和旅行社等企业的服务来开展的，这些企业关系着游客在旅游活动中的吃、住、行，如果这些环节不能够在应用端达到很好的效果，那么信息产业与旅游产业的协同创新将只是一纸空文。

利用物联网、云计算、移动互联网、信息智能终端等新一代信息技术，通过饭店内各类旅游信息的自动感知、即时传送和数据挖掘分析，实现酒店“吃、住、行、游、购、娱”旅游六大要素的电子化、信息化和智能化。2014年是河南“中国智慧旅游年”，由河南省旅游局主持，将“智慧酒店”项目作为河南智慧旅游的重要组成部分来加速推动实施。河南省旅游局下发通知，决定正式试点推广河南“智慧酒店”项目，使河南“智慧旅游”建设又迈出了坚实的一步。这对河南省信息产业与旅游产业的协同创新有很大的推动。

旅行社是典型的中介服务型企业，它向游客和公众提供关于可能的旅行、居住和相关的服务，是旅游业发展的关键点。信息产业与旅游产业的逐步融合应当打破传统旅游企业管理方式，使之向现代管理方式转变。通过信息技术，可以及时准确地掌握游客的旅游活动信息和旅游企业的经营信息，实现旅游行业监管从传统的被动处理和事后管理向过程管理和实时管理转变，主要通过与公安、交通、工商、卫生、质检等部门形成信息共享和协作联动，结合旅游信息数据，形成旅游预测预警机制，提高应急管理能力，保障旅游安全。旅行社企业应当实现对旅游资源供应商的统一在线管理，包括供应商基本信息、要素价格、合同记录及财务信息等（旅游资源供应商主要包括景区、饭店、交通工具以及旅游保险等）；在产品销售中实现旅游产品的在线广告宣传、网络智能展示与查询、在线预订及在线交易，实现多渠道同步发布和销售，在互联网基础上提供电子咨询单和预定单；推荐实现电子合同管理，为游客提供便捷高效的呼叫中心服务，通过建设各类问题数据库，提供标准的信息咨询，接受意见反馈，并提供游客关怀。

信息产业与旅游产业的协同创新的基础是这两大产业的相互融合，技术方面的融合是其融合主要动力。技术注入旅游产业是推动其向现代化旅游业发展的关键，这不仅要求研究机构能够大力推动信息科技的研发，更要求企业能够加强创新，打破原有的企业单一发展的壁垒，把创新和技术灌注到新型产品中。

政府在国家创新体系中同样有着极为重要的作用。政府的资金扶持和相关政策的制定与实施（如税务的优惠，金融支持、产业优惠政策、人才政策，专项计划等）都会对企业技术创新产生重要的影响。在全球经济一体化的背景下，各国都在积极制定相应政策鼓励企业与其他组织进行合作，以促进产品创新和过程创新。例如，加拿大政府通过实施一系列有利于大学和企业合作的政策措施来激发创新；美国和英国也制定比较高效的创新政策鼓励企业进行本质性创新的一系列行为。

在以政府、高校、研究机构和企业为主体构成的协同创新支持体系（图11.2）中，具体又可以分为三大服务支撑体系和五大服务功能。三大服务支撑体系包括搭建基础

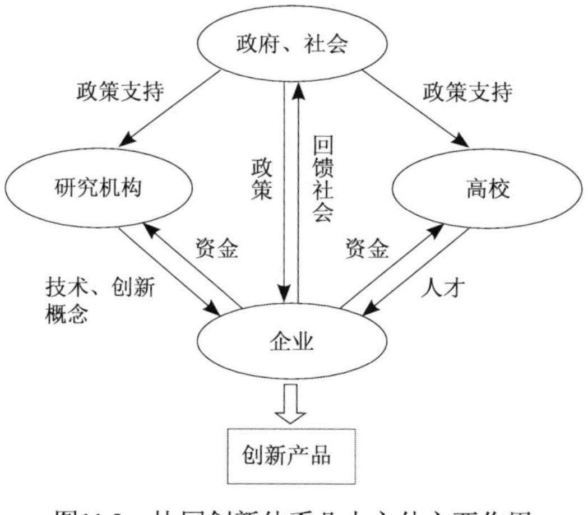

图11.2　协同创新体系几大主体主要作用

服务资源、公共服务支撑和产业技术服务。五大服务功能包括公共服务、产业技术服务、成果转化服务、创新引导服务和科技政策支持。从具体的措施上可以分为服务支持体系、应用支撑体系、信息资源体系、基础设施体系、法律与标准规范体系和信息安全与运行保障体系六大块。

11.2.3　协同创新绩效

协同创新的主要目的是产生协同效应、提升协同创新的绩效。信息产业与旅游产业的协同创新发展通过对多种信息技术的应用来改进传统的旅游生产、分配和消费机制，从而优化旅游经济的运作，加快旅游经济的增长，最终推动旅游产业的全面发展。在信息产业与旅游产业的协同创新中，协同创新绩效主要从社会效益、经济效益、产业带动效益和城市发展效益这些去衡量。

1.社会效益

高效的信息产业与旅游产业的协同创新发展将有力推动城市可持续发展，不断冲击人们的思想观念边界，形成健康文明生活，从而构建起和谐先进文化，全面提升城市品牌和旅游品牌的形象和影响力，具有巨大的社会效应。

首先，随着信息产业与旅游产业的协同创新发展，信息相关技术及服务产业得到飞速发展，物联网、云计算相关的先进制造业和新兴服务业获得极大的发展空间，这对于突破资源制约的瓶颈、推动旅游目的地的可持续发展有着十分重大的意义。其次，信息产业与旅游产业的协同创新发展能够充分缓解旅行的弊病，改变人们的旅行方式，协同创新的发展会对旅游目的地的基础设施水平和公共服务能力有大幅度的提升，对于旅游环境也有很大程度的改善。最后，信息产业与旅游产业的协同创新发展，特别是智慧旅游的提出和发展，通过对信息技术和新兴产业的引入，进一步挖掘了旅游目的地人力资源的需求潜力，有效地提供了就业岗位，提升了社会发展水平。这三点是衡量信息产业与旅游产业协同创新绩效的社会效益的重要标准。

2.经济效益

经济效益是衡量信息产业与旅游产业协同创新绩效最直接的标准，也是协同创新最直接的目标，只有最终能够实现相应的经济效益，协同创新的绩效才能够得到肯定。协同创新的产品分为三大块，即协同创新的实物产品、协同创新的网络产品和协同创新带来的新的理念。这三大块产品最终要以经济效益衡量。信息旅游产业的协同创新所带来的经济效益应当主要体现在改善旅游目的地的发展环境、促进经济增长方式转变、促使旅游发展重心调整、提升财政收入水平、促进旅游行业成员协作共赢、引领区域经济快速发展等诸多方面，从而更好地适应世界经济发展与创新驱动生产变化的新格局。

3.产业带动效益

信息产业与旅游产业协同创新的良好发展是促进产业结构调整的现实选择，既可以发挥旅游业在整个服务业中的综合、关联和拉动作用，又能够促进信息产业的发展，促进经济结构的调整优化。协同创新的发展有利于传统产业的综合竞争力提升和全面转型，优化传统的产业结构。具体来说，高效的信息产业与旅游产业的协同创新发展过程中还将促进智慧、创新技术向传统制造业领域的辐射渗透，给传统产业植入智能化、信息化的“芯片”，加快开发智能化、数字化、智慧化的新产品，从而推动传统产业的转型升级。良好的协同创新发展能够将领先的虚拟现实技术、移动通信技术、地理信息技术等应用于旅游文化产品的创新过程，有效促进新兴文化创意产业的高效发展。

4.城市发展效益

城市的发展与信息技术的发展密不可分，信息产业与旅游产业的协同创新发展使物联网、云计算、虚拟现实等新一代信息技术应用到旅游业中，这一发展又进一步迎合了城市信息化的发展需求，在城市现代化的基础上，通过新一代创新技术将城市的功能进行延伸、拓展和升华。

11.2.4 协同创新的保障体系

协同创新的保障体系是进行协同创新活动的重要切入点，信息产业与旅游产业的协同创新发展需要应用体系对其的支撑。信息产业与旅游产业的协同创新应用保障主要体现在智慧旅游的应用体系中，主要包括信息技术的保障、基础设施的保障、法律法规的保障和信息安全的保障等。

1.信息技术保障

信息和数据被认为是城市物资和智力之外的第三类重要的战略性资源。在信息化时代的大背景下，游客从产生旅游的动机到最后的旅游实践，必然要接触到旅游信息，而且随着旅游形式多元化的发展，信息在旅游服务中的地位越来越重要。信息资源也是影响着信息产业与旅游产业协同创新的重要因素，信息产业与旅游产业协同创新的信息资源体系在过程上主要体现为旅游信息的收集、处理、传输和回馈，在形式上主要以云计算、人工智能、地理系信息系统等方式作为支撑。

信息的汇集和共享是信息产业和旅游产业协同创新中信息资源应用的基础，旅游信息的庞大数据搜集和处理能力在智慧旅游中的应用上体现得淋漓尽致。实现实时动态的智能化信息处理和反馈、大量旅游数据信息的汇集和融合及共享，是旅游智慧化的重要前提，也为旅游智慧应用的建设提供信息和数据支撑。

信息产业与旅游产业协同创新发展的信息技术基础主要包括大数据收集、云计算平台、人工智能等。

（1）大数据

随着以社交网络、基于位置服务（LBS）为代表的新兴信息发布方式的不断涌现，数据正以前所未有的速度不断地增长和累积。数据从简单的处理对象开始转变为基础性资源。

大数据并非只是信息数据的收集方式，大数据是一个体量特别大、数据类别特别大的数据集，并且这样的数据集无法用传统数据库工具对其内容进行抓取、管理和处理。在英国学者维克托・迈尔・舍恩伯格所著的《大数据时代》中，他强调大数据带来的信息风暴正在变革人们的生活、工作和思维，大数据开启了一次重大的时代转型。更重要的是，他提出的这些思维转变，能够为旅游业的创新和发展提供新的思路。一方面，旅游业本身就是一个综合性的产业，包含的信息量非常繁杂；另一方面，旅游业所服务的对象数量巨大。这两种特点成为了利用大数据促进信息产业与旅游产业的协同发展的切入点。

旅游信息大数据是旅游信息收集的结果，这些数据主要来自政府、企业和个人，但是这些数据的分布不仅限于旅游行业管理部门内部、企业内部，还分布于公安、交通、卫生、环保、安检等部门，而且这些数据很可能是较大区域范围的数据，所以大数据的收集要通过政府和企业的共同努力来完成。

2015年新华网与国家旅游局信息中心共同成立“中国互联网+旅游景区大数据应用联盟”，该联盟以大数据应用为主线，探索“十三五”期间新型旅游服务模式，积极推进信息产业与旅游产业的协同创新发展。福建武夷山风景名胜区、甘肃敦煌莫高窟、黑龙江五大连池风景区、山东台儿庄古城、天津盘山风景名胜区、河南云台山风景名胜区、河北承德避暑山庄等42家旅游景区成为联盟的首批成员单位。这种大数据处理的合作与应用平台为协同创新的信息资源找到了使用的依托点。

（2）云计算平台

云计算不仅是旅游产业与信息产业融合的核心技术，也是两种产业协调发展的重要工具。这种基于互联网的、共同参与的计算模式，给现有旅游产业的计算资源、信息资源、服务模式以及商业模式带来了巨大变化。云计算有利于实现旅游资源的整合，促进旅游产业链的整体升级，间接加快信息产业与旅游产业协同创新发展的步伐，云计算还能够提供旅游相关的各种服务，加快旅游产品的创新步伐，直接促进协同创新产品的产出。

（3）人工智能

人工智能技术不仅是信息产业与旅游产业协同创新发展的重要支持，还是智慧旅游的核心和纽带，是有效处理、充分利用丰富的旅游信息资源，将割裂、独立的旅游行业应用系统有机整合的关键技术。人工智能技术在协同创新中有着非常广泛的应用前景，可以利用数据挖掘、机器学习、搜索等技术自动分析、展现旅游信息；利用自然语言处理、模式识别等技术实现自动翻译、自助导览等服务；利用预测模型、推理等技术进行游客需求分析、决策支持、预警等，结合移动互联网技术、多媒体技术，人工智能把信息产业与旅游产业更好地融合在一起。

旅游企业可以引入智能系统对数据信息进行高效处理，利用预测模型等技术对旅游需求进行分析，为信息产业与旅游产业的协同创新发展拓宽空间。

2.基础设施体系

基础设施体系的建设是信息产业与旅游产业协同创新发展的依据，信息产业与旅游产业协同创新发展的基础设施建设主要包括交通道路体系、信息网络体系和智能终端三大支撑体系。

（1）交通道路基础设施

交通道路设施是旅游业发展的基础，交通道路体系的建设直接影响着旅游业的发展，信息产业与旅游产业协同创新发展的背景促进了交通相关基础设施的建设，传统的道路交通相关体系已经很难更好地适应信息产业下旅游行业的发展。交通道路基础设施体系的建设主要包括硬件基础设施建设和软件基础设施建设两个方面，前者是必然要求，后者是服务提升。

硬件方面：加大道路交通设施的建设，尤其是新型交通形式如高速铁路、城市轨道等，加大区域之间的联通程度，为信息产业与旅游产业的协同创新提供更大的空间。

软件方面：加强交通基础数据、动态运行数据、交通调查数据等交通运输数据的采集、整合和共享，不断创新交通大数据管理机制，深入推进大数据与互联网+交通的融合，为智慧交通发展提供良好的支撑和保障。为了加强道路的通行能力，河南省大力推进ETC电子停车收费系统，自2015年6月正式并入全国联网，河南省ETC用户一年间激增，新增用户超过300%。

良好的道路交通体系是促进旅游业发展的硬条件，在信息化的推动下，交通设施已经不是单一的道路而是更有人性化的智能体系。

（2）信息网络基础设施

"互联网+"已成为新常态下经济增长的新引擎，它推动着互联网由"消费互联网"向"产业互联网"转变，由"工具互联网"向"动力互联网"转变，由"传递价值互联网"向"创造价值互联网"转变。互联网是信息网络组成的核心，信息通信公共设施是国民经济发展的重要基础，其建设与发展水平已成为衡量一个国家和一个地区综合实力强弱的重要标志之一，与之相关的技术如云计算、大数据、物联网、移动互联网以及国际电信联盟提出的万物网（万物互联网）等已成为全球经济与科技竞争的焦点，以之为基础的信息产业正在成为推动经济发展的核心动力。

战略性信息通信公共设施是信息产业与旅游产业协同创新发展的载体和基石，从战略高度对待、促进信息网络的发展，就要从战略高度看待信息通信公共设施建设，因为只有硬件真正“硬”起来，才能使协同创新的发展更顺利。

许多城市和地区都为信息产业的发展以及信息产业与其他产业的融合发展建设基础设施。郑州市为促进旅游信息产业的发展，在2014年9月下发《关于加快智慧旅游城市建设的实施意见》，把加快推进以互联互通网络和全面感知体系为支撑的智慧旅游私有云中心的建设作为重要目标，加快4G网络、Wi-Fi和下一代互联网（IPv6）等网络建设，推进涵盖视频感知、位置感知和身份感知等感知体系建设，全力打造智慧旅游私有云中心（包括专题数据库、数据资源标准体系、海量数据存储与管理、交换与共享、大数据分析与处理系统等）；逐步整合旅游基础信息和跨部门专题数据，实现基于云平台的智慧旅游服务。

上海市也出台了相应的信息网络基础设施的规划。到2016年，上海全面建成与当前主流技术相匹配的宽带城市和无线城市，家庭光纤入户率达到60%，第三代、第四代移动通信用户普及率达到70%，公共场所无线局域网接入点（AP）突破20万个，这对上海旅游业的发展和旅游城市的建设有很大的促进作用。

（3）智能终端

智能终端是一类嵌入式计算机系统设备，从严格意义上讲，智能终端设备的发展并不属于基础设施体系，但是对于信息产业与旅游产业的协同创新发展来说，智能终端设备的发展程度直接影响着协同创新的上限。在信息化发展飞快的时期，智能终端是人们接收到数据信息的重要途径，以移动智能终端设备为核心的智能终端能够实现对旅游信息的智能化识别、定位、跟踪、监控和管理。智能终端设备作为旅游信息的出口，承担着非常重要的责任，智能终端也在随着信息数据量和便携式需求等方面的增长而向着更加智能的方向发展。

我国近几年的重大战略规划对包括交通基础设施、信息网络基础设施等在内的基础设施建设提出了更高的要求，这也为信息产业与旅游产业的协同创新发展提供了契机。无论是京津冀协同发展的中小区域还是“一带一路”倡议发展的大区域，战略性规划带来的加快基础设施建设的福利也为信息产业和旅游产业的协同创新发展引入了一股活水。

值得一提的是，“一带一路”倡议的提出和实施对于旅游产业发展起到了非常积极的作用，尤为突出的是，“一带一路”倡议的实施带来的基础设施的建设，也为信息产业与旅游产业的协同创新提供了非常大的支持。“互联网+”与“一带一路”相结合，战略重点有五个方面。一是战略意义上，要提升对“一带一路”建设的认识，在“一带一路”国内国际发展中适度超前规划，加大投入力度，整体打造“一带一路”信息化合作的升级版，从整体上缩小“一带一路”经济体与发达国家在信息化发展方面的差距。二是在建设方式上，要发挥“互联网+”的叠加效应、扩展效应、提升效应、催化效应，更合理地利用更多资源去建设“一带一路”，使“一带一路”建设更加高效。三是在发展重点上，要选择关键线路的节点城市、港口、车站、园区，建设信息化水平高的信息高地，布局一批云计算中心，在基础装备、云应用、云服务及大数据方面开展业务，进行实体性的建设、运营。四是在资源配置上，重点支持新亚欧大陆桥、中巴、孟中印缅、中新走廊、中蒙俄以及海上丝绸之路，改善信息化基础设施，促进产业的信息化改造，建设高效走廊、示范走廊。五是在发展主体上，要发挥我国信息化龙头企业的作用，积极支持我国IT企业、互联网企业、智慧城市运营商“走出去”，进一步让这些企业在国际化的大舞台上锻炼自己。

3.法规与标准规范体系

法规与标准规范体系不仅是对信息产业与旅游产业协同创新的指导，还是对协同创新相关企业和个人的保护措施。

在协同创新的产权层面，协同创新与知识产权（法）有非常密切关系，相关法律法规对协同创新团体的各主体在知识产权（专利权）归属和相关利益分配方面存在的问题有很大的指导作用。

在促进旅游产业发展层面，相关的标准规范对信息产业与旅游产业的协同创新发展也有很大的指导作用，通过旅游信息标准化建设形成数据交换机制，引导旅游企业以及游客参与旅游信息的更新和维护，保障旅游信息的准确性和及时性。2015年7月国家旅游局发布的《关于促进智慧旅游发展的指导意见》，对智慧旅游的发展方向、目标和主要任务都进行了指导性的阐述。

4.信息安全与运行保障体系

随着信息技术的发展，绝大部分产业发展模式离不开信息系统的支持，协同创新模式得到有效安全保障，特别是保障系统运行安全与信息安全，已成为保障旅游产业顺利发展的重要任务之一。

智慧旅游是信息产业与旅游产业协同创新的最具代表性的产物，在智慧旅游中，信息安全体系贯穿整个智慧旅游系统建设过程，从管理安全、技术安全、信息安全、服务安全等多方面保障智慧旅游系统的安全。智慧旅游是旅游信息发展的必然趋势，也是信息产业与旅游产业协同创新发展最突出的成果，信息安全成为考验智慧旅游建设和协同创新绩效的标准之一。安全保障体系需从国家等级保护的要求角度出发，采取“主动防御为主、积极防范并重”的安全保护策略，建立起从物联感知层、数据层、支撑层、应用层等贯穿架构始终，从核心层到外围层的多层次防护体系。针对物联层结点伪造与失效、网络拥堵和攻击、信息泄露、恶意代码、内存溢出等安全隐患，针对数据层数据的隔离性、完整性和一致性难题，针对云计算服务上虚拟机的隔离性、完整性和逃逸问题等，针对在终端基础软件层容易出现的键盘输入的信息被窃取、非法访问文件系统经常存在、终端被非法刷机、系统后门漏洞等问题，积极开展安全保障体系的建设工作；分别建立智慧旅游物联层安全测评体系建设、完善云计算服务的指标体系和系统测评体系，加强互联网信息安全建设，建立移动终端软件的权限管理系统等；摸清智慧旅游架构层内部的安全隐患、结构层级之间的系统漏洞，不断完善安全保障体系建设，对于智慧旅游的落地实施任重道远。

企业对信息安全应当起着主要作用，甚至要负主要责任。当信息和数据成为资源，若企业运作这些资源并最终转化为经济利益，则企业有责任和义务去保护这些信息和数据。随着旅游产业向数据化信息化急速迈进，许多旅游相关企业的安全事故层出不穷，大数据安全和企业业务安全问题逐渐显露出来。旅游相关企业，特别是掌握着重大数据信息的企业，在信息安全的建设过程中，应当根据企业的网络环境、内部情况、具体需求建立一套完整完善的信息安全保障体系。另外，信息安全企业也应当加强业务水平，在企业或组织IT基础设施的所有方面，包括计算机、移动设备、网络设备、邮件网关、数据中心和工业系统等中提供更有效的保护。

只有着力提升网络安全技术防范、基础支撑与综合治理能力，强化网络安全和互联网内容监管，完善安全可信网络环境，才能使信息产业与旅游产业的协同创新发展有坚实的保障。

参考文献

艾瑞咨询.2014a.2014年中国在线旅游度假市场研究报告[EB/OL]. https://report.iresearch.cn/report/201404/2135.shtml. 2015-4-2.

艾瑞咨询.2014b.2014年中国在线旅游市场交易规模达3077.9亿元 同比增长38.9%[EB/OL]. http://www.199it.com/archives/339072.html.2015-4-12.

艾瑞咨询.2015.2015年中国在线旅游度假市场交易规模达700.7亿元[DB/OL]. https://report.iresearch.cn/content/2016/04/260607.shtml.2016-4-29.

白海霞,普荣.2014.物联网技术在旅游安全中的应用——以丽江为例[J].昆明冶金高等专科学校学报,30(6):72-82.

保罗·西利亚斯.2006.复杂性与后现代主义:理解复杂系统[M].曾国屏,译.上海:上海科技教育出版社.

贝塔兰菲 L.1987.一般系统论:基础·发展·应用[M].秋同,袁嘉新,译.北京:社会科学文献出版社.

本刊综合.2016.2016值得期待的科技进步[J].发明与创新,(2):26-29.

蔡培卿.2008.旅游无边界产业集成的形成机制研究[D].厦门:厦门大学.

蔡淑琴,邱洁,王旸等.2012.互联网点评信息的有序性与序化方法研究[J].情报杂志,31(3):168-173.

曹国新.2007.旅游产业的内涵与机制[J].旅游学刊,(10):6-7.

曹世武,郑向敏.2011.旅游产业融合动力机制研究——博弈论的解释框架[J].求索,(12):5-7.

曹兴,柴张琦.2013.技术扩散的过程与模型:一个文献综述[J].中南大学学报,(4):14-22.

柴秋星,张海涛.2011.以社会主义核心价值体系引领社会思潮、建设和谐文化研究[J].经济师,(7):52.

陈超.2005.浅析电子商务环境下服务业的发展[J].商场现代化,26:62-66.

陈杰.2015.旅游企业业务交易系统的设计与实现[D].成都:电子科技大学.

陈莉.2005.信息化技术对旅游营销的影响[J].喀什师范学院学报,26(1):13-14.

陈琳.2006.从产业融合的角度探讨农业旅游的发展[J].黑河学刊,(2):27-29.

陈琳.2007.基于产业融合的农业旅游新模式研究[D].上海:华东师范大学.

陈柳钦.2007a.产业融合的动因及其效应分析[J].西南金融,(4):10-11.

陈柳钦.2007b.产业融合的发展动因、演进方式及其效应[J].西华大学学报(哲学社会科学版),25(4):14-19.

陈山枝.2006.信息通信产业融合的思考——关于网络、终端与服务[J].当代通信,(1):29-34.

陈文捷.2005.建立餐饮业客户关系管理体制——我国餐饮业的发展方向[J].经济师,(10):26.

陈霞.2013.移动互联网产业发展及关键技术探讨[J].科技广场,(4):82-86.

陈耀盛.1997.信息管理学概论[M].北京:中国档案出版社.

陈禹.1998.知识经济的测度理论与方法[M].北京:中国人民大学出版社.

谌可佼.2010.重庆旅游产业与信息产业融合发展的研究[D].重庆:重庆工商大学.

程金龙.2015.协同创新背景下信息产业与旅游产业的融合发展——中原经济区智慧旅游河南省协同创新中心理事会暨洛阳论坛会议综述[J].洛阳师范学院学报,34(9):23-25.

程锦,陆林,朱付彪.2011.旅游产业融合研究进展及启示[J].旅游学刊,16(4):13-19.

程晓丽,祝亚雯.2012.安徽省旅游产业与文化产业融合发展研究[J].经济地理,32(9):161-165.

崔恺媛.2011.网络时代下旅行社信息化建设的SWOT分析及对策研究[J].东岳论丛,32(2):171-173.

但红燕,徐武明.2015.旅游产业与文化产业融合动因及其效应分析——以四川为例[J].生态经济,31(7):110-113.

丁雨莲,赵媛.2013.旅游产业融合的动因、路径与主体探析——以深圳华强集团融合发展旅游主题公园为例[J].人文地理,4:126-131.

董爱军.2011.“两化”融合背景下的湖北信息产业创新[J].特区经济,(11):206-207.

董承岳.2015.基于价值链的在线旅行社(OTA)竞争发展研究[D].保定:河北大学.

董丹凤.2013.点评社区评论有用性影响因素研究[D].上海:华东师范大学.

董桂玲.2009.动漫业和旅游业产业融合的动力机制研究[J].经济研究导刊,32:40-41.
范继刚,王兆峰,杨卫书.2014.四川省旅游产业与信息产业耦合协调研究[J].资源开发与市场,(1):110-113.
范文静,唐承财.2013.地质遗产区旅游产业融合路径探析——以黄河石林国家地质公园为例[J].资源科学,35(12):2376-2383
范正金.2009.论交通信息化建设[J].中国交通信息产业,(2):40-43.
方锦清.2010.系统科学的理论基础[J].中国原子能科学研究院年报,(1):301-302.
方巍,郑玉,徐江.2012.云计算:概念、技术及应用研究综述[J].南京信息工程大学学报(自然科学版),(4):351-361.
冯亚青,赵美蓉,王志等.2013.激发活力推动高校科技协同创新[J].中国高等教育,(11):23-26.
奉华成.2011.无线点菜系统——餐饮企业信息化的必由之路[J].中小企业管理与科技,(1):262.
符亚宾.2010.张家界旅游娱乐业发展现状及对策研究[J].中南林业科技大学学报(社会科学版),4(1):115-119.
付淑礼.2008.长沙市旅游娱乐市场及其开拓研究[D].长沙:湖南师范大学.
高丹盈.2012.深入推进协同创新助力中原经济区建设[J].河南教育,(11):21-22.
高凌江,夏杰长.2012.中国旅游产业融合的动力机制、路径及政策选择[J].首都经济贸易大学学报,14(2):52-57.
郭晨,汪振军.2013.郑州"方特欢乐世界"主题公园个案研究[J].国际文化管理,(0):245-256.
郭静静.2011.物联网技术在旅游景区中的应用[J].经营与管理,(8):70-71.
郝柏林.1983.分岔、混沌、奇怪吸引子、湍流及其他——关于确定论系统中的内在随机性[J].物理学进展,3(3):340-398.
郝洵,石重霄,孙倩.2013.浅析旅游新经济——旅游信息产业的形成、发展与提升[J].读写算:教育教学研究,25:394.
何东炯.2005.搜索无所不在[J].软件世界,(9):52-54.
何建民.2011.我国旅游产业融合发展的形式、动因、路径、障碍及机制[J].旅游学刊,26(4):8-9.
何立胜.2006.产业融合与产业转型[J].河南师范大学学报(哲学社会科学版),(4):61-64.
何立胜,李世新.2004.产业融合与产业变革[J].中州学刊,(6):59-62.
赫尔曼·哈肯.1987.协同学:理论与应用(系统科学)[M].杨炳奕,译.上海:上海人民出版社.
赫尔曼·哈肯.1989.高等协同学[M].郭治安,译.北京:科学出版社.
赫尔曼·哈肯.2005.协同学:大自然构成的奥秘[M].凌复华,译.上海:上海译文出版社.
赫尔曼·哈肯.2010.信息与自组织[M].郭治安,译.成都:四川教育出版社.
胡汉辉,邢华.2003.产业融合理论以及对我国发展信息产业的启示[J].中国工业经济,(2):23-29.
胡金星.2007a.产业融合的内在机制研究——基于自组织理论的视角[D].上海:复旦大学.
胡金星.2007b.企业多元化战略与产业融合[J].中国科技产业,(7):94-96.
胡金星.2008.浅析产业融合产生的前提条件[J].中国科技产业,(4):81-82.
胡俊.2012.文化与旅游产业融合发展研究.[J]山西财经大学学报,34(3):118-118.
胡树华,张冀新.2008.基于产业融合的企业战略创新[J].科技进步与对策,25(8):64-66.
胡霞.2013.企业信息化驱动机制及其模式选择研究[D].北京:中国矿业大学.
胡永佳.2007a.产业融合的经济学分析[D].北京:中共中央党校.
胡永佳.2007b.从分工角度看产业融合的实质[J].理论前沿,(8):30-31.
胡永佳.2008a.产业融合的经济学分析[M].北京:中国经济出版社.
胡永佳.2008b.产业融合的思想源流:马克思与马歇尔[J].中共中央党校学报,(2):70-73.
环球资讯.2014.旅游B2B还是B2C,这是一个问题[EB/OL].http://www.traveldaily.cn/article/86511.2014-11-21.
黄建富.2001.产业融合中国发展新经济的战略选择[J].南方经济,(4):26-27.
黄建华,张春燕.2009.三网产业融合与产业价值链效应分析[J].商场现代化,(5):240-241.
黄细嘉,周青.2012.基于产业融合论的旅游与文化产业协调发展对策[J].旅游经济,(9):131-133.
黄孝俊,徐伟青.2004.口碑传播以往研究的焦点与回顾[J].浙江大学学报(人文社会科学版),(1):31-35.
黄胤博.2016.信息技术在天文科普知识教学中的应用探讨[J].知识经济,(2):47.
计慧,孙威,黄仁泽.2011.规范建设先锋:北京延庆[J].中国合作经济,(6):25.
季玉群.2011.旅游业经济-文化协同论[M].南京:东南大学出版社.
贾璐璐.2016.网络媒体介入景区信誉危机管理评析——以"哈尔滨天价鱼"事件为例[J].时代报告,(28):95.
贾士义,褚秀彩,高学浩.2011.旅行社经济概论[M].成都:西南交通大学出版社.

姜金利.2013.电子政务环境下的政府信息资源共享问题研究[D].济南:山东师范大学.
姜奇平.2000.新商业模型[M].北京:中国友谊出版公司.
姜永常.2013.旅游产业融合发展的动力、机制与策略研究——以文化旅游业为例[J].哈尔滨商业大学学报(社会科学版),(4):107-112.
焦龙.2010.垂直搜索引擎在旅游企业中应用的探索[J].商场现代化,(8):22-23.
金江军.2012.智慧旅游及其关键技术和体系框架研究[R].第十六届全国区域旅游开发学术研讨会论文集,荆门.
靖继鹏,王欣.信息产业结构与测度方法比较[J].情报科学,1993,14(1):7-16.
硅谷网.2012.博物馆有新玩法——移动互联网让景区更加智慧[DB/OL].http://www.guigu.org/plus/view.php?aid=10662.2012-10-12.
雷波.2012.我国体育产业与旅游产业互动融合模式分析[J].北京体育大学学报,9:40-44.
雷宏振,李垣.2004.基于交易费用的网络经济效应分析[J].华东经济管理,18(6):73-74.
冷昕.2014.“金砖五国”信息产业国际竞争力比较研究[D].长春:吉林大学.
黎巎.2012.旅游信息化作为旅游产业融合方式的历史背景与发展进程[J].旅游学刊,27(7):7-8.
李锋.2014.文化产业与旅游产业的融合与创新发展研究[M].北京:中国环境出版社.
李锋,陈太政,辛欣.2013.旅游产业融合与旅游产业结构演化关系研究——以西安旅游产业为例[J].旅游学刊,28(1):69-76.
李海舰,魏恒.2007.新型产业组织分析范式构建研究——从SCP到DIM[J].中国工业经济,7:29-39.
李怀勇.2012.信息化时代的市场融合[M].北京:经济管理出版社.
李慧.2011.移动互联网下旅游产业价值链结构研究[D].北京:北京第二外国语学院.
李继先.2014.浅谈以人为本推动企业思想政治工作创新[J].河北企业,(2):87.
李建州,张运来,李惠璠.2011.移动互联网在旅游业中的应用研究[J].旅游学刊,(10):89-94.
李林.2008.产业融合:信息化与工业化融合的基础及其实践[J].上海经济研究,(6):90-95.
李美云.2005.国外产业融合研究新进展[J].外国经济与管理,(12):12-20.
李美云.2007.服务业的产业融合与发展[M].北京:经济科学出版社.
李美云.2008.论旅游景点业和动漫业的产业融合与互动发展[J].旅游学刊,23(1):56-62.
李明霞,凌毅.2014.客户关系管理在同程网的实施应用及优化研究[J].商业经济,(13):81-83.
李平.2007.北京市第二产业与第三产业融合趋势的前瞻性研究[J].中国经贸导刊,(3):12-13.
李乔,郑啸.2011.云计算研究现状综述[J].计算机科学,38(4):32-37.
李荣.2008.基于产业融合的区域创新网络研究[C].第四届中国科学学与科技政策研究会学术年会论文集(I),南京.
李守伟,林霖琳,李备友.2013.基于2011计划的产业协同创新平台设计分析[J].华东经济管理,(6):49-54.
李伟,穆红莉.2012.基于信息技术进步的旅游服务创新[J].科技管理研究,32(13):200-203.
李文秀,李美云,黄斌.2012.文化艺术产业与旅游产业的融合:过程、模式和效应[J].广东行政学院学报,(4):73-78.
李文泽.2007.个性化垂直搜索引擎研究[D].郑州:河南大学.
李晓丹.2003.产业融合与产业发展[J].中南财经政法大学学报,(1):54-57.
李中,孟繁强.2014.旅游产业融合——战略范例实践[M].北京:中国旅游出版社.
厉无畏.2002.产业融合与产业创新[J].上海管理科学,(4):4-6.
厉无畏,王振.2003.中国产业发展前沿问题[M].上海:上海人民出版社.
林玉香.2014.我国旅游产业与信息产业融合发展研究[D].沈阳:沈阳师范大学.
凌复华.1987.突变理论及其应用[M].上海:上海交通大学出版社.
岭言.2001.“产业融合发展”——美国新经济的活力之源[J].工厂管理,(3):25-26.
刘柏云.2004.旅游信息资源的开发整合与利用[J].图书馆论坛,24(3):145-147.
刘贵富.2006.产业链基本理论研究[D].长春:吉林大学.
刘京林.2009.传播中的心理效应解析[M].北京:中国传媒大学出版社.
刘艳兰.2009.实景演艺:文化与旅游产业融合的业态创新——以桂林阳朔《印象·刘三姐》为例[J].对外经贸,(8):105-111.
刘宇青.2009.对旅游产业发展融合化的认识[J].商场现代化,25:124-125.
刘志勇,王伟年.2009.论创意产业与旅游产业的融合发展[J].企业经济,(8):127-130.

刘舟瑶.2015.基于Android平台的旅游攻略App的设计与实现[D].北京:北京交通大学.
柳力丽.2015.旅游垂直搜索引擎的品牌传播研究[D].重庆:西南大学.
陆蓓.2011.中国旅游产业融合研究——以杭州市会展旅游为例[D].杭州:浙江大学.
陆均良.2007.信息技术在饭店经营管理中应用研究述评[J].北京第二外国语学院学报,11:53-58.
陆晓清.2009.论网络游戏业与旅游业的产业融合[J].重庆邮电大学学报(社会科学版),21(1):42-45.
罗成奎.2013.大数据技术在智慧旅游中的应用[J].旅游管理研究(8):59-60.
罗珉.2006.价值星系:理论解释与价值创造机制的构建[J].中国工业经济,(1):80-89.
罗珉,王睢.2005.中间组织理论:基于不确定性与缓冲视角[J].中国工业经济,(10):104-112.
麻学锋,张世兵,龙茂兴.2010.旅游产业融合路径分析[J].经济地理,30(4):678-681.
马费成.1997.信息经济学[M].武汉:武汉大学出版社.
马洪江.2014.智慧旅游战略研究[M].北京:科学出版社.
马健.2002.产业融合理论研究评述[J].经济学动态,5:78-81.
马健.2003.信息产业融合与产业结构升级[J].产业经济研究,2:37-42.
马健.2006.产业融合论[M].南京:南京大学出版社.
马丽卿,朱永猛.2015.产业融合背景下的海洋旅游综合管理体制研究——以浙江为视点[M].北京:海洋出版社.
迈克尔·波特.1997.竞争优势[M].陈小悦,译.北京:华夏出版社.
毛丽君.2001.主题公园与媒体融合的趋势——迪斯尼发展的启示[J].企业经济,(7):36-37.
猛科技.2014.戏说智慧酒店的1000亿市场,Wi-Fi只是敲门砖[DB/OL]. https://www.cnblogs.com/NL34/p/3539728.html.2014-2-7.
苗东升.2010.系统科学精要[M].北京:中国人民大学出版社.
闵栋,袁琦.2013.物联网与移动互联网的融合发展研究[J].专家视点,(8):45-48.
木德夏.2009.产业融合理论研究:现状与展望[J].当代经济,22:146-147.
穆荣兵,黄熙茗,兰珂,等.2016.浅谈数字化技术在旅游景区中的应用[J].艺术科技,29(2):33.
倪凡.2015.基于客户体验管理的旅行社信息化发展机制与路径研究[D].上海:上海师范大学.
聂子龙,李浩.2003.产业融合中的企业战略思考[J].软科学,17(2):80-83.
潘鸿雷,蔡蓉蓉,顾婷婷.2014.智慧酒店建设与形象识别——以南京为例[J].北方经济,(11):74-75.
裴旭东.2006.我国企业技术创新扩散机制研究[J].西安石油大学学报,(3):42-45.
裴盈盈,袁国宏.2012.智慧旅游浅析[J].经营战略,(5):46-47.
青木昌彦,安藤晴彦.2003.模块时代:新产业结构的本质[M].周国荣,译.上海:上海远东出版社.
曲瑞.丹东大梨树村旅游产业融合度及其影响因素研究[D].沈阳:沈阳农业大学.
芮明杰,屈路,胡金星.2005.企业追求内部协同向外部协同转变的动因分析[J].上海管理科学,27(3):5-7.
文旅网.2014.在线旅游市场分析:发展概况、分类与挑战[EB/OL]. https://news.cncn.net/c_110827.2014-2-21.
桑彬彬.2014.旅游产业与文化产业融合发展的理论分析与实证研究[M].北京:中国社会科学出版社.
沈华嵩.1991.经济系统的自组织理论[M].北京:中国社会科学出版社.
沈小峰.1993.自组织的哲学[M].北京:中共中央党校出版社.
师守祥.2012.旅游产业高度化的本质特征:产业融合与信息化[J].旅游学刊,27(7):3-5.
石美玉.2006.旅游购物研究[M].北京:中国旅游出版社.
司有和.2001.信息产业学[M].重庆:重庆出版社.
宋直元.1994.谈谈通信和计算机技术的融合[J].通信世界,1:5-6.
孙安民.2005.文化产业理论与实践[M].北京:北京出版社.
孙芳芳.2007.虚拟现实技术在旅游业的应用[J].江西科学,25(3):314-317.
孙敏俊.2011.现代信息技术在旅游景区管理中的应用研究[D].南京:东南大学.
孙永波,王道平.2009.产业融合及如何促进我国产业融合的发展[J].北京工商大学学报(社会科学版),24(1):105-110.
唐建兵.2014.智慧饭店建设探讨[J].经济研究导刊,(1):292-294.
唐昭霞,朱家德.2008.产业融合对产业结构演进的影响分析[J].经济论坛,(1):83-86.
田恩铭,李华,刘玉畅.2016.智能化信息技术在传统文化领域的运用[J].未来与发展,(8):74-78.

田里.2005.旅游学概论[M].天津:南开大学出版社.
汪传雷,熊月霞,潘珊珊.2013.协同创新研究综述[J].科技管理研究,18:27-34.
王朝晖,于强.2015.信息化助推酒店行业智慧化转型升级[J].中国新技术新产品,(12):20-20.
王聪.2013.增强现实与虚拟现实技术的区别和联系[J].信息技术与标准化,(5):59-63.
王聪.2015.互联网旅游企业商业模式的评价研究——以携程、去哪儿、同程旅游为例[D].上海:上海师范大学.
王翠霞.2014.国家创新系统产学协同创新机制研究——基于复杂系统理论视角[D].杭州:浙江大学.
王德刚.2013.旅游化生存与产业化发展——农业文化遗产保护与利用模式研究[J].山东大学学报(社会科学版),39(2):56-64.王慧敏.2015.以文化创意推动旅游产业转型升级[J].旅游学刊,30(1):1-3.
王丽.2011.青岛市建设"智慧城市"的思考[J].中国信息界,(6):27-28.
王亮亮.2009.B2B与B2C整合的电子商务系统的设计与实施[D].沈阳:沈阳工业大学.
王露瑶,程金龙,周瑞雪.2014.我国智慧景区建设的现状及思考[J].四川旅游学院学报,(4):54-56.
王琪延,徐玲.2013. 基于产业关联视角的北京旅游业与农业融合研究[J].旅游学刊,28(8):102-110.
王清荣,秦胜忠.2014.智慧旅游与桂林国际旅游胜地核心竞争力的提升[J].社会科学家,(5):102-106.
王琼.2005.搜索引擎的四大发展趋势[J].农业网络信息,(3):29-30.
王文钧,李巍.2010.垂直搜索引擎的现状与发展探究[J].情报科学,(3):477-480.
王晓平.1996.公用电话网、计算机网络、有线电视网三网融合浅议[J].通信世界,(11):2-5.
王玥.2014.科技发展对我国旅游业的影响研究[D].锦州:渤海大学.
王兆峰,范继刚.2013.西部地区旅游产业与信息产业融合发展研究[J].中央民族大学学报(哲学社会科学版),(5):78-85.
王振如,钱静.2009.北京都市农业、生态旅游和文化创意产业融合模式探析[J].农业经济问题,(8):14-18.
威尔伯·施拉姆,威廉·波特.2010.传播学概论[M].何道宽,译.北京:中国人民大学出版社.
维纳.2007.控制论:或关于在动物和机器中控制和通信的科学[M].郝季仁,译.北京:北京大学出版社.
魏宏森.2009.系统论——系统科学哲学(中国文库科技文化类)[M].北京:科学出版社.
文军,张思峰,李涛柱,等.2014.移动互联网技术发展现状及趋势综述[J].通信技术,(9):977-984.
翁凯.2015.大数据在智慧旅游中的应用研究[J].科技资讯,18:17-18.
吴海瑾.2009.产业融合、产业创新与经济发展方式转变[J].科技与经济,22(1):50-52.
吴惠丰.2013.旅游网站的攻略文本生成模式探究[D].南京:南京大学.
吴吉义,李文娟,黄剑平,等.2015.移动互联网研究综述[J].中国科学,(1):45-69.
吴金梅,宋子千.2011.产业融合视角下的影视旅游发展研究[J].旅游学刊,26(6):29-35.
吴少平.2002.产业创新升级与产业融合发展之路径[J].首都经济贸易大学学报,(2):13-16.
吴彤.2001a.自组织方法论论纲[J].系统科学学报,(2):4-10.
吴彤.2001b.自组织方法论研究[M].北京:清华大学出版社.
吴颖,刘志迎,丰志培.2004.产业融合问题的理论研究动态[J].产业经济研究,(4):64-70.
吴颖,刘志迎.2005.产业融合——突破传统范式的产业创新[J].科技管理研究,25(2):67-69.
吴照云,余长春.2011.用服务科学解析价值链[J].中国工业经济,(4):84-94.
吴祖艳.1997.美国银行业与证券业的分离融合及其启示[J].南方经济,(5):33-34.
肖建勇.2012.饭店产业融合的机理、路径与风险研究[D].厦门:华侨大学.
肖建勇,郑向敏.2011.我国旅游业的产业融合路径选择[J].宏观经济研究,(12):72-78.
肖亮.2008.垂直搜索引擎的研究与实现[D].北京:北京交通大学.
谢坚.2012.云计算在旅游行业中的应用[J].技术应用,(8):101-103.
谢艳芳,邹继贤,马娟.2012.信息化下城市居民的出行特征[J].河南科技,(6):37-37.
解学梅,左蕾蕾.2013.企业协同创新网络特征与创新绩效:基于知识吸收能力的中介效应研究[J].南开管理评论,(3):47-56.
信宏业.2013.智慧旅游推动旅游产业创新发展[J].中国科技投资,(6):82-85.
邢毓静,巴曙松.1996.英国保险业与银行业的融合及其发展[J].外国经济与管理,(9):15-17.
熊世伟,彭再德.2001.把握产业融合发展新趋势构筑上海产业新体系[J].上海综合经济,(8):14-15.
徐殿龙.2007.产业融合区域经济的战略选择[N].经济参考报,2007-5-18(008).

徐光争.2006.餐饮信息化掀起传统服务业信息化应用浪潮[J].上海信息化,12:74-76.
徐宏玲.2006.模块化组织研究[M].成都:西南财经大学出版社.
徐虹,范清.2008.我国旅游产业融合的障碍因素及其竞争力提升策略研究[J].旅游科学,22(4):1-5.
徐林强.2016.互联网思维开启智慧酒店建设新路[J].旅游学刊,31(6):7-8.
闫成玉.2016.在线旅游业纵向交易关系研究[D].北京:首都经济贸易大学.
闫德利,张健.2013.我国旅游信息化的发展历程与动力机制[J].旅游纵览,(4):16-19.
严澍.2007.旅游信息传播的媒体选择研究[D].成都:四川大学.
燕梅.2014.三维虚拟现实技术在旅游业的应用和发展研究[J].农业网络信息,(12):72-74.
杨栋梁.2012.移动互联网发展趋势的研究[J].电脑知识与技术,(5):1039-1042.
杨娇.2008.旅游产业与文化创意产业融合发展的研究[D].杭州:浙江工商大学.
杨琳,李建伟.2004.地位不断提升——国际保险业的发展特征与趋势[J].国际贸易,(10):32-35.
杨明强,李世新,郭庆然.2004.产业融合与产业竞争力[J].统计与决策,(10):58-59.
杨小凯.1985.数理经济学基础[M].北京:国防工业出版社.
杨彦锋.2012.互联网技术成为旅游产业融合与新业态的主要驱动因素[J].旅游学刊,27(9):7-8.
杨颖.2008.产业融合:旅游业发展趋势的新视角[J].旅游科学,22(4):6-10.
杨争鸣.2011.谈创新型人才的培养[J].云南教育(视界时政版),(11):45-46.
姚斐.2012.旅游景区虚拟现实系统设计与实现[D].海口:海南大学.
姚洁.2006.红色旅游与体育旅游资源融合开发可行性分析[J].体育文化导刊,(6):58-60.
伊·普里戈金,伊·斯唐热.2005.从混沌到有序——人与自然的新对话[M].曾庆宏,等译.上海:上海译文出版社.
于刃刚.1997.第三产业分类与产业融合[J].世界经济与政治,(1):34-40.
于刃刚,李玉红.2003.论技术创新与产业融合[J].生产力研究,(5):175-177.
于刃刚,李玉红,麻卫华,等.2006.产业融合论[M].北京:人民出版社.
余长春.2012.基于价值链的服务模块化价值创造机理研究[D].南昌:江西财经大学.
余东华.2005.产业融合与产业组织结构优化[J].天津社会科学,(3):72-76.
余东华,芮明杰.2007.基于模块化网络组织的知识流动研究[J].南开管理评论,(4):11-16.
袁俊,刘建徽.2011.文化产业与旅游业互动发展模式研究[J].改革与战略,(5):123-126.
袁宇杰.2012.酒店信息化与电子商务[M].北京:北京大学出版社.
袁媛.2015.大数据在智慧旅游中的应用[J].城市地理,(12):274-275.
约瑟夫·熊彼特.1990.经济发展理论[M].何畏,易家详,张军扩,译.北京:商务印书馆.
詹浩勇.2004.论信息产业融合的意义及其对策[D].成都:西南财经大学.
詹浩勇.2005.产业融合的涵义及其理论研究[J].广西工学院学报,16(2):3-6.
湛垦华.1998.普利高津与耗散结构理论[M].西安:陕西科学技术出版社.
张佰瑞.2009.产业融合与北京旅游业的发展[J].城市问题,(9):69-72.
张斌.2014.大数据环境下数字信息资源服务创新[J].理论与探索(6):29.
张补宏,梁方方.2011.浅析旅游新经济——旅游信息产业的形成、发展与提升[J].地理与地理信息科学,(1):94-96.
张慈,易灿辉,王桂娟.2009.产业融合:我国产业发展的战略选择[J].经营与管理,(5):18-19.
张海鸥.2014.我国旅游OTA发展态势探析[J].云南财经大学学报,30(2):154-160.
张海燕,王忠云.2010.旅游产业与文化产业融合发展研究[J].资源开发与市场,26(4):322-326.
张海燕,王忠云.2013.旅游产业与文化产业融合运作模式研究[J].山东社会科学,(1):169-172.
张辉.2005.转型时期中国旅游产业环境、制度与模式研究[M].北京:旅游教育出版社.
张辉,黄雪莹.2011.旅游产业融合的几个基本论断[J].旅游学刊,26(4):5-6.
张吉献.2012.旅游学概论[M].北京:机械工业出版社.
张建刚,王新华,段治平.2010.产业融合理论研究述评[J].山东科技大学学报(社会科学版),12(1):73-78.
张雷.2015.基于复杂系统理论的火电企业节能减排绩效评价模型研究[D].北京:华北电力大学.
张磊.2001.产业融合与互联网管制[M].上海:上海财经大学出版社.
张力平.2014.智慧旅游显发展良机[J].产业观察,(5):20.

张凌云.2000.试论有关旅游产业在地区经济发展中地位和产业政策的几个问题[J].旅游学刊,15(1):10-14.
张凌云.2011.旅游产业融合的基础和前提[J].旅游学刊,(4):6-7.
张锐.2012.产业融合是撬动制造业升级的强力杠杆[J].中国投资,23:5.
张世新,刘战伟.2007.基于价值链理论的企业品牌竞争策略[J].商业时代,26(18):28.
张维迎.2004.博弈论与信息经济学[M].上海:上海人民出版社.
张小军,任帅.2010.云计算-移动互联网发展的新契机——浅析移动云计算技术[J].信息与电脑,(7):86.
张燕友.2007.促进北京产业融合发展研究[J].经济与管理研究,(5):39-42.
张扬军.2013.移动互联网的技术优化与发展[J].中兴通信技术,(6):8-12.
张宇.2014.基于需求层次理论的西双版纳旅游产品升级与营销策略研究[D].昆明:云南师范大学.
张园.2014.移动终端在指挥旅游发展中的应用刍议[J].行业应用与交流,6(33):92-94.
张志军.2011.信息经济视角下的电信服务市场研究[D].北京:北京邮电大学.
章小平,邓贵平.2010.“智慧景区”建设浅探[N].中国旅游报,2010-1-18(007).
郑玮.2014.信息技术在旅游行业的应用[J].信息化论坛,(4):93-94.
赵慧娟.2013.我国旅游产品与服务中间商电子商务模式分析[J].全国商情·理论研究,18:59-60.
赵黎明.2011.经济学视角下的旅游产业融合[J].旅游学刊,26(5):7-8.
赵凌冰.2013.移动互联网技术在旅游业中的应用[J].高新技术产业发展,(4):8-10.
郑风,杨旭,胡一闻,等.2013.移动互联网技术架构及其发展[M].北京:人民邮电出版社.
郑明高.2010.产业融合发展研究[D].北京:北京交通大学.
郑少林.2006.我国旅游产业经济研究综述[J].经济研究导刊,(5):152-154.
植草益.2001.信息通信业的产业融合[J].中国工业经济,(2):24-27.
钟宇平.2009.试论我国餐饮业信息化建设[J].四川旅游学院学报,(4):30-32.
周静莉,闫峰.2007.国内酒店信息化建设中的问题及对策探讨[J].商场现代化,(3):51-52.
周鹏,罗栋.2014.智慧城市开创IT产业发展的新局面[J].中国信息化,(5):66-68.
周思言.2009.电子商务打造新兴服务业[J].商场现代化,(3):140.
周霄,黄猛.2007.我国酒店信息化建设的现状、问题与对策[J].江苏商论,(4):29-30.
周振华.2003a.信息化与产业融合[M].上海:上海人民出版社.
周振华.2003b.产业融合:产业发展及经济增长的新动力[J].中国工业经济,(4):46-52.
周振华.2004.论信息化中的产业融合类型[J].上海经济研究,(2):11-17.
周振华.2006.信息化过程中的产业融合研究[J].经济学动态,(6):58-62.
朱海艳.2014.旅游产业融合模式研究[D].西安:西北大学.
朱瑞博.2003.价值模块整合与产业融合[J].中国工业经济,(8):24-31.
朱水林.2004.电子商务概论[M].北京:清华大学.
朱玉槐,郝心华,刘伟,等.1993.旅游学概论[M].西安:西北大学出版社.
庄清娥.2008.基于产业融合视角的会展旅游分析[J].铜陵学院学报,(2):55-56.
左冰.2007.旅游产业集群:形态、边界与运行机制——湖南旅游产业集群实证研究[J].桂林旅游高等专科学校学报,18(5):742-745.
Andergassen R,Nardini F,Ricottilli M.2006.Innovation waves,self-organized criticality and technological convergence[J]. Journal of Economic Behavior & Organization,61(4):710-728.
Baldwin C Y,Clark K B.1997.Managing in an age of modularity[J].Harvard Business Review,75(5):84-93.
Bally N.2005.Deriving managerial implications from technological convergence along the innovation process:A case study on the telecommunications industry[R].In:MEMO-STENCIL, Preliminära Forskningsrapporter,vol.223.Åbo: Åbo Akademi School of Business.
Banker R D,Khosla I,Sinha K K.1998.Quality and competition[J].Management Science,44(9):1179-1192.
Bertalanffy L V.1957.Quantitative laws in metabolism and growth[J].Quarterly Review of Biology,32(32):217-231.
Buhalis D.1998.Strategic use of information technologies in the tourism industry[J].Tourism Management,19(5):409-421.
Buhalis D,Licata M C.2002.The future eTourism intermediaries[J].Tourism Management,23(3):207-220.

Chaitip P,Sriboonchitta S,Balogh P, et al.2010. On tests for long-term dependence: India's international tourism market[J]. Annals of the University of Petrosani Economics, 39(5):940-948.

Collis D J,Bane W P,Bradley S P.1997.Winners and losers:Industry structure in the converging world of telecommunication, computing and entertainment[A]//Competing in the Age of Digital Convergence.Boston:Havard Business School Press:159-120.

Connolly D J,Olsen M D,Moore R G.1998.The internet as a distribution channel[J]. Cornell Hospitality Quarterly, 39(39):42-54.

Dubois D,Prade H.1982.What does "convergence" mean for fuzzy numbers?[J].Theory & Application of Digital Control,3:433-438.

Eigen M,Schuster P.1979.Emergence of the hypercycle[M].Berlin:Springer.

Eisenhardt K M.1989.Theory Building from case: Opportunities chanlleges[J]. Academy of Management Review,1065-1069.

Eisenhardt K M,Graebner M E.2007.Theory building from case: Opportunities chanlleges[J]. Academy of Management Journal, 50(1):25-32.

Gambardella A,Torrisi S.1998.Does technological convergence imply convergence in markets? Evidence from the electronics industry[J]. Research Policy, 27(5):445-463.

Gillwald A.2012.Convergence and next generation regulation[R].Windhoek:Namibia Polytechnic ICTPRR.

Greenstein S,Khnana T.1997.What does industry convergence mean?[J].Competing in An Age of Digital Convergence，21:201-226.

Gretzel U,Yuan Y L,Fesenmaier D R.2000.Preparing for the new economy: Advertising strategies and change in destination marketing organizations[J].Journal of Travel Research, 39(2):146-156.

Gulati R,Nohria N,Zaheer A.2006.Strategic networks[J].Strategic Management Journal,21(1):203-215.

Kim E, Nam D I, Stimpert J L.2004.The Applicability of Porter's Generic Strategies in the digital age: Assumptions, conjectures and suggestions[J]. Journal of Management, 30(1):569-589.

Kuhn T.1962.The Structrue of Scientific Revolution[M].Chicago:University of Chicago Press.

Lawson C.1999.Towards a competence theory of the Firm[J].Cambridge Journal of Economics, 23(2):151-66.

Lind J.2005.Ubiquitous convergence: Market redefinitions generated by technological change and the industry life cycle[R]. Paper for the DRUID Academy, Winter 2005 Conference.

Lind J.2014.Ubiquitous Convergence: Market Redefinitions Generated by Technological Change and the Industry Life Cycle[M].New York: Traditional, Complementary and Alternative Medicine, 472.

Malhotra A, Gupta A K.2001.An investigation of Firms' Strategic Responses to industry convergence[J].Academy of Management Proceedings & Membership Directory, G1-G6.

Matlay H.2004.The industrial dynamics of the new digital economy[J].Journal of Small Business and Enterprise Development,11(3):419-420.

O'Connor P, Frew A J.2004.An evaluation methodology for hotel electronic channels of distribution[J].International Journal of Hospitality Management, 23(2):179-199.

Porter M E.1985.Competitive Advantage of Nations[M].New York:The Free Press.

Porter M E.2001.Strategy and the internet[J].Harvard Business Review, 79(7):147-154.

Poser H.2007.Theories of complexity and their problems[J]. Frontiers of philosophy in China, 2(3):423-436.

Rosenberg N.1963.Technological change in the machine tool industry, 1840–1910[J]. Journal of Economic History, 23(4):414-443.

Schilling M A,Steensma H K.2001.The use of modularity organizational forms: An industry-level analysis[J].Academy of Management Journal,44(6):1149-1168.

Shannon C E.1948.A mathematical theory of communication[J].Bell System Technical Journal,27(3):379-423.

Stieglitz N.2003.Digital dynamics and types of industry convergence: the evolution of the handheld computers market[A]// The New Industrial Dynamics of the New Digital Economy.Cheltenham:Edward Elgar:179-208.

Yoffie D B.1996.Competing in the age of digital convergence[J].California Management Review,38(4):31-53.
Yu A K L, Law R.2000.The Application of E-Commerce to Enhance the Competitive Advantages of Hotels in Hong Kong[M].Information and Communication Technologies in Tourism 2000. Vienna:Springer:343-352.